KB220152

미국 남장로회 교육선교 연구

인돈학술총서5

미국 남장로회 교육선교 연구

2022년 1월 25일 처음 펴냄

지은이 | 최영근 송현강 이재근 이진구 한규무
엮은이 | 한남대학교 인돈학술원
펴낸이 | 김영호
펴낸곳 | 도서출판 동연
등　록 | 제1-1383호(1992년 6월 12일)
주　소 | 서울시 마포구 월드컵로 163-3
전　화 | (02) 335-2630
팩　스 | (02) 335-2640
이메일 | yh4321@gmail.com
블로그 | https://blog.naver.com/dong-yeon-press

ISBN 978-89-6447-757-1　03230

인돈학술총서 5

미국 남장로회 교육선교 연구

한남대학교 인돈학술원 편

동연

발 간 사

최영근
한남대학교 인돈학술원장/기독교학과 교수

인돈학술원은 미국 남장로회 한국선교회가 고등교육을 통한 기독교 인재 양성을 목표로 1956년에 설립한 한남대학교의 부설연구원입니다. 대학 설립 위원장이자 초대 학장을 역임한 인돈(William A. Linton) 박사의 비전과 헌신을 기리고, 대학의 창학정신과 교육이념을 계승하기 위한 연구와 교육과 문화사업을 지원하기 위해 1994년에 출범하였습니다. 특히 인돈학술원은 미국 남장로회 한국선교 관련 사료를 발굴 및 보존하고, 그것을 토대로 연구, 교육, 출판사업을 수행함으로써 미국 남장로회 선교 역사에 관한 학술 연구를 발전시키고, 학술적 성과를 한국교회와 사회에 확산시키는 노력을 기울이고 있습니다.

인돈학술원은 주요 사업 가운데 하나로 2008년부터 매년 인돈학술세미나를 개최하여 우수한 학자들이 미국 남장로회 선교 역사에 대하여 연구한 결과물을 발표하고 토론하는 학술대회를 진행하고 있습니다. 학자들에게 학술발표의 장을 제공할 뿐만 아니라, 학술연구를 위한 일차 사료를 제공하여 미국 남장로회 선교 역사의 산실(産室)로서 역할과 사명을 다하고 있습니다. 인돈학술세미나는 그동안 선행연구가 부진하고 연구성과가 미미했던 미국 남장로회 관련 역사연구의 활성화를 촉진시켰고, 이로써 다양한 분야의 연구들이 산출되어, 양적으로나 질적으로나, 학술발전에 기여하는 역할을 했다고 생각합니다. 물론 아직도 연구되지 못한 상태로 묻혀 있는 주제와 인물과 분야들이 많고, 학문발전을 위해 나아가야 할 길이 멀기 때문에 남장로회 관련 연구는 더욱 활발하게 진행되어야 할 필요가 있습니다. 그것은 어느 한 기관과 개인의 노력만으로는 부족하고, 이 주제에 관심을 가지는 여러 분야의 학자들이 함께 노력해야 할 학문적 과제라고 여깁니다. 인돈학술원은 앞으로도 미국 남장로회 선교 역사에 대한 학문적 관심을 확장시키고, 다양한 분야의 연구자들이 수준 높은 연구를 수행할 수 있도록 학술적 지원을 하는데 최선의 노력을 다하고자 합니다.

2008년부터 2020년까지 진행된 인돈학술세미나에서 발표된 학술논문들은 이후 거의 대부분 국내 저명 학술지에 게재되었습니다. 그럼에도 불구하고, 인돈학술원이 인돈학술세미나를 통해 산출된 학술적 성과들을 한데 모아 출판하여 이를 보급하기 위한 노력은 부족했다는 점을 반성하게 됩니다. 늦은 감이 없지 않지만, 그동안 발표되었던 학술 연구들 가운데 우선 미국 남장로회 교육선교와 관련한 주제들만 모아서 이번에 인돈학술총서 시리즈로 출판하게 되었습니다. 사실 12년간 인돈학술세미나가 지속되면서 여러 분야에서 연구성과들이 축적되었기 때문에, 학술 결과물들을 총서로 엮어내기에 충분하다고 판단하여, 먼저 한 영역만을 엮어서 출판하게 되었습니다. 향후 계속해서 다른 주제들의 연구성과를 엮어서 인돈학술총서 시리즈를 발간할 계획입니다. 이는 남장로회 선교 역사를 연구하는 연구자와 신진학자들의 후속 연구를 자극하거나 참고자료로 활용될 수 있을 것이라 기대합니다. 그뿐만 아니라 개별 선교사 및 선교 역사에 관심 있는 기독교인이나 일반인들에게도 유익하리라 생각합니다. 지역사회의 기독교 역사 문화유산에 대한 관심이 증폭되어, 선교사 및 선교 역사에 대한 일반인들과 지역교회의 관심이 높아진 이 시대에 남장로회 선교 역사와 관련한 전문 연구는 이 분야에 대한 지적 탐구와 기독교 역사 문화 이해에 큰 도움이 될 것입니다.

그동안 인돈학술원의 연구 청탁에 기꺼이 응해주시고, 부끄러운 수준의 연구비에도 마다하지 않고 성실하게 학술 연구를 수행하여 주신 연구자들에게 이 자리를 빌려 감사의 말씀을 드립니다. 연구자들의 노고가 없었다면 인돈학술원의 학술적 성과는 미진했을 것입니다. 또한 인돈학술세미나 발표 이후 연구자들이 수정 및 축약하여 여러 학술지에 게재한 글들을 인돈학술총서 시리즈로 출판하는 데 동의해 주신 학술지 관계자들에게도 감사의 말씀을 드립니다. 인돈학술세미나 초창기부터 지금까지 학술발표 기획은 물론 학술 연구에 앞장서 수고해주신 인돈학술원 전문연구위원 송현강 박사님께도 진심 어린 감사를 표합니다.

이번 인돈학술총서는 인돈학술원 발전기금으로 출판되었습니다. 인돈학술원 발전을 위해 발전기금을 기탁해 주신 기부자들에게 이 자리를 빌려서 진심으로 감사를 드립니다. 끝으로 한남대학교의 창학정신 구현을 위해 인돈학술원에 특별한 관심을 가지고 성원해 주시는 한남대학교 이광섭 총장님께도 감사의 말씀을 드립니다.

차 례

제1부

남장로회의 전북 지역 교육선교

이재근
남장로교의
전주신흥학교 · 기전여학교
설립과 발전(1901~1937)

송현강
남장로교의
군산영명학교 · 멜볼딘여학교
설립과 운영

남장로교의 전주신흥학교 · 기전여학교 설립과 발전(1901~1937)*

이재근(광신대학교 교수)

Ⅰ. 머리말: 남장로교 한국선교회 교육선교 정책

남장로교 한국선교회가 호남에 세운 여러 미션스쿨 존재 목적의 우선순위는 학교교육을 통해서 불신자인 아이들을 개종시키는 것이 아니라, 이미 전도를 통해서 기독교인이 된 가정에 속한 아이들을 교육하여 이들을 기독교 지도자로 양성하는 것이었다. 이 정책을 대변하는 표현으로 선교회가 자주 선언한 구호는 "불신자에게는 전도를, 신자에게는 교육을"(Evangelize the heathen and educate the Christians)이었다. 이 정책을 유지하기 위해 선교회는 신자가 아닌 아이들의 입학을 차단하지는 않았지만, 전교생의 최소 60%는 기독교인이어야 한다는 원칙을 세웠다. 신자 자녀를 우선 대상으로 시행하는 교육은 전 가족이 개신교인이 된 가정을 일정 수 이상 확보하지 못하면 가능하지 않았기 때문에, 전도가 교육의 선결 조건이었다. 그러므로 교육선교는 남장로교 선교회가 한국에 설립되고 나서 일정한 시간이 지나고 난 후에야 시작될 수 있었다. 1892년에 남장로교 7인의 개척자들이 한국에 처음 들어온 후, 준비기간을 거쳐 1895년부터 호남에서 선교를 시작한 남장로교 한국선교회가 학교를 세우며 교육선교를 시작한 해가 1901년인 이유가 거기에 있었다. 학교교육을 시작할 최소 학생 정원을 얻는 데 6년이 걸렸다는 것이다. 또한 자치, 자립, 자전의 삼자 원리에 근거한 철저한 네비우스 선교 정책에 따라 교회가 설립되었기 때문에, 이 정책의 한 요소인 자립원칙이 학교교육에도 적용되었다. 학생들의 등록금은 선교회가 내는 것이 아니라, 학부형이 온전히, 혹은 일부 부담해야 했다.[1]

1901년부터 남장로교 한국선교회가 시행한 이런 교육정책을 당시 세계기독교 선교 현장에서 논의되고 적용되던 다양한 선교신학과 정책이라는 더 큰 맥락에서 이해할 필요가 있다. 1910년에 열린 에든버러세계선교대회에서 제3위원회(Commission III of the 1910 Edinburgh World Missionary Conference)가 맡은 과제는 '각국 기독교화와 관련된 교육' 사업을 조사하는 것이었다. 이미 대회가 열리기 전에 전 세계 선교 현장에서 일하던 선교사들에게 미리 배부된 질문지 중 회송된 답장 200편 이상을 분석하여 위원회가 펴낸 위원회 보고서(Commission Report)에 따르면, 당시 전 세계 선교 현장에서 진행되던 교육사업의 목적은 '전도'(evangelistic), '교화'(edificatory), '감화'(leavening)라는 세 가지 범주로 크게 분류할 수 있었다.[2]

---

* 본 논문은 한남대학교 인돈학술원이 "남장로교의 교육선교와 전북 지역의 미션스쿨"이라는 주제로 주최한 7회 인돈학술세미나(2014.12.3.)에서 발표한 후, 수정 및 보완하여「한국기독교와 역사」42 (2015.3), 45-83에 실렸다. 논문을 본 단행본에 실을 수 있게 허락한 한국기독교역사학회와 한국기독교역사연구소에 감사드린다.

1 조지 톰슨 브라운,『한국선교 이야기: 미국 남장로교 한국선교역사(1892-1962)』, 천사무엘, 김균태, 오승재 역 (서울: 동연, 2010), 100.

2 Brian Stanley, *The World Missionary Conference, Edinburgh 1910*(Grand Rapids, MI:

남장로교 한국선교회의 정책을 1910년 에든버러세계선교대회 위원회 보고서에 비추어 보면, 이들의 정책은 첫 번째 범주와 두 번째 범주의 중간에 어딘가에 위치하는 것 같다. 그러나 특징상 두 번째 범주에 더 가까워 보인다. 이미 언급했듯이, 남장로교 선교회가 운영한 학교들은 학교에 비기독교인 아이들을 데려와 이들을 대상으로 직접 전도를 하기보다는, 삼자 원칙에 근거한 토착교회를 세우고 지도할 현지인 지도자를 양육하는 '교화' 기능에 더 초점을 맞추었다. 자립하는 토착교회를 세우고자 하는 전략으로서의 '교화' 지향 교육에 대한 이런 기대와 소망을 역사적으로 가장 강하게 표출하고 촉진시킨 이들은 중국에서 사역하는 선교사들이었다.[3] 동아시아 문화권에 속한 중국과 한국의 문화적 유사성을 고려할 때, 한국에서 사역하던 개신교 선교사들이 중국 현지 선교사들이 정책으로 만들어 추진했던 것을 참고하여 자신들의 교육선교의 지향성과 접근법으로 삼았을 가능성이 크다.

영혼 구원을 의도하는 복음전도를 우선순위에 두되, 지성의 성화를 의도하며 현지 지도자를 양육하려는 교육 그리고 질병 치료를 통한 육신 구원을 추구한 의료를 동시에 병행하는 전인적인 삼각선교(holistic and triangular mission)가 남장로교 한국선교회의 공식 선교 전략이었다. 이는 20세기 초 미국에서 일어난 근본주의-현대주의 논쟁 시대에 남장로교가 신학적으로 보수적인 입장을 유지하기는

Eerdmans, 2009), 167, 176-7. 세 범주 안에는 들어가지 않지만, 극소수 의견으로 네 번째 범주로 분류될 수 있는 동기가 하나 있었다. 즉, '현지인의 전반적인 복지를 향상시키려는 박애주의적 소원'이었다. 그러나 '미국인 선교사 일부의 뚜렷하게 자유주의적인 견해'는 '1910년 개신교 선교사 세계에서는 드문' 견해였다.

3 Ka-che Yip, "China and Christianity: Perspectives on Missions, Nationalism and the State in the Republican Period, 1912~949," in Brian Stanley, ed., *Missions, Nationalism, and the End of Empire* (Grand Rapids: Eerdmans, 2003), 132-43을 보라.

했지만, 역사적 주류 교단인 장로교에 속해 있었기 때문에 전도와 교육, 의료를 통합한, 보다 통전적인 선교에 힘썼음을 보여주는 증거다. 오직 전도만이 선교사의 유일한 직무여야 한다고 주장한 일부 독립적 '믿음선교' 단체들(faith missions)의 전도 지상주의는 남장로교 선교회가 추진한 정책이 아니었다. 1901년부터 남장로교 선교회가 호남 지역에서 추진한 교육선교는 이런 신학적, 역사적 배경하에서 시작되었다.

본 논고의 목적은 남장로교 선교의 출발점이었던 전주 지역의 기독교 선교 역사 중에서도 특히 교육선교의 역사를 이 지역을 대표하는 두 선교회 운영학교인 신흥학교와 기전여학교를 중심으로 살피는 것이다. 연구의 대상이 되는 시기는 1901년에서 1937년으로 제한한다. 1901년은 신흥학교가 시작된 시기이고, 1937년은 두 학교뿐 아니라 모든 남장로교 계열 학교가 신사참배를 거부하며 일괄적으로 폐교된 시기다. 해방 후 복교한 이후의 신흥학교와 기전여학교는 더 이상 선교사들이 주도하는 학교도 아니고 정부의 주체도 바뀌므로, 이전과는 전혀 다른 학교가 된다. 따라서 이 시기에 대한 상세한 연구를 위해서는 또 한 편의 다른 논문이 따로 필요할 것이다.

본 논문에서는 1901년에서 1937년까지의 한말 및 일제강점기 36년 동안 이 두 학교에서 일어난 주요한 사건들을 연대기를 따라 남장로교 한국선교 역사, 한말·일제강점기 교육 역사, 같은 시기 민족운동 역사와의 상호 관계라는 구도 속에서 살펴본다. 이로써 이 시기 남장로교 전주 지역 교육선교의 특징과 의의를 드러내고자 한다.[4]

---

4 지금까지 신흥학교와 기전여학교에 대한 연구, 혹은 남장로교 지역 미션스쿨 전반에 대한 연구 중 이 두 학교가 연구대상에 포함되어 출간된 학위논문 및 학술논문은 세 편뿐이다. 그 목록은 다음과 같다. 조재승, "전주신흥학교의 항일민족운동에 관한 연구,"(전주대학교 석사학위논문, 2003), 박용화, "청소년 영성발달을 위한 기독

Ⅱ. 남장로교 한국선교회 초기 개척 과정과 전주 선교지부의 탄생

1892년 늦가을에 제물포에 첫발을 내디딘 7인의 남장로교 선교 개척자들[5]은 도착 후 서울에 머물며 선교활동에 본격적으로 뛰어들기 전까지 충분한 준비기간을 가졌다. 처음부터 남장로교 개척 선교사들은 청나라 및 일본의 한국 진출, 동학운동 같은 국제 정세나 한국 정치 상황에 관여하기보다는 영혼을 구하는 일에 훨씬 더 관심을 가졌다. 이는 미국 남부 기독교가 원래 지향했던 전도 중심적이며, 동시에 보수적인 신학 및 정치 입장이 선교지 한국 상황에서도 그대

교학교 종교교육의 실태조사 연구: 전주신흥고등학교와 기전여자고등학교를 중심으로,"(성공회대학교 박사학위논문, 2009), 김소정, "미국 남장로교 한국선교부의 아동선교(1892~1945): 미션스쿨과 주일학교 운동을 중심으로,"(한남대학교 학제신학대학원 석사학위논문, 2014). 이 중 처음 것은 민족운동에 집중하는 한국사 논문, 두 번째 것은 청소년 영성발달을 다루는 교육학 논문이다. 기독교역사학 분야의 논문은 마지막 논문 한 편뿐이다. 신흥·기전뿐만 아니라 남장로교 한국선교회 전체 혹은 각 학교의 교육선교를 교회사, 신학, 선교학의 관점에서 평가하는 학술 문헌은 이 논문 외에는 없다. 이 점에서 2014년 12월 3일에 "남장로교의 교육선교와 전북 지역의 미션스쿨"이라는 주제로 한남대 인돈학술원이 주최한 세미나는 기념비적이다. 이 세미나에서는 다음 세 편의 논문이 발표되었다. 최영근, "인돈의 교육사상," 이재근, "남장로교의 전주신흥학교·기전여학교 설립과 운영," 송현강, "남장로교의 군산 영명학교·멜본딘여학교 설립과 운영."

5 처녀 선교사 데이비스(Linnie Davis)가 미국 세인트루이스에서 미리 만난 한국 외교관 이채연의 아내인 이씨 부인과 함께 1892년 10월 18일에 가장 먼저 제물포항에 내리며 한국 땅을 밟은 최초의 남장로 교인이 되었다. 이어서 나머지 6인, 즉 안수받은 남성 선교사 레널즈(William D. Reynolds, 이눌서), 전킨(William M. Junkin, 전위렴), 테이트(Lewis B. Tate, 최의덕) 그리고 레널즈의 아내 팻시 볼링 레널즈(Patsy Bolling Reynolds), 전킨의 아내(Mary Leyburn Junkin), 테이트의 여동생 매티 테이트(Miss Mattie Tate, 최마태)가 11월 3일에 제물포에 도착했다. 3명의 남성과 4명의 여성으로 이루어진 이들 남장로교 최초 내한 선교사를 흔히 '7인의 개척자들'(Seven Pioneers)이라 부른다.

로 반영된 것이었다. 따라서 선교사들은 순회 전도 여행이 선교 현지 관습과 언어에 익숙해지는 가장 효과적인 수단이라 믿었다.

이런 순회 여행 중 가장 먼저 이루어진 것은 윌리엄 레널즈가 충청도 지방으로 1892년 12월 27일에 떠난 11일간의 여행으로, 당시 그는 이미 한국에 어느 정도 익숙해 있던 북장로교 선교사 새뮤얼 마펫과 함께 순회를 떠났다. 이는 미국 본토에서 남과 북의 장로교가 지역 갈등 때문에 심하게 반목하던 현상과는 아주 다른 이질적인 풍경으로, 남북 장로교 소속 선교사들이 이미 본국에서 1차적으로 경험한 초교파적, 전국적 선교운동과 한국이라는 새로운 선교 현장에서의 2차 협력 경험을 통해 본래의 갈등을 극복하고 친밀한 우정관계를 형성한 상황을 보여주는 것이었다. 실제로 이후로도 한국선교 현장에서 이들 두 선교회는 눈에 띄는 표면적인 갈등을 전혀 표출하지 않을 만큼 탁월한 상호신뢰 관계를 구축하며 협력한다. 충청도는 레널즈가 순회 여행을 떠나던 당시에는 그의 선교구역에 속했는데, 당시 그의 여행목적은 '우리 남부선교회[Southern Mission, 남장로교 선교회를 의미]가 미래에 진출해서 사역할 가능성이 있는 땅을 정탐하는 것'이었다.[6]

비슷한 유형의 탐사 여행이 이어졌다. 1983년 9월에 전킨과 테이트가 당시 전주로 떠난 여행[7], 1893년 11월에 있었던 테이트의 두 번째 전주 방문, 1894년 3월에 테이트와 여동생 매티가 전주를 찾은 여행[8] 그리고 레널즈와 새로 합류한 의료 선교사 드류(A. Damer Drew)가 1894년 3월에 호남지방의 주요 네 도시(군산, 전주, 목포, 순

6 William D. Reynolds, "A Mid-Winter Journey in Chosen," *The Christian Observer*(26 April 1893).

7 William Junkin, "Beginning Work in Korea," *The Christian Observer*(3 January 1894): 6.

8 Lewis B. Tate, "A Visit to Chyung-Ju," *The Missionary* (September 1894): 384-385.

천)를 무려 6주 동안 순회한 여행[9]이었다. 이들 여행에 대한 풍성한 기록을 보면, 이상하거나 불쾌한 경험에 대한 이야기도 있지만, 더 많은 내용이 현지인에게 받은 따뜻하고 호의적인 영접에 대한 내용이었는데, 선교사들은 이를 선교의 전망을 밝혀줄 희망으로 여겼다.

남장로교 선교회 전주지부가 창설되고 호남 지역 첫 개신교회인 전주 서문교회가 개척된 데에는 한국인 한 사람의 역할이 결정적이었다. 1893년 6월에 서울에 머물던 남장로교 선교사들은 레널즈의 한국어 선생이던 정해원을 전주로 내려보내 미래의 선교사역에 적당한 땅을 물색하고 구입하도록 위임했다. 정해원은 자기 가족이 살 집이자 집회소로 사용할 초가집 한 채를 서문 밖 근교 외곽 지역인 은송리에서 구했다. 당시 외국인이 성안에서 사는 것이 불법이었기 때문에, 은송리를 선교지부의 본부로 정한 것은 신중한 조사의 결과였다. 전주에 머무는 동안 정해원은 '예수 교리'를 공부하고 정규 예배에 참여한 구도자 대여섯을 확보했다. 이들 중에는 마을 서당 훈장도 있었고, 한때 천주교인이었던 사람도 있었다. 그해 9월에 전킨과 테이트가 정해원이 전주에서 마련한 집회소에서 전도를 시도하려고 전주에 내려갔을 때도 정해원은 선교사들이 기독교에 관심을 보이는 더 많은 이들에게 복음을 전하는 일을 도왔다. 전망이 밝아 보였기 때문에, 테이트는 자신이 다시 전주에 오게 될 1894년 3월에 이들 중 몇 명에게 세례를 줄 수 있으리라 생각했다.[10]

그러나 동학혁명이 1894년 봄에 발발하며 전주에서의 모든 선교 전망을 바꾸어 놓았다. 동학도가 전주성을 점령한 후, 동학농민군과

---

9 Reynolds, "By Land and Sea. One Thousand Miles in Cho Sen," *The Christian Observer* (15 August 1894): 6, 또한 (22 August 1894): 6.

10 Reynolds, "Our Korean Work. Chun-Ju Before and After the War," *The Christian Observer* (9 October 1895): 6.

정부군 사이에 전투가 벌어져 도시의 약 절반이 파괴되었다. 테이트 남매는 서울 소재 미국공관으로부터 전주를 떠나라는 명령을 받았다. 2주 후에 정부군이 전주를 탈환한 후 1895년 2월에 레널즈와 테이트가 전주를 다시 찾았을 때 사람들은 "외국인 및 외국 교리에 대한 관심을 모두 잃은 상태"였다. 심지어 세례 신청자 6명 중에서 테이트가 희망을 가졌던 가장 비상했던 세 사람 모두 결국 전투 중에 도시를 떠나거나 신앙고백이 없는 거짓 신자인 것으로 밝혀졌다. 선교사들이 가장 기대감을 가졌던 한 사람은 먼 거리를 걸어서 매주 예배에 참석했다. 기독교 신앙을 피상적으로만 이해하고 있던 다른 신청자들과는 달리, 그는 "밝고 특별한 별처럼 빛났다." 그러나 몇 주 후 이 사람은 선교사들에게 10달러를 요구했는데, "꾸준한 예배 참석과 기독교 신앙을 고백한 데 대한" 배상이라고 말했다. 레널즈는 그를 "쌀교인"(rice-Christian)[11]이라고 기록했다. 선교사들에게 가장 깊은 절망을 안긴 것은 정해원과 그의 가족이 전투 와중에 선교지부를 버리고 떠난 사건이었다. 레널즈는 이 사건 후 "'교리를 공부하러' 그 주위에 모인 이들이 외국인이 자기를 고용해 줄까 바라거나 어떤 식으로든 돈이나 도움을 얻을 수 있을까 해서 모인 것처럼, 정해원은 '이 세상 유익을 얻기 위한 수단'으로 기독교를 찾는 이들을 대표한다"라면서, "신앙심보다는 사업에 더 밝은 사람"이라고 비판했다.[12]

정해원이 가족을 데리고 전주를 떠난 진짜 이유가 무엇인지는 아직 정확히 밝혀지지 않았다. 그가 기독교를 이 세상에서 부를 누리며 잘 살기 위한 수단으로 해석했을 가능성도 있고, 레널즈가 그

---

11 '쌀교인'은 물질 보상을 기대하고 교회를 찾는 이들에 대해 동아시아 선교 현장에서 보편적으로 사용되던 용어였다.

12 같은 글, 6.

렇게 믿었듯이, 정해원의 아내가 서울을 그리워해서 다시 돌아간 것일 수도 있다. 그러나 정해원의 행동을 선교사들이 절망한 이유와는 다른 방식으로 판단한 한국 역사가의 해석도 있다. 이 한국인 저자는 선교사 테이트가 정해원이 떠난 것에 실망을 표하면서도, 정해원이 가족 전체를 부양할 만한 충분한 급료를 받지 못한 사실을 테이트가 언급하지 않았다고 지적한다. 테이트의 실망은 외국 선교사와 현지인 조사 사이에 존재했던 경제 관념의 차이 때문에 유발된 것이라는 지적이다. 즉, 선교사는 정해원에게서 보조금을 지원받는 만큼의 부분적인 활동만을 예상했으나, 정해원은 받은 사역비 액수와 상관없이 온몸과 시간을 바쳐 전적으로 헌신했고, 이것이 정해원 아내의 생활고 호소와 사역지 이탈로 이어졌다는 것이다.[13]

이런 시행착오를 겪은 1895년 크리스마스 주간에 루이스 테이트와 여동생 매티가 군산을 거쳐 전주에 도착하여 정착을 시작했다. 이어서 새로 한국에 온 해리슨(William Harrison, 하위렴)이 1896년 11월, 레널즈 부부는 질병과 성경 번역 사역 때문에 서울에 좀 더 머물다 1897년 9월에 전주로 이주했다. 테이트 남매, 해리슨, 레널즈 부부의 전도사역으로 개종한 호남 최초의 기독교인 5명(김내윤, 김창국, 여자 강씨, 임씨, 김씨)을 대상으로 1897년 7월 17일에 첫 세례식이 거행되었다. 선교사들이 구입한 가옥 중 하나를 공식적으로 예배당으로만 사용하기로 한 것이 9월이었다. 이 교회가 바로 오늘날 호남지방의 모교회로 불리는 전주서문교회[14]였다. 초대 담임목사는 레널즈였다.

---

13 100년사 편찬위원회, 『전주서문교회 100년사, 1893~1993』(전주: 전주서문교회, 1999), 93. 표지에는 저자가 나와 있지 않으나, '집필자의 글'에 의하면 주 저자는 김대전 장로였다.

14 서문교회는 정해원이 전주로 내려와서 처음에 은송리에서 건물을 구입하고 전도 활동을 시작한 1893년 6월을 교회가 창립된 해로 보고, 1993년에 가을에 100주년

Ⅲ. 전주신흥학교 및 기전여학교의 설립과 운영 (1901~1937)

1. 기원과 초기 발전(1901~1910)

1895년 크리스마스 주간에 전주에 첫 정주 선교사(테이트 남매)를 파송하며 호남선교를 시작한 남장로교 전주선교지부에서는 1899년부터 해리슨이 자기 집에서 소년 몇 명을 모아 가르치며 주간교육을 시작했다. 이듬해 1900년 초에는 레널즈가 아내와 함께 사택에서 남자아이들을 모아 가르쳤다. 그러나 그해 6월 24일에 레널즈가 안식년으로 귀국했기 때문에[15] 제대로 된 교육이 이루어지기 어려웠다. 따라서 선교사들은 이 교육을 전주 남학교의 공식 설립으로 인식하지 않았다. 전주선교지부는 1901년에 드디어 학교를 공식 설립해서 운영할 수 있는 적정 수준의 기독교인 소년, 소녀의 수가 확보되었다고 판단하고 소년과 소녀를 위한 각각의 학교 설립을 추진했다. 이에 따라 전주 소재 선교사 중 윌리엄 해리슨과 그를 돕는 한국인 어학 선생이 소년을 위한 작은 주간 학교를 그해 7월에 열었다.[16]

기념행사를 열었다.

15 *Personal Reports of the Southern Presbyterian Missionaries in Korea 1892-1986*, 제4권(서울: 한국교회사문헌연구원)의 레널즈 관련 Biographical Information을 보라.

16 신흥학교에서는 레널즈의 집에서 아이들이 가르침 받은 1900년 9월 9일을 신흥학교의 공식 설립일로 계산한다. 신흥총동문회 홈페이지(http://www.sh100.org/) 내 '모교 연혁'을 참고하라. 그러나 남장로교 선교회 공식 기록에 의하면 레널즈는 그해 6월 24일에 안식년으로 목포항을 떠나 미국으로 가는 배를 탔다. 따라서 신흥의 9월 9일 설립일은 오류다. 남장로교 선교사 조지 톰슨 브라운은 1901년 7월 1일에 해리슨과 그의 어학 선생이 작은 주간학교를 시작한 것이 신흥학교의 기원이라고 기록한다. 브라운, 『한국선교 이야기』, 101. 필자는 선교회의 공식 설립기록을 따른다.

이때 처음 등록한 학생 수는 8명이었다.

1904년 가을에는 학교를 전주군 이동면 화산리 서완재로 이전하여 학생 10명을 가르쳤는데, 이때부터 선교사 이외에 한국인으로서 교사로 일했던 이들의 이름이 등장한다. 이들은 최중진, 김필수, 김명식 등 5명이었다. 이 중 최중진과 김필수는 후에 평양신학교에 가서 1909년에 3회 졸업생으로 졸업하고 목사 안수를 받는데, 목포의 윤식명과 함께 전라도 최초의 목사가 된 3인이었다. 김필수는 후에 전주에서 목회하다가 서울로 올라가 한국인으로서는 최초로 기독신보 사장이 되는 등, 한국개신교 초기 언론인으로 명성을 날렸고, 1915년에는 더 저명한 여러 선배들을 제치고 한국인 최초의 장로교 총회장이 되는 인물이다.[17] 최중진은 안수 후 테이트 선교사의 동사목사가 되어 전북 지역 여러 교회의 개척자가 되었으나, 선교회와 전북대리회의 행정에 불만을 품고 대립하다 1910년에 전북대리회에서 제적된 후 뜻을 같이하는 10여 교회와 함께 '자유교회'를 세웠다.[18] 이는 한국개신교 역사에서 가장 먼저 발생한 선교사와 한국인 목회자 간, 또한 한국장로교 내부 갈등이 표출된 사건으로 알려져 있다.

전주의 남학교는 1906년 봄에는 희현당(希顯堂)[19]이 있던 터에 기

17 김필수에 대한 더 많은 정보를 얻으려면, 한인수, 『호남교회 형성 인물』(서울: 경건, 2000), 21-47, 또한 Jaekeun Lee, "American Southern Presbyterians and the Formation of Presbyterianism in Honam, Korea, 1892-1940: Traditions, Missionary Encounters, and Transformations" (Ph.D. Thesis, University of Edinburgh, 2013), 199-202를 보라.

18 『전북대리회회록』(1910.1.25.), 22. 한국기독교역사학회 편, 『한국기독교의 역사 II』(개정판)(서울: 기독교문사, 2012) 194f. 전북대리회에서는 최중진의 목사직을 박탈하고 제명했지만, 최중진은 스스로 탈퇴한 것이라 주장했다. 자유교회 사건의 더 자세한 내용과 배경에 대해서는 김수진, "최중진과 자유교," 「현대종교」(1983.10.), 134-142, 또한 Lee, 202-204를 보라.

와집을 지어 이전했는데, 학생 수는 55명으로 크게 늘었다. 이때 학교가 가르친 교과과정에는 국문, 한문, 성경, 역사, 습자, 체조, 창가, 산술, 도화 등이 있었고, 초등학교 수준의 과정이었다. 그러나 전주에서 교회 개척과 전도, 선교회 운영에 집중해야 하고, 성경 번역위원으로 서울을 오가야 했던 교장 레널즈는 학교교육에 온전한 시간을 투자하기가 힘들었다. 초기 교육에 참여한 해리슨도 1908년부터는 목포로 사역 현장을 옮기기 위해 준비하고 있었다. 이런 상황에서 오로지 교육 사역에만 집중하는 임무를 부여받고 전주에 부임한 2대 교장 존 새뮤얼 니스벳(John Samuel Nisbet, 유서백)과 애나벨 니스벳(Annabel Lee Major Nisbet, 유애나) 부부의 합류는 전주 선교지부 교육선교의 전환점이 되었다. 1908년에는 학교 이름이 새 여명(New Dawn)이라는 이름의 '신흥'으로 정해졌다. 이듬해 1909년에는 미국인 C. E. 그레이엄의 후원으로 2층 벽돌 건물이 지어지기 시작했다. 1909년에 배출한 제1회 졸업생 5명에 이어, 1910년에는 졸업생 14명이 처음으로 새 건물에서 졸업식을 거행했다. 졸업생이 배출되면서 중고등학교 과정인 고등과도 시작되었다.[20]

한편 전주 최초의 여자학교인 기전학교도 1902년 1월에 설립되었다. 첫 모임을 이끈 선교사는 독신 여선교사 매티 테이트로, 그의 집에서 12명의 학생이 한 주에 두 번 모였다. 물론, 1898년부터 이미 개인적으로 여성 한둘을 불러 모아 가르친 경력이 있으므로, 이 해가 학교의 기원이라고 주장할 수도 있으나, 남장로교 한국선교 공식

---

19 희현당은 조선 숙종 26년(1700)에 관찰사 김시걸이 전주부성 서쪽 완산 황학대 자리에 세운 유교 서원이었다. 더 자세한 설명은 '신흥 114년'(http://www.sh100.org/) 내 '희현당' 항목을 보라.

20 브라운, 『한국선교 이야기』, 101 및 '신흥 114년'(http://www.sh100.org/) 내 '신흥학교의 개교' 항목.

역사로 간주 되는 역사서를 쓴 브라운이나 『기전 80년사』는 1902년을 학교의 시작으로 잡는 것이 더 합당하다고 기록한다. 테이트는 1900년 이전에는 완산정에서 거주하다가 전주시와 교섭 끝에 화산동 언덕으로 이사했다. '서원고개너머' 기전여학교 시대[21]가 시작된 것이다.[22]

이렇게 시작된 기전여학교의 초대 교장을 맡은 이는 윌리엄 전킨(William M. Junkin, 전위렴)의 아내 메리(Mary Leyburn Junkin) 여사였다. 호남 선교가 시작되었을 때 군산 선교지부 개척을 맡은 전킨 부부는 1902년에 군산 정명학교, 멜본딘여학교를 설립하여 가르치다가 1904년에 선교회의 지시로 전주로 이주했다. 이는 심각한 건강의 위기를 맞은 윌리엄 전킨을 전주로 이동시켜 전주 근교 20리 밖 전도를 금하고 건강을 돌보게 하려는 의도로 내려진 지시였다. 1904년 당시에는 학교 이름이 따로 있는 것은 아니었고, 통상 한국인에게 기독학교 혹은 소학교로 불렸다. 그러나 주로 복음전도에 전념하던 목사 부부의 집에서 열린 이 학교는 교육에 전문성을 가진 학교는 아니었다. 더구나 남편 전킨의 건강이 극도로 약해진 상황에서 전킨 부인이 학교 일에 전적으로 헌신할 수는 없었다. 이에 1907년에 내한한 랜킨(Cornelia[Nelie] Beckwith Rankin)이 교육 전담 선교사로서 기전의 2대 교장이 되었다. 이름도 없이 선교사의 기록에 단지 전주소녀학교(Chunju Girl's School)로만 등장하던 학교가 오늘날 우리에게 알려진 기전이라는 이름을 갖게 된 것은 1908년 1월 2일에 있었던

21 1956년까지 화산동 서원고개 너머에 있던 기전여학교는 1956년에 일제강점기에 전주 신사가 있던 중화산동 187로 건물을 이전한다. 이덕주, 『전주비빔밥과 성자 이야기』 (서울: 진흥, 2007), 50.

22 기전 80년사 편찬위원회, 『기전 80년사』 (전주: 기전여중고등학교, 기전여자전문대학, 1982), 124-126.

전킨 선교사의 죽음이 계기가 되었다. 전킨은 군산에 있을 때부터 과로와 이질에 걸린 이후 생긴 후유증으로 건강 상태가 좋지 못했다. 그러다가 1907년 크리스마스 직후에 폐렴에 걸렸고 며칠 후 1908년 1월 2일에 사망했다. 이에 선교회는 초대 7인의 개척자의 한 사람으로 호남지방 초기 선교에서 지대한 역할을 하고, 그의 아내가 기전여학교의 초대 교장까지 맡았던 전킨(전위렴)의 공로를 기념하여, 학교 이름을 기전(紀全), 즉 Junkin Memorial이라 지었다.[23]

1909년에 교사가 신축된 일은 설립 후 초기 10년간 기전여학교의 역사에서 가장 중요한 순간이었다. 선교사의 기와집에서 12명으로 시작한 사랑방 학교가 붉은 벽돌로 지은 2층짜리 서양식 교사로 탈바꿈하며 200명 학생을 수용할 수 있는 공간이 되었다. 또한 당시까지 초등학교 단계인 보통과 과정으로만 운영되던 기전은 1909년에 중고등학교에 해당하는 고등과를 설치하며 빠르게 성장했다. 그러나 학교가 안정되어 가던 와중인 1911년 8월 13일에 제2대 교장이던 랜킨마저 맹장수술 후의 합병증으로 사망하는 비극이 찾아왔다. 3년 사이에 기전여학교는 학교의 주요 인물 둘을 잃는 비극을 경험해야 했다. 랜킨을 이어 버클랜드(Sadie M. Buckland, 박세리)가 교장 대리가 되었다. 1908년에 한국에 온 후 군산 멜본딘여학교에서 근무하던 버클랜드는 1911년 8월부터 교장 대리를 이어 정식 교장으로 2년간 봉직함으로써 제3대 교장이 되었다. 버클랜드 부임 후 2년째인 1913년에는 기전여학교의 첫 졸업식이 6명 졸업생과 함께 공식 거행되었다. 잦은 교장 교체로 인해 불안정한 학교 행정은 콜튼(Susanne A. Colton, 공정순)이 1913년 9월 1일에 제4대 교장으로 취임한 후, 1937년에 기전이 신사참배 거부로 폐교할 때까지 24년간 교장직

23 기전 80년사 편찬위원회, 『기전 80년사』, 127-135, 브라운, 『한국선교 이야기』, 101.

을 수행하면서 여러 위기 속에서도 안정된 성장을 경험하게 된다.[24]

2. '10년간의 불모기'(1910~1919): 한일강제병합, 사립학교법, 노동 실습

1910년대는 한국기독교 역사에서 가장 주목받지 못한 시기에 속한다. 원산과 평양에서 일어난 대부흥, 전국 교회를 뜨거운 전도 열기에 휩싸이게 한 백만인구령운동이 있었던 1900년대는 한국개신교 성장과 부흥의 초석이 된 시기로 널리 주목을 받았다. 1920년대는 1919년의 3.1운동의 여파로 한국개신교가 민족운동과 연대하여 새로운 도약을 맞은 시기로, 다가오는 1930~40년대의 핍박과 고난 이전에 누린 마지막 평온기에 해당한다. 그러나 3.1운동 이전 1910년대는 뜨거웠던 1900년대의 부흥의 열기는 온데간데없이 식어버렸고, 한일강제병합의 울분 속에 나라 전체가 침울한 무기력 속에 빠져 있던 시기였다.

실제로 통계는 1910년부터 1919년까지가 '9년간의 불모기'(nine lean years)였음을 보여준다. 브라운은 남장로교가 선교한 호남 지역에서 교회 성장 속도가 최고점을 찍은 1910년 이후 10년 내내 저하되는 상황을 보여준다. 즉, 1910년에 세례를 받고 교인으로 등록된 새 신자의 수가 2,010명이었던데 반해, 새 신자가 추가된 숫자는 1,900명(1911년), 1,381명(1912년), 1,095명(1913년), 845명(1914년), 826명(1915년), 714명(1916년), 792명(1917년), 526명(1918년), 368명(1919년)으로 매년 지속적으로 감소했다.[25] 이 현상이 남장로교 구역에서

24 기전 80년사 편찬위원회, 『기전 80년사』, 140-150.

25 브라운, 『한국선교 이야기』, 127.

만 일어난 것이 아니라 전국적인 현상이었기에, '9년간의 불모기'라는 표현을 만들어낸 남감리교 선교사 왓슨(Alfred Wasson)은 이를 다음과 같이 정치사회적 요인으로 설명하고자 했다. "외부인들은 교회를 더 이상 민족의 생명을 구해주는 도구라고 생각하지 않는다. 또한 피난처가 되지도 못한다고 생각한다. 오히려 그 반대로, 이 새로운 정권[일제식민당국-필자주]하에서는 교회 안에 있는 사람들이 교회 밖에 있는 사람들보다 더 문제에 많이 시달릴 것 같아 보인다."[26] 이런 이유로 당대 선교사뿐만 아니라, 후대의 한국 역사가들도 1910년대에 크게 주목하지 않으면서, 이 시기에 대한 기록을 후대를 위해 많이 남겨두지 않았다.

비슷한 이유로, 신흥학교의 1910년대에 대한 기록도 다른 시기에 비해 현격히 빈약하다. 신흥학교에 대한 공식 역사기록인 『신흥 114년』도 "우리는 1910년대의 신흥학교의 전반적인 상황에 대한 구체적인 자료를 가지고 있지 않으며, 당시 상황을 자세히 설명해 줄 생존한 분이 없기 때문에 1910년대의 신흥학교 역사를 기록하는 데 어려움을 느낀다"라고 진술한다. 실제로 1910년대의 교회가 새로운 식민 체제하에서 생존을 고민한 것처럼, 교육계 또한 일제 당국이 공표한 새 교육법령에 시의적절하게 대응해야만 했다. 이런 법령 중 가장 먼저 문제가 된 것은 1905년 을사늑약을 통해 준식민지 상태에 들어간 3년 뒤인 1908년에 공표된 '사립학교령'이었다. 전문 15개 조항과 부칙 2개 항으로 구성된 이 법의 내용 중 사립학교에 가장 큰 문제가 된 것은 사립학교를 설립할 때 학부의 인가를 얻어야 한다는 것이고, 학교 운영에 필요한 기본자금이 충분하지 못한 학교를 폐쇄

---

26 Alfred W. Wasson, *Church Growth in Korea*(New York: International Missionary Council, 1934), 96.

한다는 것이었다.[27] 비록 한국에서 활동하는 선교회들이 운영하는 기독교계 학교는 모두 폐교되지 않고 살아남았지만, 이후 일어날 식민정부의 교육 간섭 상황에 대응하기 위한 조치가 필요했다. 이로써 1911년에 모든 장로교 및 감리교 선교부가 연합하여 교육 문제에 대한 일원화된 대정부협의체 기능을 할 '교육평의회'를 결성했다. 이때 남장로교 선교회 대표로 임명된 인물이 베너블(W. A. Venable, 위위렴)이었다. 그는 남장로교 최초의 교육 전담 평신도 선교사로, 1908년에 와서 목포와 군산에서 1917년까지 사역하다 사임했다. 1914년 당시 교육평의회는 각 선교부 소속의 총 37개 중등학교를 관리했는데, 그중 8개가 남장로교(전주 신흥/기전, 군산영명/멜본딘, 광주숭일/수피아, 목포의 영흥/정명) 소속이었다.[28]

1908년 10월에 발표된 '사립학교령'이 일본 당국이 한국인이 운영하는 모든 사립학교를 통제하겠다는 의지를 처음으로 표출한 일종의 경고성 보편 법령이었다면, 1915년 4월에 발표된 '사립학교 규칙 1차 개정령'[29]은 종교계 학교를 직접 겨냥한 특별법이었다. 이

---

27 이 조치를 통해 변동된 학교 수에 대한 기록은 여러 문헌에서 각각 다르다. 그중 가장 신뢰할 만한 기록을 남긴 최기영은 『한국독립운동의 역사 13권: 애국계몽운동 II 문화운동』(독립기념관, 2009), 63f에서 '1908년 8월부터 1910년 5월까지 전국의 폐교된 학교로 조사된 수는 일반학교 263개교, 종교학교 155개교, 총 378개교에 이르렀던 것이다. … 실제 1908년 10월 사립학교령 발효 이후 통계를 보면, 종교학교를 제외한 일반사립학교는 1910년 5월에 1,400개교에 달하였으나, 1911년 5월에는 1,039개교로, 1912년 5월에는 817개교로 조사되었는데, 2년 동안 400개교 이상이 폐교되었던 것이다'고 밝힌다.

28 기전 80년사 편찬위원회, 『기전 80년사』, 149f.

29 1911년 10월 20일에 조선총독부령 제114호로 사립학교규제에 관한 규칙이 발표되었는데, 이 규칙의 1차 개정령이 1915년에 발표되었다. 1911년 '사립학교규칙'의 주요 내용은 다음과 같다. ① 학교의 설립, 폐쇄, 학교장·교원의 임용 등을 총독부의 허가사항으로 한다, ② 수업연한, 교과서, 교육과정 및 매주 수업시간 수, 학생정원, 학년, 학기, 입학자에 관한 업무를 총독부의 허가사항으로 한다, ③ 교과서는 총

개정령의 핵심 사항은 교육과정의 표준화와 자격증을 가진 교사의 채용, 교육에 일본어를 사용해야 한다는 규정과 종교교육을 금한다는 내용이었다. 앞의 세 규정은 선교회와 학교가 저항할 명분이 없었지만, 마지막 항목인 종교교육 금지, 특히 기독교학교의 경우 성경교육 금지로 적용되는 이 항목은 선교계 학교의 존재 이유를 뒤흔드는 명령이었다. 다행히 이 법이 철저하게 시행되기까지 10년간의 유예기간이 주어졌다. 교육평의회는 정부와 협상을 통해 다른 항목에 대해서는 타협하는 데 성공했으나, 종교교육 문제에서는 정부의 완강한 태도를 되돌릴 수 없었다. 결국 문제는 내부에서 발생했다. 두 감리교 선교회는 정부 규정을 따라 성경교육을 포기하더라도 학교선교는 포기할 수 없다는 입장을 보였다. 장로교에서는 10년간의 유예기간을 잘 활용하여 종교교육을 허락받을 수 있도록 협상하되, 협상이 어려울 경우에는 폐교도 불사한다는 입장을 견지하기로 했다. 이 갈등으로 1917년에 결국 교육평의회는 해산된다.[30] 이전까지 거의 하나의 교단이 되고자 할 만큼 복음주의적 연합 정신에 투철하고, 실제 크게 다른 교리와 신학의 지향성도 나타내지 않았던 장로교와 감리교 간 긴장과 갈등의 시작이 1910년대 교육선교를 통해 서서히 표출되기 시작한 것이다. 이런 차이는 1930년대 신사참배 문제에 대한 대응 태도에서도 반복된 유형으로 나타난다.

독부의 편찬에 의한 것 또는 검정을 거친 것으로 규정한다, ④ 법령을 위반했을 경우, 학교의 폐쇄, 학교장·교원의 해고를 명할 수 있도록 한다 등이었다. 이 규칙은 주로 일반 사립학교를 규제하기 위한 의도로 제정되었으며, 종교계 사립학교에 대한 특별 내용은 들어 있지 않았다. 종교계 학교 규제에 대한 법률은 1915년 개정령에 들어 있었다. 브리태니커백과사전 "사립학교규칙" 항목(http://100.daum.net/encyclopedia/view.do?docid=b11s0077a)을 보라. 원문은 "개정사립학교규칙," 「조선총독부관보」 789(1915.3.24.): 325를 보라.

30 브라운, 『한국선교 이야기』, 142f.

남장로교 지역 8개 학교는 1915년 사립학교 규칙 공표 이전에 '사립 각종학교'로 분류되어 있는 상태였기 때문에 이 10년간의 유예기간 동안 협상의 결과를 기다리며 종교교육을 유지할 수 있었다. 그러나 1912년에 새로 설립된 순천의 매산학교[31]는 새로운 법령의 종교교육 금지법을 어긴 결과로 결국 1916년에 교육 금지 명령을 받고 폐쇄되었다.[32] 다행히 1919년 3·1운동 이후 그해 9월에 복음주의선교연합공의회가 총독부에 성경교육과 한국어 사용을 건의한 것이 수용되어, 1919년 12월에 사립학교 고급반의 경우 특정 과목을 학교 재량에 따라 넣을 수 있다고 허용함으로써 성경 과목 교수와 한국어 사용이 다시 가능해졌다.[33]

이 시기 선교회에서 운영한 학교의 특징 중 하나는 학생들에게 지식을 전수하는 학업에 더하여, 기술교육과 노동 실습을 필수 정규 과목으로 배치한 것이다. 기술과 노동 활동을 정규 과목으로 편성한 이유는 크게 두 가지였다. 하나는 육체노동을 천시해온 유교 질서, 특히 양반 및 선비 계층의 의식을 전환하고, 노동을 통한 자조 정신을 길러 스스로 삶을 개척하는 인재를 양성하기 위함이었다. 두 번째 이유는 학교 운영과 학생들의 학비 보조를 위해 선교회가 일부 재정을 대기는 했지만, 학생들이 수업료를 내지 못해 학교를 중도 하차하는 일이 빈번했다는 점이다. 이런 상황을 타개하고자, 학교는 노동교육을 이수 받고, 이어서 받은 교육을 바탕으로 실습을 통해

31 매산남학교/매산여학교라는 학교 공식 명칭은 1921년 4월 15일에 학교가 재건되면서부터 사용되었다. 선교사들은 이 학교들을 각각 The Watt's Male Academy, The Watt's Girl's Academy라 불렀다. L. Dupuy, "A Teacher's Institute in the Southern Presbyterian Mission," *The Korea Mission Field*(May 1921): 109를 보라.

32 브라운, 『한국선교 이야기』, 143.

33 한국기독교역사학회 편, 『한국기독교의 역사 II』(개정판), 84f.

얼마간의 돈을 벌어 학비를 마련하는 정책을 취했다. 신흥학교의 경우 학교 농장에서 기른 밀, 보리, 감자, 딸기, 마늘, 고추를 내다 팔아 학비 등 필요한 재정을 충당하거나, 학교에서 목공, 청소, 거리 정비, 선교사 사택 관리 등을 하며 학비와 기숙사비, 생활비를 버는 학생이 많았다.[34] 기전여학교의 경우에도, 크로세 뜨개질 교육, 수공 교육 등으로 학생들이 필요한 재정을 스스로 충당할 수 있도록 도왔다. 특히 여학교의 경우 학교마다 다른 학교와는 다른 차별된 특수 실습 교육이 있었는데, 예컨대 목표 정명여학교는 바느질, 군산 멜본딘학교는 단추 만들기, 순천매산여학교는 자수로 유명했다. 이들은 만든 물품을 미국 버지니아 주 웨인스보로에 거주하던 밴스 부인(Mrs. R. G. Vance)에게 보내기도 했는데, 밴스 부인은 미국 현지에서 바자회 등을 열어 상당한 기금을 모금하여 이들 학교에 보내기도 했다.[35]

3. 중흥의 시대(1919~1930): 3.1운동, 점진적 성장, 광주학생운동

3.1운동은 기본적으로 일제 식민 통치에 분노한 한국인이 독립을 기원하며 벌인 전국적인 민족주의운동으로 평가되어야 하지만, 종교운동의 요소도 분명히 있었다. 일제의 종교정책은 '회유, 이용'과 '탄압, 박멸'이 기본 이중정책이었다. 우선 회유하고 이용하려 하다가 제대로 먹혀들지 않으면 탄압하고 박멸하려 했다. 특히 민족주

34 '신흥 114년'(http://www.sh100.org/) 내 '초창기의 신흥학교' 항목. 신흥학교의 실업 및 축산강습에 대한 보도는 당시 언론에도 소개되었다. "축산강습소," 「대한매일신보」(1910.7.01), "실업강습소 설립," 「대한매일신보」(1910.7.16.).

35 기전 80년사 편찬위원회, 『기전 80년사』, 151f, 남장로교 학교들의 전반적인 상황은 브라운, 『한국선교 이야기』, 139f를 보라.

의 종교에 대한 탄압이 심했기에, 천도교(동학), 대종교 등은 정식종교로 인정도 받지 못하고, 유사종교로 분류되어 탄압받았다. 기독교 역시 비정치적일 때에는 손대지 않았으나, 정치나 민족문제에 개입하면 즉각적인 탄압의 대상이 되었다. 105인 사건이 대표적인 사례였다. 1919년 3월 1일 이래로 전국적으로 벌어진 3·1운동의 경우, 1919년 6월에 발행된 헌병보고서에 의하면 충청도를 제외하고는 거의 모든 지역의 시위 주동자가 종교인이었다. 특히 기독교인의 역할이 두드러졌는데, 일제 기록에 의하면, 시위 후에 감옥에 갇히거나 검거된 이들 중 최소 절반이 종교인이었고, 이들 중 천주교와 개신교인을 포함한 전 기독교인의 비율은 17~22%에 달했다. 반면 천도교는 11~15%, 불교는 1%, 유교는 1~3%였다. 당대 총인구 중 기독교인이 1.5%에 지나지 않았던 통계를 고려할 때, 이 비율은 대단한 것이었다. 특히 피검된 이들 중 교역자 비율은 더 높았고, 전체 피검된 여성 중 기독교인 비율은 65.6%를 차지했다.[36]

3.1운동 이후 기독교는 일제 당국의 탄압 속에 교회와 학교의 많은 한국인 지도자가 투옥되거나 감시당하는 등 핍박을 받으며 일시적으로 교세가 감소하는 듯했으나, 이듬해부터 신속히 교세를 회복했다. 지난 1910년대의 '10년간의 불모기'를 벗어난 새로운 반등세가 개신교 교회와 학교에 새로운 활력을 주었다. 이는 아마도 3.1운동이 독립을 실현하는 데는 실패했으나, 한국개신교가 민족의 아픔을 함께 하는 종교로 거듭나며 사람들의 마음을 얻는 데 어느 정도 성공했음을 보여주는 사례로 해석될 수도 있을 것이다.

이런 반등 상황은 다른 선교회 소속 선교사뿐 아니라 남장로교

36 한국기독교역사학회 편, 『한국기독교의 역사 II』(개정판), 27-51, 특히 45쪽에 나오는 두 도표를 참고하라.

선교사들의 기록에도 풍성히 등장한다. 예컨대, 1913년부터 순천에서 사역하던 레인(John C. Crane, 구례인)은 마을마다 교회가 세워지고 죽은 것 같이 버려져 있던 교회들이 이제는 다시 열정을 회복하고 있다고 보고했다.[37] 1911년부터 유일한 건축선교사로 광주에 와 있던 스와인하트(Martin L. Swinehart, 서로득)도 "의료 사역은 두 배로 늘었고, 교인 수는 200% 성장했으며, 등록 학생 수도 300% 늘었다. … 우리 선교사들을 눈을 비비면서 이 새로운 상황에 스스로 적응하려 애쓰고 있었다"라는 기록을 남겼다.[38] 광주에서 사역하던 녹스 부인(Mrs. Robert Knox, Maie P. B. Knox)도 1919년에서 1921년은 "한국이 영적으로, 사회적으로, 교육적으로 전환점"이 된 시기라고 평가했다.[39] 실제로 이전에 언급한 대로, 브라운은 1919년에 남장로교 선교구역에서 늘어난 회심자의 수가 368명으로 10년간 최저점을 기록했다고 했다. 그런데 다음 해 1920년에는 516명, 1921년에는 1,266명으로 무려 두 배가 뛰었는데, 이런 식으로 1920년대 중후반까지 호남 지역 교회의 연평균 성장률이 10%에 달했다. 이런 성장세는 학교에서도 뚜렷하게 감지되었다. 1920년에서 1923년까지 짧은 3년간 이 학교들에 등록된 학생 수가 3,500명에서 10,000명 이상으로 늘었다.[40]

3.1운동은 외국 선교회가 운영하는 기독교계 학교에 다니는 학생들에게 기독교 신앙과 민족의식의 통합이 가능하다는 실례를 보여주었다. 선교사들은 본국 선교부 및 각 선교회의 선교 정책상, 또한

---

37 J. C. Crane, "What Does the Revival Amount To?," *The Missionary Survey* (October 1921): 772.

38 M. L. Swinehart, "Go Forward in Korea," *The Missionary Survey* (February 1921): 1333.

39 Mrs Robert Knox, *The Missionary Survey* (March 1921): 144.

40 브라운, 『한국선교 이야기』, 163f.

사회참여에 대체로 무관심했던 당시 복음주의 신앙에 따라 독립운동에 가담하지는 않았다. 그러나 극소수 예외를 제외하고 이들 대부분은 자신들이 함께 살며 사역하는 대상인 한국인의 고통과 아픔에 공감했기에, 심정적으로 운동을 지지하면서도, 동료 한국인 신자와 제자들의 안전을 위해 그들이 너무 깊이 개입하는 것은 만류했다.[41]

전국 거의 모든 지역과 마찬가지로, 호남 지역 선교회 학교에서도 전국으로 퍼진 이 운동을 주도한 이들이 많았다. 목포에서는 3.1운동의 발상지가 목포 최초의 교회인 양동교회와 영흥학교, 정명여학교였다. 4월 8일로 정해진 거사일에 학생들의 희생을 염려한 정명여학교 교장 니스벳 여사(유애나)가 비밀리에 태극기를 그린 후 거리로 나가려던 학생을 제지하다 2층 계단에서 굴러떨어져 얻은 병으로 이듬해 2월 21일에 사망하는 일이 있었다. 이 사건은 남장로교 선교사들이 한국 민족의 억눌린 한과 독립운동의 정당성에 심정적으로 공감하면서도, 모국 선교부의 공식 정책상, 또 선교 현지의 사업이 피해를 입을까 하는 염려 때문에 실제적으로는 학생들의 시위 참여를 금지한 상황의 전형을 보여준다. 니스벳 여사의 경우, 학생들이 시위 중에 입을 죽음과 부상에 대한 염려가 더 컸던 것으로 알려졌다.[42]

---

41 3.1운동과 선교사와의 관계에 대한 균형 잡힌 분석은 마르다 헌틀리, 『새로운 시작을 위하여: 1884년부터 1919년 삼일운동까지 한국초기교회역사』, 차종순 역 (서울: 쿰란, 2009), 925-952를 보라.

42 Mrs. H. D. McCallie, "In Memoriam Anabel Major Nisbet," *The Korea Mission Field* (April 1920): 81f. 실제로 23일에 장례가 치러졌을 때 외국인의 상여를 매지 않으려 했던 당시 전통과는 달리, 학생들이 서로 상여를 매려고 하려 순번을 매기는 일도 있었을 정도로 니스벳 교장은 학생들의 사랑을 받았던 것으로 알려졌다. 니스벳의 사망에 연관 있던 4월 8일 시위 참여 학생들은 졸업 후 1923년 4월에 속죄의 차원에서 무덤에 화강암 묘비를 세웠다. 이덕주, 『예수사랑을 실천한 목포·순천 이야기』(서울: 진흥, 2008), 35f.

전북지방에서 3.1운동이 가장 먼저 일어난 곳은 군산이었다. 3월 1일 세브란스 의전 학생 이병수가 독립선언서 200매를 영명학교 교사 이동열, 송헌정, 고석주, 김수영 등에게 전달했다. 3월 2일 밤에 영명학교에서 선언서 3,500매와 태극기가 인쇄되어 다음 날 3월 3일에 영명학교 학생들과 기독교인들에게 비밀리에 배부되었다. 이들이 정한 봉기일은 3월 5일이었으나, 이 계획이 경찰에 발각되자 하루 전인 3월 4일에 학생 70여 명이 시위를 감행했다. 이어서 3월 5일, 3월 23일, 3월 30일, 4월 4일에도 기독교인과 천도교인, 학생들이 모인 대규모 시위가 있었다.[43] 전주에서 이 소식을 들은 전주 천도교, 기독교와 신흥학교, 기전여학교 등 각계 대표들은 3월 13일 장날을 시위 결행일로 결정했다. 시위 당일 정오가 조금 지나자 천도교, 기독교 지도자들과 신흥학교, 기전학교 학생들이 주동하여 대한독립만세를 부르며 시위가 시작된 후, 당시 장에 와 있던 수천에서 만 명에 이르는 군중이 여기에 합세했다. 이튿날에도 간헐적으로 일어난 시위를 포함해, 이 운동으로 검거된 이는 약 40명이었는데, 이중 기전여학교 학생이 13명, 신흥학교 학생이 6명 포함되어 있었다. 당시 개신교계 시위운동을 주도한 학생들을 지도한 인물이 서문교회 김인전 목사와 그의 동생 김가전, 김종곤 등으로, 전주 개신교인들이 교회와 학교를 불문하고 당시 시위에 적극적으로 참여했음을 보여준다.[44]

---

43 군산 시위에 영명학교 교사와 학생이 어떻게 참여했는지, 일경이 이들을 얼마나 잔혹하게 대했는지에 대한 선교사 윌리엄 불의 목격담은 William Bull, "Some Incidents in the Independent Movement in Korea," *Personal Reports of the Southern Presbyterian Missionaries in Korea 1892-1986*, 제4권 (서울: 한국교회사문헌연구원)을 보라.

44 '신흥 114년'(http://www.sh100.org/) 내 '전주의 삼일운동' 항목. 관련 신문 기사는 본 논문의 각주 50을 보라.

체포된 사람의 수에서 알 수 있듯이, 기전여학교의 적극적인 참여가 특히 두드려졌다. 기전여학교가 한국인이 운영하는 민족주의 학교가 아니었음에도 이런 학교에 못지않은 민족의식을 지닌 학교로 변모하게 된 데에는 교사 박현숙(1896~1980)의 역할이 지대했다. 평양 출신으로 북장로교 숭의여학교에 입학한 박현숙은 17세 되던 1912년에 이 학교에서 황에스더, 김경희가 주도하던 비밀독립운동단체 '송죽결사대' 회원으로 참여하며, 이들의 지도를 받아 독립운동 자금 모금을 도왔다. 이 조직은 졸업생이 전국의 기독교계 학교 교사로 취직하면 그곳에서 비슷한 단체를 만들어 이 운동의 정신과 실천을 널리 퍼뜨리게 했다. 1915년에 숭의여학교를 졸업한 박현숙은 기전여학교 교사로 초빙되어 전주로 이주했는데, 기전에 부임하자마자 임영신, 오자현, 송귀내, 유채롱, 오순애 등의 학생들과 함께 학교 내에 '공주회'(公主會)[45]를 조직했다. 여기에 속한 이들은 3.1운동 이전부터 일본어 및 일본 역사 수업 시간, 일본국가 부르는 시간에 침묵으로 저항하거나, 매일 밤 소나무 숲에서 심야 기도를 하거나, 김인전 목사[46]에게 얻은 한국역사서 『동국역사』[47]를 베껴 쓰거

45 『기전 80년사』에는 이 이름이 구약 출애굽기에 등장하는 모세를 기른 이집트 공주에서 이름을 따온 公州會라고 한자를 잘못 기재되어 있다. 이런 의미의 공주에 해당하는 한자는 公主여야 한다. 기전 80년사 편찬위원회, 『기전 80년사』, 171.

46 신흥과 기전 학생의 신앙과 민족의식의 지주였던 김인전은 전주만세사건 이후 상해로 급히 망명했다가, 임시정부에서 오늘날 국회의장에 해당하는 의정원 의장으로 활약하던 중 1922년 5월 12일에 급사했다. 한인수, 『호남교회 형성 인물』, 17-20.

47 아마도 1906년에 현채(1856~1925)가 편찬한 『동국사략』(東國史略)을 지칭하는 것 같다. '한말의 대표적인 한국사 교과서로 이후 교과용 한국사는 이 책의 체제를 많이 모방했고, 단순히 이 내용을 축약한 것도 많을 정도로 큰 영향을 끼쳤다. 1906년 6월 초판, 1907년 10월 재판, 1908년 7월 3판을 발행했다. 1909년 5월 5일자로 발간이 금지되었다.' 브리태니커사전 '동국사략' 항목(http://100.daum.net/encyclopedia/view.do?docid=b05d1157a)를 보라.

나, 교실 정면에 걸린 천황 사진에서 천황의 눈을 뚫어버리거나 먹으로 칠해버리는 등 학생으로서 할 수 있는 최대한의 항일저항운동을 펼쳤다. 이런 저항이 결국 전주 시위의 기초가 된 것이다.[48]

전주 시위에서 시위를 주동한 기전여학교 학생들은 주로 '13인의 결사대'[49]로 불린다. 이들은 3월 13일 거사 당일에 밤새 만든 태극기와 독립선언서를 장터의 사람들에게 나눠주며 시위를 주도했다. 도합 약 두 시간에 걸쳐 만세를 부르다가, 결사대 13인 중 10인이 해산에 나선 경찰에 의해 현장에서 붙잡혔다. 1차 검속 후에도 계속 만세를 부르던 무리들이 밤 9시경에도 추가로 검속되었는데, 이때 잡혀 들어간 기전 여학생 수가 3~40명에 달했다. 취조 중에 끝까지 자신의 행동을 반성하지 않고 버틴 13인이 열흘 후 검찰에 송치되고, 다시 20일 후 기소되었다. 소요죄와 보안법 위반으로 기소된 이들에게 3개월 후인 6월 20일에 전주지방 법정에서 열린 결심공판에서 내려진 최종 결정은 6개월 징역에 3년 집행유예였다. 이에 불복한 일본인 검사는 대구고등법원에 공소했으나, 9월 1일에 열린 공소에서도 원심이 그대로 확정되었다.[50]

---

48 기전 80년사 편찬위원회, 『기전 80년사』, 168-178.

49 『기전 80년사』와 '신흥 114년'에는 모두 13인으로 나오나, 이덕주, 『전주비빔밥과 성자 이야기』, 53에는 14인으로 나온다. 전자의 13인 명단은 최기물, 최애경, 최요한라, 김공순, 최금수, 함연춘, 정복수, 송순태, 김신희, 강정순, 임영신, 김순실, 김나연이다. 후자의 14명 명단에는 전자에는 들어 있지 않은 '김인애'가 있는데, 김인애는 김인전 목사의 큰 여동생으로, 김인전의 여동생이라는 것이 발각될 때 당할 더 큰 고초를 예측하고 이름을 일경 몰래 '최기물'로 바꾸었다. 최금수는 '최금주', 송순태는 '송순희'가 정확한 이름이다. 이덕주의 명단에 있는 14번째 결사대 '함의선'은 기전여학교와 신흥학교가 편찬한 자료에는 등장하지 않는다.

50 당시 총독부 기관지로 사건의 흐름을 매일 보도한 「매일신보」의 아래 기사를 보라. "전주, 선언서의 배포,"(1919.3.14.), "전주, 검거된 여학생,"(3.15.), "전주, 사오차를 시위,"(3.16.), "전주소요의 후보(後報), 일시 맹렬하였다가 즉시 진정되어,"(3.17.), "전주, 경배군대 도착,"(3.18.), 기전 80년사 편찬위원회, 『기전 80년사』,

한편 같은 날 시위에 참여한 신흥학교 학생 중 일부도 검거되어 재판을 받았다. 시위를 주동한 신흥학교 학생 중 고형진, 남궁현, 김병학, 김점쇠, 이기곤, 김경신이 구속되었다. 기전여학교 학생 13명이 모두 징역 6개월에 집행유예 3년의 판결을 받아 풀려나왔지만, 신흥학교 학생은 모두 징역 1년의 실형을 받았다. 1심의 형량에 불복하고 대구 복심법원에 공소했으나 기각되었다. 다시 대구고등법원에 상고한 것도 기각되었다.[51] 결국 전주 지역 기독교계 학교들의 적극적인 항일운동 참여는 그간 외래종교로만 인식되어 온 개신교에 대한 일반인의 인식을 바꾸는 결정적인 계기가 되었다. 1919년 이후 교회의 신속한 교세 만회와 기독교계 학교 등록률 증가에는 이런 배경이 있었던 것이다.

1919년 3.1운동 이후 1920년대는 일제강점기 전체를 볼 때 신흥학교와 기전여학교가 가장 눈부신 성장을 경험한 중흥기였다. 이런 현상은 호남 지역이나 기독교계에서만 일어난 것은 아니었다. 3.1운동이 민족의 자긍심을 심어준 중요한 사건이기는 했지만, 궁극적으로 일회성 시위나 운동만으로 독립을 달성하는 것은 불가능하다는 자각을 하게 한 계기가 되기도 했다. 따라서 한국인 전반에 독립운동이 일종의 점진적 실력배양운동이 되어야 한다는 의식이 널리 퍼졌다. 따라서 '민족개조론' 입장에서 의식계몽운동의 일환으로 농촌계몽운동, 문맹퇴치운동, 절제운동, 야학운동, 문서운동, 여성계몽운동이 널리 확산되었다. 1920년대가 소위 '교육에 대한 광적인 열망의 시기'가 된 주요 이유도 바로 여기에 있었다.[52]

185-201도 보라.

51 '신흥 114년'(http://www.sh100.org/) 내 '삼일운동과 신흥' 항목.

52 한국기독교역사학회 편, 『한국기독교의 역사 II』(개정판), 50.

삼일운동의 여파로 신흥학교는 1919년 7명, 1920년에 9명의 보통과 졸업생을 냈을 뿐, 고등과는 2년 동안 졸업생을 내지 못했다. 그러나 1920년에 전체 학생 수가 60명이었던 신흥학교는 1921년에는 200명으로 학생 수가 증가했다. 1931년에는 호남에서 최고 숫자인 734명(고등과 234명, 보통과 500명)까지 그 수가 증가하였다. 호남의 다른 지역 선교계 학교들과 마찬가지로 이런 갑작스러운 학생 수 증가로 학교 건물이 등록 학생을 수용할 수 없는 지경에 이르렀다. 학교 건물의 수용 능력도 문제였고, 필요한 시설 수준, 교사의 질 모두가 결정적인 문제였다. 우선 교사의 수준 문제를 해결하기 위한 방편 중 하나로 각 노회는 교사의 자질 향상을 위해 여름방학 중에 교사 강습회를 열었다. 1922년 말에서 1923년 초까지 총독부는 새로운 교육법을 통해 지정학교 제도를 마련했다. 이 제도에 따르면 사립학교도 지정학교로 인가를 받아 상위학교에 진학을 자격을 갖게 되어, 사실상 정규 공립학교와 같은 특권을 가질 수 있었다. 문제는 지정학교가 되기 위해서는 총독부가 요구하는 엄격한 수준의 건물 시설, 교사 수준, 교육과정이 구비되어야 했다. 이런 난제들 와중에 학교별로 여러 소요가 있었다. 순천매산학교에서는 1922년 봄에 학생들이 교육 수준의 개선을 요구하며 동맹휴학을 일으켰고,[53] 신흥학교도 1926년에 교직원들이 처우와 시설 문제 등으로 전원 사직서를 내기도 했다.[54] 선교사들이 본국에서 얼마만큼의 후원금을 확보하느냐가 문제 해결의 유일한 열쇠였다.[55]

1922~3년 이후 지정학교 문제를 놓고 남장로교 선교회에서 갑론

---

53 "순천학생맹휴," 「동아일보」(1922.3.3.).

54 "신흥학교 교원 총사직," 「조선일보」(1926.6.5.).

55 '신흥 114년'(http://www.sh100.org/) 내 '학생 수의 증가와 증축' 항목.

을박 끝에 내린 결정은 다음과 같았다. 즉, "큰 기금이 필요하다는 견해에 비추어 볼 때 교사를 확보하기가 어렵고, 후원하는 기독교 인구도 부족하므로, 우리는 선교회에 오직 두 개의 지정학교(고등보통학교)만을 갖는 방도를 취하되 하나는 남자학교, 하나는 여자학교로 한다."[56] 여기서 결정된 남자학교가 전주의 신흥학교, 여자학교는 광주의 수피아여학교였다.[57] 열 학교 중 이 두 학교를 제외하고 나머지 여덟 학교는 3, 4학년의 상급반을 폐지하였다. 중학교 과정 2학년을 수료한 후에는 이들 두 지정학교로 편입하여 고등학교 과정을 이수한 후 졸업 자격을 취득하게 하는 결정이 내려졌다. 신흥은 5년제, 수피아는 4년제를 유지하기로 했다.[58]

그러나 이 두 학교가 지정학교로 궁극적으로 승인받기 위해서도 외부의 큰 재정 보조가 필요했다. 남장로교 선교회는 1927년에 미국 남장로교 여전도회 창립 헌금을 보조받으며, 광주수피아여학교에 윈스보로홀, 체육관, 미술관, 음악관 등의 시설을 확충하는 데 성공했다. 루트(Florence Root, 유화례) 선교사가 교사로 새로 부임하고, 미국 유학파 출신 최필례(김필례)도 교무 주임이 되며 수피아의 발전에 기여했다.[59] 전주신흥학교가 지정학교로 인가받는 데 필요했던 재정도 모금되어, 1928년에 지하 1층, 지상 2층, 건평 475평의 웅장한 본관 교사가 건축되었다. 건축비를 지원한 미국의 리처드슨 여사(Lunsford Richardson)에 대한 감사의 표시로 이 본관 이름은 리처드슨

56 "Report of the Educational Committee," *Minutes of the Thirty Second Annual Meeting of the Southern Presbyterian Mission in Korea* (Kunsan, June 13th to 23rd, 1923), 40f.

57 Anna McQueen, "'Recognized' Schools," *The Missionary Survey* (October 1923): 768.

58 기전 80년사 편찬위원회, 『기전 80년사』, 230f.

59 브라운, 『한국선교 이야기』, 174f.

홀이 되었다.[60] 1982년 7월 10일 화재로 탈 때까지 리처드슨홀은 54년 동안 신흥학교 역사의 산증인이 되었다. 1936년 3월에는 리처드슨 여사가 또 한 차례 기증한 기금으로 벽돌 2층 건물을 건물이 세워져 강당 겸 체육관으로 사용되었다. 이 건물에는 에그버트 스미스 오디토리엄(Egbert Smith Auditorium)이라는 이름이 붙었는데, 에그버트 스미스는 당시 남장로교 해외선교위원회 총무로 리처드슨의 오빠였다.[61]

1920년대를 마무리하는 1929년에는 광주학생운동의 여파가 신흥학교와 기전여학교에까지 밀려왔다. 광주학생운동은 1929년 11월에 광주에서 시작되어 다음에 3월까지 전국으로 퍼져 약 194개 학교가 참여한 학생들의 시위운동으로, 3.1운동 이후 가장 규모가 큰 항일운동이었다. 10월 30일에 광주에서 나주로 가는 호남선 통학 열차에서 광주중학교 3학년 일본인 학생들이 광주여자고등보통학교 3학년생 박기옥 등의 댕기머리를 잡아당기며 희롱하자, 이를 목격한 박기옥의 사촌 동생 광주고등보통학교 2학년 박준채 등과 싸움이 벌어졌다. 이어 이 싸움은 광주고등보통학교 한국인 학생들과 광주중학교 일본인 학생들의 패싸움으로 확산되었다. 11월 3일에는 광주역에서 일어난 싸움이 학생과 시민을 포함한 한국인 다수의 만세 시위로 연결되었다. 그런데 이 사건을 처리하는 과정에서 일본 경찰이 한국인 학생을 70여 명이나 체포했지만, 일본인 학생은 7~8명만을 구금하는 것에 그치는 등 편파적인 조사와 대응을 하자, 이것이 동아일보에 보도되었다. 결국 광주에서 일어난 작은 사건이 전국적인 애국민족운동으로 확산되었다.[62]

---

60 이덕주, 『전주비빔밥과 성자 이야기』, 43.

61 '신흥 114년'(http://www.sh100.org/) 내 '학생 수의 증가와 증축' 항목.

광주학생운동의 여파는 가까운 전주에도 곧 밀려왔는데, 전주에서는 광주 시위에 동조하여 시위를 벌이려는 움직임이 일찌감치 있었으나 전주고등보통학교와 전주여자고등보통학교의 움직임이 사전에 발각되며 시위 자체가 불발되었다. 그러자 신흥학교 재학생 중 교우회 문예부장 박문수(이후 박철웅으로 개명, 전 조선대 총장), 운동부장 이재영(이후 이철), 문예부의 문예계와 서무부의 사교계를 맡았던 함수만, 문예부 도서계와 서무부 기록계를 맡았던 원용덕 등이 주도하여 기숙사에서 비밀 회합을 갖고 거사를 꾀했다. 이들은 절대 비밀로 할 것, 준비는 기숙사에서 할 것, 거사일은 12월 2일로 할 것 등 3개 사항을 결의했다. 12월 2일은 신흥학교 개교 22주년 기념일이어서, 원래 계획에 따르면 오전 10시에 열리는 기념식 직후에 거사를 벌이기로 했으나, 저녁에 음악회 등 성대한 개교기념 행사가 계획된 것을 알고 거사를 12월 12일로 연기했다. 그러나 시위 계획을 학교 당국이 눈치채고 조기방학을 함으로써 계획실행은 수포로 돌아갔다. 방학이 끝나고 개학한 날에 다시 열린 비밀 회합에서는 절대 비밀을 보장할 것, 경찰에 잡혀도 말하지 말 것, 준비는 기숙사에서 할 것, 거사일은 1월 25일로 할 것, 가급적이면 기전 등 인근 학교와 같이 거사할 것 등이 결의되었다. 그러나 사전에 분위기를 감지한 일본 경찰이 학교 주변과 다가교 근처 천변에서 24시간 경계 근무를 하고 있었다.[63]

이 와중에 기전여학교에서도 거사가 한창 준비 중이었다. 고등과 2학년 오원애, 신애덕, 전순덕, 신태순, 이순 등과 보통과 5학년 이주례, 김순길이 주도한 비밀 회합의 결의는 절대 비밀을 지킬 것,

62 기전 80년사 편찬위원회, 『기전 80년사』, 232-234.

63 '신흥 114년'(http://www.sh100.org/) 내 '광주학생운동과 신흥' 항목.

준비는 기숙사에서 할 것, 거사일은 1월 26일에 할 것이었다. 신흥학교에서도 결의된 것처럼, 기전과 신흥이 함께 시위한다는 원칙도 정해졌다. 그러나 거사 이틀 전인 24일에 콜튼 교장이 상황을 알아채고 임시방학을 선언해 버렸다. 그러자 주도 학생들은 그 자리에서 준비한 태극기와 플래카드를 전교생에게 나눠주며 거리로 나가 만세를 외치기 시작했다. 출동한 경찰에 쫓겨 신흥학교 뒷산(요한대산)으로 달아나던 학생 중 수십 명이 경찰에 검거되었는데, 경찰차에 실려 신흥학교 앞을 지나던 여학생들이 침묵하고 있던 신흥학교 학생들을 비난했다. 이에 예정보다 빨리 터진 상황에 당황한 신흥학교 학생들도 25일에 시위에 가담했다. 신흥학교 시위자 70~80여 명은 중앙동으로 이동하다가 일본 경찰들에 검거되었는데, 이때 연행된 학생의 수는 35명이었다. 전주경찰서는 검거된 이들에게 최고 29일, 최하 15일 구류처분을 즉결하여 같은 날 오후 4시경에 전주형무소로 넘겼다. 감옥에서 고문을 받은 이들 중 함수만은 감옥을 나온 후 예수병원에 입원했다가 5월 19일 병원에서 사망했다. 여파는 그대로 끝나지 않아, 계속 경계하던 경찰은 2월 2일에 신흥학교 보통과 교사 이용희의 가택을 수색하고, 문서를 압수한 동시에, 예배를 드리던 이용희를 검거했다. 이는 1월 시위의 연장선상에서 교사였던 이용희가 학생들과 모의하여 추가 시위를 계획하고 있다는 첩보를 확보했기 때문이었다.[64] 결국 3·1운동 당시 시위가 교사와 학생들의 적극적인 협력하에 이루어졌던 것처럼, 광주학생운동 역시 민족의식과 신앙의식을 구분하지 않았던 교사들의 후원하에 진행되었던 것이다.

---

64 "전주기전여학생 격문과 만세시위, 현장에서 수십명 검거," 「동아일보」 (1930.1.25.), "전주신흥교생 삼십오명 수감," 「동아일보」 (1.28.), "전주기전교 주모혐의 검거," 「동아일보」(2.15.)를 보라.

4. 도전과 응전(1930-1937): 전시체제와 신사참배 강요 앞에 선 신흥과 기전

일본의 군국주의화 과정은 1930년대가 시작되면서 본격화되었다. 이를 노골적으로 표현한 구체적인 사건이 1931년 만주사변, 1932년 상하이 침공, 1937년 중일전쟁, 1941년 태평양전쟁에 이은 제2차 세계대전과 1945년의 원폭에 의한 결정적 패배였다. 전 세계를 군사적으로 지배하고자 의도한 일제는 대동아공영권의 확립이라는 명분 하에 이를 뒷받침할 이데올로기로 천황제를 강화했다. 신사참배 강요는 전국의 모든 기관과 개인에게 예외가 없었지만, 일제는 가장 빠르고 장기적인 효과를 볼 수 있는 교육계에 이를 가장 먼저 강요했다. 이 시기 개신교 학교들은 신사참배 문제로 심각한 내외부 갈등에 시달려야 했다. 남장로교 선교회가 세운 학교들도 예외가 아니었다.

신흥학교는 3대 교장으로 1913년부터 일한 에버솔(Finley M. Eversole, 여부솔)이 1930년 6월에 선교사직을 은퇴하며 사임하자, 9월 19일에 린튼(W. A. Linton, 인돈)이 4대[65] 교장으로 취임하여 1937년에 신사참배 거부로 폐교될 때까지 시무하였다. 린튼은 1912년에서 1923년까지는 군산에서 사역하다가, 1926년부터 전주로 이전하여 사역했다. 1927년 7월에 에버솔이 안식년으로 미국으로 돌아간 시기에는 1년간 임시 교장을 맡은 적이 있어서 신흥학교에 익숙했다.[66]

신사참배 문제가 구체적으로 불거지기 이전 1930년대 신흥학교

---

65 '신흥 114년'(http://www.sh100.org/) 내 '인톤 교장과 1930년대 초' 항목에는 '인톤'이 '제5대 교장'에 취임했다고 나온다. 그러나 린튼의 한국 이름은 '인돈'이었으며, 같은 홈페이지 내 '모교연혁' 항목에서는 인돈이 '4대 교장'이라고 언급되어 있다. 필자는 후자를 따른다.

66 '신흥 114년'(http://www.sh100.org/) 내 '인톤 교장과 1930년대 초' 항목.

역사에서 가장 중요한 사건은 이 학교가 지정학교로 승격된 일이었다. 이미 언급한 대로, 1923년 6월에 열린 남장로교 선교회 연례회의에서 남녀학교 각각 하나씩, 즉 전주신흥학교와 광주수피아여학교의 고등과를 총독부로부터 지정학교로 인가받게 하자는 결의안이 통과되었다. 지정학교로 승격되는 데 가장 중요한 기준이었던 학교 시설 개선 문제는 1928년 6월 20일에 본관이 완공되어 2학기부터 사용됨으로써 해결되었다. 1929년에 신흥학교는 당시 3학년에 재학하던 학생부터는 1년 더 공부하게 한 후 5년제 졸업장을 수여하는 것으로 규정을 바꾸었다. 이는 원래 4년제 학과과정을 유지하던 신흥학교가 다른 일반 고등보통학교와 마찬가지로 5년제로 전환함으로써, 지정학교 승격 심사에 대비하려는 의도였다. 이런 꾸준한 준비의 최종 단계로서, 신흥학교 고등과 학생들은 1932년 2월에 지정학교 승격을 위한 시험을 치렀다. 이듬해 1933년 4월 13일부로 신흥학교는 성공적으로 지정학교 인가를 받고[67], 6월 1일에는 신흥학교 교정에서 지정학교 승격 축하 행사를 거행했다. 이로써 신흥학교를 졸업한 학생들은 상급학교 진학이나 취직 문제에서 다른 일반 고등보통학교와 동등한 대우를 받을 수 있게 되었다. 1934년부터 1936년까지 3년간의 지정학교 시절에 신흥학교 고등과를 졸업한 학생 수는 94명으로, 일제강점기 고등과 전체 졸업생 182명의 절반을 넘었다.[68] 그러나 신흥학교가 지정학교 승격의 기쁨을 누릴 시간은 3년에 지나지 않았다. 신흥학교와 기전여학교를 포함한 남장로교 선교회 운영하던 학교 전체가 1937년 9월 이후 신사참배 강요에 저항하

67 "계성, 신흥, 일신 삼교 지정학교로 인가," 「동아일보」(1933.4.15.).

68 '신흥 114년'(http://www.sh100.org/) 내 '지정학교 승격'과 '지정학교시절의 신흥' 항목. 선교회가 정책적으로 집중한 두 학교 중 신흥만 지정학교로 인가를 받았고, 수피아는 인가를 받는 데 실패했다.

는 차원에서 일괄적으로 폐교되었기 때문이다.

한국에 신도 사상과 천황제 숭배가 도입된 것은 1876년 개항 직후지만, 1910년 병합 이후에는 조선총독부의 비호 아래 신사가 국공립 지배 종교로서 강요되기 시작했다. 그러나 이런 강요가 전국으로 본격화된 후에 거부자를 가혹하게 처벌하고 박해하기 시작한 시기는 1930년대 일본 군국주의의 대두 이후였고, 그 시작은 교육계였다. 구체적으로 1931년에 만주사변을 일으킨 후 일제는 제국 내 사상통일을 강조하기 위해 각종 행사를 열고 신사참배를 강요했는데, 당시 전국의 거의 모든 기독교계 학교는 신사참배를 우상숭배로 여기고 반대했다. 이에 더 강력한 제재가 가해졌다. 1935년 11월 14일에 평안남도 도지사는 도내 공립, 사립 중등학교 교장 회의에 소집된 교장들에게 회의 전 신사참배를 요구했다. 그러자 그 자리에 있던 장로교 숭실학교 교장 매큔(G. S. McCune), 같은 장로교 숭의여학교 교장 대리 정익성, 안식교 순안 의명학교 교장 리(H. M. Lee)가 교리와 양심 문제 때문에 참배할 수 없다고 버텼다. 이 사건 이후 정부 당국은 신사참배에 대한 입장을 명확히 하라고 각 학교에 요구하고, 회답 여부에 따라 학교장직 파면 및 폐교도 불사한다는 방침을 공표했다. 교단 및 선교부와의 조율하에 안식교 소속의 의명학교는 신사참배를 하기로 결의했으나, 장로교 숭실의 매큔과 숭의의 스누크(V. L. Snook)는 끝까지 거부하다가 결국 교장 자리에서 파면되었다. 이때 일본 교육당국이 내세운 신사참배 정당화 논리는 이후 각 교단이 신사참배를 지지 또는 반대로 결정하는 데 지침이 되는데, 주요 내용은 다음과 같았다. ① 신사참배는 종교의식이 아니라 국민의례이고, 예배행위가 아니고 조상에게 최대의 경의를 표하는 행위일 뿐이다, ② 교육의 목적은 학생들의 지적 육성에만 있는 것이 아니라 학생들로 하여금 천황의 신민이 되게 하는 데 있다. 그러므로 교사와 학생이 모두 함께 신사참배를 통해 천황에 대한 경의를 표해야 한다. 그러나 일반인의 신사참배는 자유에 맡기며, 강제하지 않는다.[69]

한국장로교는 결국 1938년 9월 열린 총회에서 신사참배를 결의하며 일제의 강요에 굴복하고 만다. 그러나 이 사건 이전에 각 장로교선교회 교육계에서 이 문제를 둘러싼 내분이 있었다. 북장로교의 경우, 주로 평양을 중심으로 한 더 보수적인 다수파는 신사참배를 우상숭배로 보고, 폐교를 불사했다. 그러나 이를 일종의 애국행위로 해석하여 학교를 유지하는 편이 낫다고 주장한 연희전문학교 교장 언더우드(Horace Horton Underwood, 원한경, 즉 원두우의 아들) 같은 인물도 있었다. 결국 강경론이 더 우세했던 북장로교 선교회는 1938년 5월에 '교육인퇴'를 결의하고, 평양 3숭(숭실중학, 숭실대학, 숭의여학)을 이미 3월에 폐교 조치했다. 북장로교 산하의 대구 계성학교, 신명여학교, 재령 명신학교, 선청 보성여학교, 신성학교, 강계 영실학교, 서울 경신학교, 정신여학교 등은 한국 지역 노회나 한국인 개인에게 인계되는 과정을 밟았다.[70] 부산, 경남에서 활동하던 호주장로교 선교회도 1936년 2월에 신사참배 거부를 결의하고 1939년 1월에 선교회 소속 학교를 모두 폐교 조치했다. 원래 장로교 소속이었던 함경

69 한국기독교역사학회 편, 『한국기독교의 역사 II(개정판)』, 261-263.

70 같은 책, 267에는 "이러한 방침에 따라 대구의 계성학교, 신명여학교, 재령의 명신학교, 선천의 보성여학교, 신성학교, 강계의 영실학교, 서울의 경신학교, 정신여학교 등이 잇달아 폐교했다"고 했으나, 최근 연구 결과에 의하면, 평양3숭을 제외하고는 한국 경영진에 인계됨으로써 폐교를 면했다. 박혜진, "1920~30년대 미북장로회선교부 관할 중등학교 운영과 한국인 인계과정 연구,"(숙명여자대학교 박사학위 논문, 2012), 또한 박혜진, "미북장로회선교부 관할 미션스쿨에 대한 한국인의 경영 참여," 「한국기독교와 역사」 39(2013.9): 209-249를 보라.

도 지역의 캐나다장로교선교회는 1925년에 교단이 캐나다연합교회(United Church of Canada)로 재편되면서, 이후 신학적으로 온건한 자유주의 노선을 유지했다. 이 때문에 1933년 9월의 마지막 저항 이후, 일찌감치 신사참배를 국가 의례로 인식하며 학교를 유지했다.[71]

남장로교 선교회의 입장은 북장로교보다 더 강경했다. 남장로교 선교회는 1937년 2월에 일본 선교사 출신으로 당시 미국 남장로교 해외선교위원회 총무를 맡고 있던 전적 재일선교사 풀턴(C. Darby Fulton)이 내한하여 이 문제를 직접 조사했다. 이미 1936년 11월에 윌리엄 린튼이 위원장으로 있던 선교회 임시위원회에서 등록 학생 수가 4,787명에 달하는 남장로교 산하 학교 10개를 폐교하자는 입장이 정해진 상태였다.[72] 학교를 유지하고 싶어 했던 한국인 대표들과의 긴장 관계가 팽팽해진 1937년 2월에 한국에 도착한 풀턴은 조사 후 위원회에 자기 견해를 표명했고, 결국 선교회의 최종안이 될 13개 조항으로 된 성명서를 발표했다. 풀턴성명서[73]라 불린 이 진술서의 핵심 내용은 다음과 같았다.

> 선교회는 핵심 기독교 원리들과 타협하지 않고는 신사참배에 참여할 수 없다는 생각에 만장일치로 동의했다. 우리는 비본질적인 영역의 문제를 다루는 것이 아니라 기독교 신앙의 기본이 되는 믿음을 다루고 있었다. 이 문제는 유일신교냐 다신교냐 하는 것과 같은 너무도 분명한 근본적인

---

71 같은 책, 268f.

72 *Minutes Ad Interim Committee* (Chunju, November 4-5, 1936). 브라운, 214에는 1935년 11월로 되어 있으나 이는 오류다. 한남대학교 인돈학술원이 "남장로교의 교육선교와 전북 지역의 미션스쿨"이라는 주제로 주최한 7회 인돈학술세미나(2014.12.3.)에서 발표된 최영근, "인돈의 교육선교," 28, 각주 67을 보라.

73 이 성명서의 전문은 C. Darby Fulton, *Star in the East* (Richmond, VA: Presbyterian Committee of Publication, 1938), 217-19에서 볼 수 있다.

문제였다.[74]

결국 가을학기가 시작된 며칠 후, 전 학교에 신사에 참배하라는 지시가 하달되었다. 9월 6일에 일본 경찰은 신흥학교와 기전여학교 학생들을 강제로 집합시켜 다가공원에 있는 신사로 인솔하여 갔다. 신사 앞에 섰을 때 학생들은 경례하기를 거부했다. 이를 기점으로 남장로교 산하 모든 학교는 공식적으로 문을 닫았다. 신흥은 9월 22일에, 기전은 10월 5일에 최종적으로 폐교되었다. 신흥학교의 전체 학생 246명 가운데 197명은 고창고등보통학교로 전학을 했고, 학비를 낼 수 없거나 다른 이유가 있었던 나머지 49명은 중도에 학업을 포기했다. 기전여학교 학생들은 폐교 후 고등과 학생들은 전주공립여자고등보통학교로, 보통과 학생들은 대부분 전주공립여자보통학교로 편입했다.[75]

IV. 맺음말: 1937년 이전 남장로교 전주 지역 교육선교의 특징과 의의

1901년과 1902년에 전주에서 호남 최초의 기독교계 학교로 탄생한 신흥학교와 기전여학교는 신사참배 거부를 이유로 1937년에 공식적으로 폐교될 때까지 각각 36년, 35년간 기독교 신앙에 근거한

74 Fulton, 209f.

75 광주숭일/수피아, 목포영흥/정명, 군산영명/멜본딘 등 다섯 학교는 폐교 조치를 받았고, 순천매산/매산, 전주신흥/기전은 자진 폐교 청원을 내고 문을 닫았다. '신흥 114년'(http://www.sh100.org/) 내 '신사참배 거부와 폐교' 항목, 기전 80년사 편찬위원회, 『기전 80년사』, 249, 252를 보라.

전북 지역 학교교육의 요람 역할을 감당했다. 이 시기 두 학교에서 시행된 교육의 역사를 통해 분명히 드러난 남장로교 교육선교의 몇 가지 특징들이 있었다.

첫째, 남장로교 한국선교회의 교육선교는 장로교 한국선교회의 공식 선교 정책인 네비우스 정책을 따라 자립하고 자치하고 자전하는 교회를 세운다는 원칙에 부합하려 했다. 따라서 자치의 역량을 가진 토착교회와 사회의 지도자를 길러내는 데 역점을 두었다. 학교를 직접 전도의 현장이 아니라 이미 기독교인인 학생들이 영적으로, 지적으로 성장할 수 있는 기반으로 인식한 것이다. 둘째, 토착성과 현지성을 강조하는 이런 정책에도 불구하고, 전주 지역 교육선교를 주도한 선교사들은 기독교교육과 민족주의 의식 사이에 일정한 거리를 두려고 했고, 학생들을 그렇게 지도했다. 이는 나라를 잃은 한국인의 아픔에 어느 정도 공감하면서도, 선교와 학교 존립, 운영에 우선순위를 둘 수밖에 없는 외국인 선교사의 어쩔 수 없는 한계를 보여주는 것이다. 한편 정치사회 문제에 교회가 관여하지 않는다는 비정치주의 원칙[76]을 19세기와 20세기 초반 내내 견지한 미국 남장로 교회의 공식 입장이 선교지에서도 반영된 것이기도 했다. 셋째, 선교회의 이런 공식 입장과는 달리, 3.1운동과 광주학생운동에서 드러나듯, 전주의 기독교학교들은 민족운동과 독립운동의 요람이었다. 한국인 교사와 학생들은 기독교 신앙과 민족의식을 결합하는 데 거의 문제의식을 느끼지 못했다. 특히 3.1운동 이후 지식인 사이에 정착된 계몽주의적 점진적 민족개조운동이 이 학교 출신들에게도 광범위하게 받아들여진 것 같다. 넷째, 이런 민족주의적 지향성에도

76 이를 '교회의 영성'(spirituality of the church) 교리라 한다. 이 원리를 남장로교 역사와 관련하여 자세히 알려면, 이재근, "'고립에서 협력으로': 미국 남장로교 해외선교 정책 변화, 1837-1940," 「교회사학」 13:1(2014.6.): 189-220을 보라.

불구하고, 남장로교가 운영했던 신흥학교와 기전여학교는 신앙의 정체성을 타협할 수 없는 우선순위로 보고, 이것이 위협받을 때는 학교 운영 자체를 포기할 만큼 철저한 '기독교' 학교였다. 신사참배 강요가 강화되던 시기에 일부 한국인 지도자와 학부모가 폐교를 반대하는 입장을 보이기도 했으나, 이들이 이런 입장을 취한 이유는 신앙적인 것이라기보다는 현실적인 것, 즉 제자와 자녀의 진로 문제에 대한 염려 때문이었다. 따라서 1937년 이전 남장로교 교육선교는 남장로교 선교사들을 통해 미국 남부에서 전유된 보수적 신앙 전통과 호남지방의 민족주의적 신앙 유산이 다면적으로 결합되어, 고유한 호남 기독교 유산으로 살아남았다.

참고문헌

기전80년사 편찬위원회. 『기전 80년사』. 전주: 기전여중고등학교, 기전여자전문대학, 1982.

김소정. "미국 남장로교 한국선교부의 아동선교(1892-1945): 미션스쿨과 주일학교 운동을 중심으로." 한남대학교 학제신학대학원 석사학위논문, 2014.

박용화. "청소년 영성 발달을 위한 기독교학교 종교교육의 실태조사 연구: 전주신흥고등학교와 기전여자고등학교를 중심으로." 성공회대학교 박사학위논문, 2009.

박혜진. "1920~30년대 미북장로회선교부 관할 중등학교 운영과 한국인 인계과정 연구." 숙명여자대학교 박사학위논문, 2012.

______. "미북장로회선교부 관할 미션스쿨에 대한 한국인의 경영 참여", 「한국기독교와 역사」 39(2013.9): 209-249.

브라운, 조지 톰슨/ 천사무엘, 김균태, 오승재 역. 『한국선교 이야기: 미국 남장로교 한국선교역사(1892-1962)』. 서울: 동연, 2010.

이덕주. 『전주비빔밥과 성자 이야기』. 서울: 진흥, 2007.

______. 『예수사랑을 실천한 목포·순천 이야기』. 서울: 진흥, 2008.

이재근. "'고립에서 협력으로': 미국 남장로교 해외선교 정책 변화, 1837-1940." 「교회사학」 13:1(2014.6.): 189-220.

『전북대리회회록』. 1910.1.25.

조재승. "전주신흥학교의 항일민족운동에 관한 연구." 전주대학교 석사학위논문, 2003.

최기영. 『한국독립운동의 역사 13권: 애국계몽운동 II 문화운동』. 독립기념관, 2009.

한국기독교역사학회 편. 『한국기독교의 역사 II(개정판)』. 서울: 기독교문사, 2012.

한인수. 『호남교회 형성 인물』. 서울: 경건, 2000.

100년사 편찬위원회. 『전주서문교회 100년사, 1893-1993』. 전주: 전주서문교회, 1999.

Bull, William. "Some Incidents in the Independent Movement in Korea." *Personal Reports of the Southern Presbyterian Missionaries in Korea 1892-1986*. 제4권. 서울: 한국교회사문헌연구원.

Crane, J. C. "What Does the Revival Amount To?" *The Missionary Survey*, October 1921.

Dupuy, L. "A Teacher's Institute in the Southern Presbyterian Mission." *The Korea Mission Field*, May 1921.

Fulton, C. Darby. *Star in the East,* Richmond, VA: Presbyterian Committee of Publication,

1938.
McCallie, Mrs. H. D. "In Memoriam Anabel Major Nisbet." *The Korea Mission Field,* April 1920.
McQueen, Anna. "'Recognized' Schools." *The Missionary Survey,*October 1923.
Minutes of the Thirty Second Annual Meeting of the Southern Presbyterian Mission in Korea. Kunsan, June 13th to 23rd, 1923.
Minutes Ad Interim Committee. Chunju, November 4-5, 1936.
Junkin, William. "Beginning Work in Korea." *The Christian Observer,* 3 January 1894.
Knox, Mrs Robert. The Missionary Survey, March 1921.
Lee, Jaekeun. "American Southern Presbyterians and the Formation of Presbyterianism in Honam. Korea, 1892-1940: Traditions, Missionary Encounters, and Transformations." Ph.D. Thesis, University of Edinburgh, 2013.
Reynolds, William D. "A Mid-Winter Journey in Chosen." T*he Christian Observer,* 26 April 1893.
______. *Christian Observer*. 15 August 1894, 22 August 1894.
______. "Our Korean Work. Chun-Ju Before and After the War." *The Christian Observer,* 9 October 1895.
Stanley, Brian. *The World Missionary Conference, Edinburgh 1910*. Grand Rapids, MI: Eerdmans, 2009.
Swinehart, M. L. "Go Forward in Korea." *The Missionary Survey,* February 1921.
Tate, Lewis B. "A Visit to Chyung-Ju." *The Missionary,* September 1894.
Wasson, Alfred W. *Church Growth in Kore*. New York: International Missionary Council, 1934, http://www.sh100.org/ 신흥 114년사.

남장로교의 군산영명학교 · 멜볼딘여학교 설립과 운영*

송현강(인돈학술원 연구위원)

Ⅰ. 머리말

1892년 한국선교를 시작한 '미국 남장로교 한국선교부'는 전북지역 선교를 위해 전주(1895년)와 아울러 군산(1896년)에 스테이션(station, 선교거점)을 설치하였다. 군산 스테이션은 남장로교 선교사 전킨(William M. Junkin)과 드루(A. Damer Drew)에 의해 그 기틀이 마련되었다. 1896년 4월 5일 군산에 도착한 그들은 3개월 후인 7월 20일 두 사람에게 세례를 주면서 군산(구암)교회를 조직하였다. 전킨의 우선적인 목표는 군산에 한국인 신앙공동체를 출범시키는 일이었다.

전킨의 지도를 받은 군산교회의 회중은 1897년 5월 40명으로 불어났다. 드루는 1896년 6월부터 의료 사역에 착수하여 그 후 2년 동안 4,000여 명의 환자들을 돌보았다. 그의 의료 사역은 군산교회 성장의 기폭제였다. 이어서 여선교사 데이비스(Selina F. Davis)가 1896

년 11월 12일 군산에 내려와 전킨과 드루의 사역에 동참했다. 열 달 뒤인 1897년 8월까지 데이비스는 여성반 두 개, 소녀반 두 개, 소년반 한 개 등 모두 5개의 성경공부 모임을 조직할 수 있었다. 1900년 봄 전킨이 첫 번째 안식년을 떠나기 직전 군산교회의 교인 수는 모두 110명에 달했는데, 이때부터 군산 교우 자녀들에 대한 교육의 문제가 제기되기 시작했다. 같은 시기 교인 수가 모두 113명에 달했던 전주 역시 비슷한 상황에 놓여 있었다.

남장로교 선교사들은 1900년 9월 제물포에서 열린 제9차 연례회의에서 학교 설립을 주요 의제로 다루었다.[1] 그들은 내한 이전부터 "불신자는 전도하고 신자는 교육시킨다"(Evangelize the heathen and educate the Christians)는 모토를 갖고 있었다. 하나의 스테이션 구내에 교회와 병원 그리고 학교를 모두 갖추어 선교 효과를 극대화시킨다는 것이 그들의 선교 전략이었다.[2] 그러므로 그들에게 있어서 학교 설립은 '시간 문제'였다. 먼저 전주의 해리슨(William B. Harrison)이 1901년 7월 1일 전주 선교 구내에서 8명의 학생으로 남학교를 시작했다. 해리슨은 선교사역의 전반적인 성공을 위해서는 지성적인 능력을 갖춘 한국인 지도력이 절대적으로 필요하다고 보았다. 그해 12월 해리슨은 군산에서 개최 연례회의에서 선교부 차원의 신속한 학교교육 실시를 강한 어조로 제안하였다. 이것은 그 후 남장로교의 다른 스

---

* 2014년 제7회 인돈학술세미나에서 발표된 글이다.

1 F. R. S., "Annual Mission Meeting in Korea," *Christian Observer* (November 7, 1900).

2 남장로교 한국선교부는 이러한 선교 전략에 따라 군산에 영명학교-멜볼딘여학교와 군산예수병원, 전주에 신흥-기전과 전주예수병원, 목포에 영흥-정명과 프렌치병원, 광주에 숭일-수피아와 광주기독병원, 순천에 매산남녀학교와 알렉산더병원을 설치·운영했다. 물론 이것은 당시 서구 기독교 주류 선교사들의 일반적인 선교 전략이기도 했다. 송현강, "미국 남장로교 한국선교부의 목포 스테이션 설치와 운영,"「종교연구 제53집」(한국종교학회, 2008).

테이션들에 학교가 설립되는 기폭제가 되었다.[3] 이미 군산 스테이션의 미션스쿨 운영을 고민하고 있던 전킨은 안식년에서 돌아온 직후에 열렸던 이 회의를 기화로 남학교 개교를 준비하기 시작했다.[4]

결국 1902년 전킨(William M. Junkin)에 의해 군산 남학교(영명)가, 이듬해인 1903년에는 여선교사 스트래퍼((Frederica E. Straffer)에 의해 여학교(멜볼딘)가 각각 문을 열게 되었다. 그 후 남장로교 군산 스테이션에서 직영된 이들 남 · 녀학교는 지역 최초의 근대식 학교로서 1940년 폐교될 때까지 지역 복음화와 근대화에 크게 기여하였다.

본 연구는 군산 스테이션에서 설립 · 유지 · 경영했던 군산영명학교와 멜볼딘여학교의 역사를 선교사(宣敎史)적인 차원에서 전체적으로 조망해 보고자 한다. 위의 두 학교는 한말 · 일제강점기 전북 서부 지역을 대표하는 교육 기관으로 40여 년 동안 유지되었지만, 그 역사와 위상에 비해 종래 연구자들의 주목을 받지는 못했다. 이제까지의 관련 연구로는 주명준의 "미 남장로교 선교부의 전북지방 학교선교"가 거의 유일하다.[5] 그 외에 영명학교의 후신인 군산제일고등학교의 『군산제일 100년사』가 있어서 그나마 위안이 되지만 멜볼딘의 역사는 아직 크게 알려진 바가 없다.[6]

이 글은 1902년부터 1940년까지 진행되었던 군산 스테이션의 학

---

3 "General Report of Chunju Station," *The Missionary* (February 1902), 68.

4 Dr. Owen, "Ninth Annual Meeting of the Korean Mission," *The Missionary* (April 1902), 193.

5 주명준, "미 남장로교 선교부의 전북지방 학교선교," 「전주대 논문집 16」 (전주대학교, 1986).

6 심재영, 『군산제일 100년사』 (군산제일고등학교 총동문회, 2012). 그 외에 George T. Brown, 천사무엘 · 김균태 · 오승재(역), 『한국선교 이야기(*Mission to Korea*)』 (동연, 2010)와 김수진 · 한인수, 『한국기독교회사 호남편』(대한예수교장로회총회교육부, 1979) 등의 남장로교 통사에 일정 부분 언급되어 있다.

교교육 전 과정을, 설립과 발전, 3.1운동과 1920년대, 1930년대의 상황 등으로 나누어 살펴볼 것이다. 본 논문은 일제강점기의 신문자료와 아울러 그동안 학계에 거의 소개되지 않았던 남장로교 선교자료를 적극 발굴 · 구사하여, 군산 기독교학교들의 소중한 추억을 복원하려고 시도했다는 점에서 그 의미를 찾을 수 있다. 개별 학교사(學校史)의 수준을 뛰어넘어 군산의 미션스쿨들이 갖고 있는 다양한 역사적 함의가 이 논문을 통해 좀 더 자세하게 드러나기를 기대한다.

II. 남장로교의 군산영명학교 · 멜볼딘여학교의 설립

1. 군산영명학교의 설립

군산의 남학교는 전킨의 부인인 레이번(Mary Leyburn)에 의해 1902년 시작되었다. 전킨 부인은 1902년 1월 4일 자신의 어머니에게 쓴 편지에서 남학교를 시작했다고 말한다.[7] 전킨 부인은 자신의 한국어 실력의 부족함을 잘 알면서도 화 · 수요일은 오전과 오후, 목요일은 오전에만 학생들을 가르치기 시작했다. 교과목은 한글과 산수(Arithmetic)와 지리(Geography)였다.[8] 그리고 1902년 가을부터는 불(William F. Bull, 1899년 군산 부임)의 두 여동생이 전킨 부인을 도와 수업을 진행하였다. 그 자매는 당시 선교 현장의 오빠를 격려하기 위해 단기 방문 중이었다.[9] 또 여기에 전킨이 가세하였다. 전킨은 매주

---

7 Dear to Mother(1902. 1. 4), *Annual Reports of Presbyterian Church U. S. in Korea Missionary* 1-7 (한국교회사문헌연구원, 1993).

8 Dear to Magaret(1902. 1. 30), *Annual Reports of Presbyterian Church U. S. in Korea Missionary* 1-7.

사흘을 투자하여 남학생들에게 '구약의 역사'(Old Testament History)를 가르쳤다. 그는 학생들에게 매일 성경을 한 절씩 외우도록 숙제를 내주었다. 또 전킨은 학교를 조직하면서 군산 영역의 교회들에 이 사실을 통지했다. 당시 군산 스테이션에서 관할했던 교회들은 군산·통사동·만자산·남차문·송지동 등 다섯 군데였다. 수업료는 쌀 3자루(약 25리터)와 현찰 1냥이었다. 선교부는 한문 교사로 채용된 한국인 교사 양종국에게 3달러(현재 약 60만 원)를 월급으로 지급했다. 군산남학교의 첫 한국인 교사인 그는 당시 만자산교회의 출석교인으로 학생들과 함께 기숙하면서 학생들을 지도했다. 첫해 학생 수는 16명이었는데, 그들 가운데 일부는 학습 능력이 매우 우수했다.[10] 또 몇 명의 학생은 기숙사비로 받는 쌀 3자루 값이 없어서 학교를 그만두기도 했다.

그 후 학교 체제가 조금 더 안정되면서 배재학당 출신의 오긍선이 교사로 가세했다.[11] 불의 한국어 선생이기도 했던 그는 매일 한 시간씩 학생들에게 읽기와 쓰기 수업을, 거기다가 불 부인은 매일 두 시간, 전킨은 한 시간씩 수학을 가르쳤고, 여동생 불은 영어 수업을 진행했다. 남학생들은 전킨과 불의 집에서 번갈아 아침마다 열리는 기도회에 의무적으로 참석해야 했다. 남학교의 출발은 어느 정도

---

9 "Personal Report of Mrs. W. M. Junkin," *Reports of the Southern Presbyterian Mission in Korea* (1903), 7.

10 "Personal Report of W. M. Junkin," *Reports of the Southern Presbyterian Mission in Korea* (1903), 14.

11 공주 사곡 출신의 오긍선은 1900년부터 침례교 계통 '엘라딩기념선교회'의 선교사였던 스테드맨(Fredrick W. Steadman)의 조사로 강경에서 사역하였다. 1901년 4월 스테드맨이 한국선교 현장에서 철수하자 그는 다시 윌리엄 불의 조사가 되어 1903년 초 미국 유학을 갈 때까지 군산에서 활동하였다. 오긍선 선생 기념사업회, 『해관 오긍선』(연세대학교출판부, 1977), 26-29.

성공적이었다. 왜냐하면 1903년 학교가 여름방학에 들어가자 신학기 입학을 염두에 둔 문의가 여러 번 왔고, 재학생들 역시 개학을 손꼽아 기다리고 있었기 때문이다.[12] 학교 건물은 불 부부가 잠깐 사용했던 초가집을 이용했지만 비좁은 크기여서 학생들을 수용하는 데는 한계가 있었다. 전킨은 선교부에 학교 건물을 위해 200불을 배정해 줄 것을 요청하는 한편 미국의 친구들에게도 이 상황을 호소해서 20파운드의 지원을 받을 수 있었다.[13] 선교부는 1903년 9월 전킨을 군산남학교 관리자로 지명하여 학교 운영을 공식화시켰다.[14]

1904년 봄학기에 전킨은 학생들에게 영어성경과 구약의 역사 그리고 작문을 지도했다. 정기적으로 등교하는 학생은 25명이었는데, 이들 중 다수는 학교에서 멀리 떨어진 곳에 살았지만, 기숙사로 사용하는 방은 매우 작았다. 또 전염병으로 인해 두 번이나 학교가 휴교되었다. 전킨은 1904년 가을 전주로 이임하기 직전까지 선교부에 신청한 예산을 기반으로 땅을 고르는 일부터 시작하여 목조작업까지 끝낼 수 있었다. 12×16자의 교실 겸 침실 3개와 부엌 하나로 이루어진 남학교의 첫 독립 건물은 1905년 초 완성되었다. 항구가 내려다보이는 좋은 위치에 학교가 있었다.[15]

전킨에 이어 불의 부인(Elizabeth Alby)도 이때부터 남학교 교사로 활동하기 시작했다. 불 부인의 남학교 수업은 토요일을 제외하고 매일 1시간 이상씩 진행되다가 점차 두 시간으로, 결국은 하루에 세

---

12 "Kunsan Station Report," *Reports of the Southern Presbyterian Mission in Korea* (1903), 51-53.

13 *The Missionary* (Desember, 1903), 545.

14 "Evangelistic Committee Report," *Reports of the Southern Presbyterian Mission in Korea* (1903), 60.

15 "Personal Report of W. M. Junkin," *Reports of the Southern Presbyterian Mission in Korea* (1904), 20-21.

시간씩 진행되었다. 또 두 명의 남학생에게 방과후교육으로 산수를 지도했다. 남학교 학생들은 산수에 매우 빨리 익숙해졌다. 또 그들은 예의 바르고 친절했다. 불 부인은 학생들과 계속 문제를 풀어야 했기에 중급 산수의 필요성을 느끼고 교과서를 별도로 만들기 시작했다. 북장로교의 도티(Miss Doty)와 필드 박사의 중급 산수가 큰 도움이 되었다. 불 부인은 여학교 사역에도 잠깐 참여하였다.[16]

1904년 전주로 임지를 옮긴 전킨의 후임으로 해리슨이 군산남학교 교장으로 부임했다. 1904년 선교부 연례회의에서 해리슨은 군산 스테이션 구내 남학교에 중등과정(high grade school)을 설치하는 임무를 부여받았다. 그때는 선교부가 설치한 전주와 군산 그리고 목포의 학교들에서 초등과정 졸업생들의 배출이 예정되어 있어 중등과정의 개설이 필요한 시점이었다. 그래서 해리슨은 1904년 11월 기존의 초등과정에 더하여 중등과정을 운영하게 되었다. 이때 초등과정은 14명이었고, 예비 및 중등 과정에서는 12명이 공부하였다.[17] 해리슨은 1904년 가을부터 1906년 2월까지 매일 2시간 30분씩 이들에게 성경과 산수, 지리를 가르쳤다.[18] 그리고 1907년 들어서면서 남학교의 성장이 두드러져 학생들의 수가 재적 46명에 이르게 되었다. 그래서 얼(Alexander M. Earle, 1904년 부임)이 해리슨과 교대로 수업을 진행했고, 한국인 교사 1명이 채용되었다. 바로 김창국이었다.[19] 1884년생으로 전주 최초의 세례교인 가운데 1명인 그는 신흥학교를 거쳐

16 "Annual Report of Mrs. Wm. F. Bull," *Reports of the Southern Presbyterian Mission in Korea* (1904), 33-34.

17 "Personal Report of W. M. Junkin," *Reports to the Fourteenth Annual Meeting of the Southern Presbyterian Mission in Korea* (1905), 11.

18 "Rev. W. B. Harrison," *Reports to the Fifteenth Annual Meeting of the Southern Presbyterian Mission in Korea* (1906), 74.

19 한인수, "김창국,"『호남교회 형성 인물』(Ⅱ) (도서출판 경건, 2005), 41.

평양 숭실중학교를 졸업한 후 1907년 가을부터 남학교에서 가르치기 시작했다. 또 해리슨은 학생들의 가난한 상황을 고려하여 가마니를 짜서 수업료를 마련하는 실과(實科, industrial department)의 신설을 요청하였다. 남학교 학생들은 같은 스테이션 구내의 여학교 학생들과 토론회를 열었는데, 그 주제는 '전문가와 팔방미인', '한자 대 한글', '여성교육 대 남성교육' 중 어떤 것이 더욱 중요한가를 판가름하는 것이었다.[20] 1907년의 경우 같은 스테이션 구내에 있던 구암교회의 수세자는 모두 31명이었는데, 그들 대부분은 바로 남학교와 여학교의 학생들이었다.

보통과 교과과정(1907년)

학년	과목	내용
1년급	성경	십계명 습독, 주기도문 습독, 요절 습독
	국문	초학언문, 성경문답
	한문	초등소학 일권, 몽희첩경(초편상), 혹류합
	습자	
2년급	성경	산상보훈 습독, 요절 습독
	국문	천로지귀, 국문 독본, 국문자고저
	한문	초등소학 이권, 몽학첩경(2편상), 심상소학(1, 2, 3권)
	습자	
	산학	획자
3년급	성경	마가복음 요절 습독
	국문	훈아진언, 구세진전, 국문자고저
	한문	초등소학 삼권, 몽학첩경(2편하),삼자경
	지리	오주사양형편
	습자	작문
	산학	합감법

20 "Report of Kunsan Station," *Station Reports to the Sixteenth Annual Meeting of the Southern Presbyterian Mission in Korea* (1907), 12-13.

4년급	성경	마태복음 요절 습독
	국문	복음요사, 인가귀도, 국문자고저
	한문	초등 회도몽학과본슈집, 유몽천자 일권
	지리	아세아각국산천, 대한지도
	습자	작문
	산학	승소분법, 굴산
5년급	성경	누가복음 요절습독, 사도신경
	국문	장원상론, 예수행적, 구세론, 국문자고저
	한문	고등소학, 소박물학, 회도몽학과본이집, 유몽천자 이권
	지리	중지리
	습자	작문
	석격	간식
	산학	대분, 제등법, 굴산
6년급	성경	요한복음 요절 습독
	국문	성경도설, 국문자고저
	한문	유몽천자 삼권, 회도몽학과본삼집, 덕혜입문, 항심수도
	지리	대한지지, 사민필지 시작
	사기	동국역사
	습자	초석
	작문	
	석격	간식
	산학	기공성수, 소공배수, 굴산
	격치	전체공용문답 혹은 위생

출처: "Report of Committee on Curriculum,“ *Minutes of Sinteenth Annual Meeting Southern Presbyterian Mission in Korea* (1907), 30.

고등과 교과과정(1907년)

	Classes Preparatory to Academy	First Year	Second Year	Third Year
Bible	Mark, Luke and Acts	Gen, Gal	I & II Cor, Prov, Ex, Josh	I & II Tim, I & II Sam, I & II Kings

	Classes Preparatory to Academy	First Year	Second Year	Third Year
History	Hist of Korea, Part I	Sheffild's Universal Hist Vol I and II	Universal Hist Vol II and III	Hist of Korea, Part II
Mathematics	Arith	Arith	Arith	Algebra and Book Keeping
Science	Physiology and Geog	Elementary, Psycology, Hygiene, Natural Geography	Physical Geography	Natural Philosophy
Christian Books	Gate of Wisdom	Pilgrim's Progress	Faber's Christian Civilization	Martin's Evidences of Christianity
Chinese & native Classics		Native Classics	Chinese Classics Korean Grammer	Chinese and Native Classics
Composition	Composition	Writing and Criticism	Writing of Original Stories	Original Composition & Criticism
Music & Drawing	"	"	"	"

출처: "Report of Committee on Curriculum," *Minutes of Sinteenth Annual Meeting Southern Presbyterian Mission in Korea* (1907), 31.

2. 군산멜볼딘여학교의 설립

군산여학교 역시 전킨 부인의 사역이 그 출발점이었다. 1902년 가을부터 1903년 3월 말까지 전킨 부인은 군산교회의 주일학교 여자반을 맡아 가르쳤다. 그 반은 재적 17명에 평균 12명이 출석했다. 그리고 여학생들은 자신들도 남학생들처럼 읽기를 가르쳐 달라고 요구하였다. 그래서 전킨 부인은 일요일뿐만 아니라 월요일 아침에도 한 시간씩 여학생들을 가르쳤다.

이러한 전킨 부인의 주일학교 여자반의 월요일 수업을 모태로 1903년 2월 12일, 군산여학교는 스트래퍼 선교사에 의해 학생 세 명을 대상으로 시작되었다. 스트래퍼는 먼저 언문(諺文, Unmun)을 가르쳤다. 그 후 3월과 4월에 잠시 중단되었다가 4월 말부터 불의 여동생(Miss Bull)의 도움으로 여학교가 재개되었다. 여름까지 평균 10명, 많게는 16~20명의 학생들이 참석했다. 이어서 전킨 부인이 가세하여 성경을 가르치기 시작했고, 덧셈과 뺄셈 등 산수도 교과목에 포함되었다. 여학생 1명은 곱셈까지 진도를 나갔다. 시간이 지나자 반이 두 개로 나누어져 상급반은 성경구절 암송을, 하급반은 여동생 불의 지도로 언문을 배웠다. 또 1주일에 두 차례에 걸쳐 지리와 생리학, 음악 과목이 추가 개설되었다.[21]

스트래퍼의 임지 이동으로 잠깐 멈추었던 여학교는 1904년 전킨 부인에 의해 재개되었다.[22] 여학생들은 주 나흘 동안 전킨 부인에게 배웠다. 그리고 하루는 전주의 의료선교사 잉골드(Dr. Ingold)가 작성한 요리문답서의 내용을 반복적으로 암송했다. 나이 많은 여학생들의 출석률이 비교적 좋았는데, 그중 두 명은 한 차례도 빠지지 않고 출석했다. 군산여학교는 1904년 8월, 1년의 모든 과정을 마치면서 아이스크림과 케익을 접시에 담아 파티를 하면서 종료되었다. 전킨 부인이 직접 준비한 것이었다. 또 아이들에게는 예쁜 카드를 나누어 주었다. 그런데 여학생들은 그것들을 먹지 않았다. 자신들의 어머니와 나누어 먹기 위해서였다. 결석한 아이들을 위해서는 카드를 남겨 놓았다. 결석생들은 나중에 그날 학교에 빠진 것을 후회했다. 맛있는 것을 놓쳤기 때문이다.[23]

---

21 "Personal Report of F. Rica Straeffer," *Reports of the Southern Presbyterian Mission in Korea* (1903), 17-18.

22 Dear to Mother(1904. 2. 27), *Annual Reports of Presbyterian Church U. S. in Korea Missionary* 1-7.

23 "Personal Report of Mrs. W. M. Junkin," *Reports of the Southern Presbyterian*

그 후 여학교는 전염병의 경우를 제외하고 1904년 11월에서 1905년 8월까지 학기가 지속되었다. 학생들은 날마다 1시간 반에서 두 시간씩 교육을 받았다. 출석자는 10명에서 16명 정도였다. 교육과정은 국문 읽기와 쓰기, 성경, 요리문답 등이었고, 봄학기부터는 산수가 추가되었다. 처음에는 전킨 부인 혼자서 여학교 운영을 책임졌지만, 나중에는 남학교 한국인 교사 양종국의 지원을 받았다. 또 전킨 부인은 남편 전킨이 출타 중일 때는 남학교까지 돌보았다.[24]

그런데 군산여학교는 1905년 8월부터 이듬해까지 운영이 중단되었는데 학교 운영을 전담할 선교 인력이 부족했기 때문이다. 하지만 교육받기를 원하는 여학생들의 요청으로 선교사 부인들은 개인적으로 학습반을 운영해 나갔다. 불 부인은 1906년 2월 말까지 매주 월요일과 목요일에 두 시간씩 5명의 최상급반 학생들을 지도했고, 다니엘(Daniel) 부인은 1906년 1월에 43명의 여학생들을 대상으로 학습반을 구성하였다.[25]

군산여학교는 1906년 겨울 불 부인에 의해 다시 시작되었다. 불 부인은 오긍선의 두 여동생을 교사로 채용했고, 재학생은 모두 36명으로, 4년제 초등과정의 학제를 유지했다.[26] 이전의 '주간학교'(day school, 서당) 체제에서 진일보한 것이다. 선교부는 1907년 안식년으로 귀국한 불 부인을 대신하여 다니엘 부인을 여학교 담당자로 임명한 다음 한국인 교사 봉급으로 40불, 운영비로 50불을 책정하여 학

Mission in Korea (1904), 25.

24 "Personal Report of Mrs. W. M. Junkin," *Reports of the Southern Presbyterian Mission in Korea* (1904), 23-24.

25 "Mrs. W. F. Bull," *Reports to the Fifteenth Annual Meeting of the Southern Presbyterian Mission in Korea* (1906), 71.

26 "Report of Kunsan Station," *Station Reports of the Southern Presbyterian Mission in Korea* (1907), 13-14.

교 운영을 본격화하였다. 또 여선교사 다이사트(Julia Dysart)가 수업에 동참하였다.[27] 이 해에는 약 30명의 학생들이 재학하였는데, 이후로 군산여학교는 중단 없이 1940년까지 지속되었다.

III. 남장로교의 군산영명학교·멜볼딘여학교의 발전

1. 군산영명학교의 발전

1908년 들어서면서 군산 기독교학교들을 둘러싼 교육 환경이 빠르게 변화하기 시작했다. 먼저 군산 남·녀학교의 재학생 수가 1906년 45명에서 1908년에는 186명으로 크게 증가하였다.[28] 이러한 교육 수요의 증가는 1차적으로 근대성을 수용하려는 사회 전반의 도도한 흐름 때문이었는데, 그중 하나가 바로 지역의 교회들이 교인 자녀 교육을 위해 앞다투어 초등과정의 교회 부설 학교들을 설치한 것이었다. 1908년 한 해 동안만 해도 군산 부근에 벌써 몇 개의 학교가 새로 생겼다.[29] 또 이곳에서 공부한 학생들은 상급학교 진학을 위해 군산의 중등학교 문을 두드리게 마련이었다. 수년 전 선교사들에 의해 시작된 남학교가 이제 본격적으로 '중등교육'이라고 하는 사회적 요청에 부응해야 하는 시점이었다. 다른 하나는 당시 통감부에 의해

27 "Apportionment of Work," *Minutes of Sixteenth Annual Meeting of the Southern Presbyterian Mission in Korea* (1907), 26.

28 "Report of Kunsan Station," *Station Reports of the Southern Presbyterian Mission in Korea* (1908), 17.

29 "Report of Kunsan Station," *Station Reports of the Southern Presbyterian Mission in Korea* (1908), 20.

그해 새로 제정된 '사립학교령'이었다. 이에 따라 특히 중등학교는 통감부의 표준에 맞추어 학교를 운영해야 했고 인가도 받아야 했다. 당시 '사립학교령'에 따라 인가받은 학교는 전국적으로 2,200여 개에 달한다. 처음에 선교사들은 일제의 '사립학교령'을 따를지를 고민했으나 결국 인가를 받는 쪽으로 방침을 정하였다.[30] 또 하나는 선교사들과 더불어 학교를 책임지고 운영할 한국인 인재들이 배출되기 시작한 것이다. 그 대표적인 인물 가운데 하나가 바로 오긍선이다.

1902년 시작된 군산남학교는 초등과정에 더하여 1904년부터 중등과정을 운영하였다. 하지만 이것은 선교사들에 의해 자체적으로 운영했던 기숙학교(boarding school)였다. 남장로교 의료선교사 알렉산더(John Alexander)의 지원을 받아 1903년 도미하여 루이빌의대에서 공부하고 1907년 11월 돌아온 오긍선은 군산 스테이션 구내 예수병원 의사로 일하면서 먼저 군산남학교의 초등과정을 분리하여 1908년 9월 '안락소학교'로 인가받아 구암교회가 그 경영을 맡도록 주선하였다.[31] 그리고 다시 1909년 2월 기존의 중등과정을 '영명중학교'의 이름으로 인가를 받았다. 이때 안락소학교는 4년제 초등과정을, 영명중학교는 4년제 고등과와 2년제 특별과를 설치하였다. 특별과는 1911년 김영배 등 7명의 1회 졸업생을 배출하였고, 고등과는 1913년 최병준 등 4명이 1회 졸업생이 되었다.[32]

그리고 이제 선교부는 영명중학교를 통감부의 표준에 적합한 교

---

30 박혜진, "1920-30년대 미북장로회선교부 관할 중등학교 운영과 한국인 인계과정 연구"(숙명여대 대학원 박사학위 논문, 2012), 18.

31 한인수, '오긍선,' 『호남교회 형성 인물』(Ⅱ), 75. 교명 '안락'(安樂)은 오긍선의 도미 유학을 후원한 알렉산더의 이름에서 따온 것이다. 실제로 알렉산더는 안락소학교의 건축 기금 일부를 지원하였다.

32 심재영, 『군산제일 100년사』, 510-511.

육 기관이 되도록 지원하였다. 목포로 임지를 옮기게 된 해리슨을 대신해 교육선교사인 베너블(William A. Venable)이 새롭게 교장에 부임하였고,[33] 2,400불(현재 약 5억 원)의 예산으로 3층 서양식 석조 교사(校舍)의 건축에 착수하였다. 영명의 '굉걸한' 신축 건물은 3년 동안의 공사를 거쳐 1912년 4월 3일 봉헌식을 가질 수 있었다.[34] 교사 봉급(1908년 180불→1909년 250불)과 운영비(60불→125불) 지원도 큰 폭으로 증가하였다. 선교부는 1908년부터 지역에 산재한 교회 부설 학교들의 교사 인건비 절반을 지원하는 것으로 유대 관계를 마련하였다.[35] 구암교회는 안락소학교를 위해 별도의 운동장과 건물을 마련하였다.

1910년 영명중학교의 재적생은 35명이었고, 평균 25명이 출석했다. 그 가운데 5명은 선교사 사택을 관리하면서 학비를 벌었고, 그 외에 급식 도우미 2명과 학교 청소 담당으로 1명이 수업료를 면제받았다. 또 학생들은 황제탄신일의 제등을 만들어 10센트씩(현재 2만 원 정도)을 벌기도 했다. 이 해에는 모두 4명의 학생이 세례를 받았고, 12명이 학습문답에 참여했다. 또 2명의 교사가 새로 채용되었는데, 그중의 1명은 평양숭실대 졸업자였다.[36] 그래서 선교부에서 지원하는 교사 인건비가 1911년에는 570불로 크게 증가하였다.[37]

---

33 "Apportionment of Work," *Minutes of Twenty-First Annual Meeting of the Southern Presbyterian Mission in Korea* (1912), 25.

34 W. A. Venable, "Kunsan Boys' Academy," *Korea Mission Field* (June, 1912), 166.

35 "Business Committee's Report," *Minutes of Sixteenth Annual Meeting Southern Presbyterian Mission in Korea* (1907), 36.

36 "Report of Kunsan Station," *Station Reports of the Southern Presbyterian Mission in Korea* (1910), 25-26.

37 "Report of Business Committee," *Minutes of Twentieth Annual Meeting Southern Presbyterian Mission in Korea* (1911), 51.

그런데 원래 선교부의 방침은 전북과 전남에 중등학교 1개씩만을 운영한다는 것이었다. 광주에는 숭일학교가 선정되었지만, 전북에는 전주와 군산을 놓고 선교사들의 토론이 계속되었다. 이미 군산에는 1904년부터 해리슨에 의해 중등과정이 운영되고 있었지만, 행정중심지인 전주의 신흥학교가 그 대상이 되어야 한다는 의견도 만만치 않았기 때문이다. 실제로 신흥학교에도 1908년 중등과정이 설치되어 교육선교사인 니스벳(J. S. Nisbet)에 의해 운영되고 있었다. 결국 전북에는 두 개의 중등학교가 존재하였던 것이다. 이 문제에 대해 선교사들이 결론을 낸 것은 1911년이었다. 그해 연례회의에서 선교부는 1912년부터 군산과 광주에서만 온전한 중등학교를 운영하기로 하는 한편 여타의 학교들은 2년제의 예비중등과정(subsidiary school)만을 두기로 하였다. 그리고 광주의 숭일과 군산의 영명에 실과를 설치하기로 하는 한편 군산에 새로 파견될 실과 담당 선교사의 사택 건축을 위해 2,500불의 예산을 책정하였다.[38] 조지아공대 출신의 린튼(William A. Linton)이 한국에 도착한 것은 이듬해인 1912년 9월이었다.[39]

린튼이 부임하던 1912년 영명중학교의 학생 수는 모두 41명으로 늘었다. 실과 과정이 개설된 데다가 1908년 어간에 신설된 4년제의 지역교회 부설 초등학교들의 졸업생이 배출되면서 지원자들이 안정적으로 공급된 결과였다. 선교사들은 선교부 직영 중등학교의 공급자로서의 교회 부설 학교들의 가치에 주목하고 그에 대한 지원을 꾸준히 모색하고 있었다. 영명의 신축 석조 건물은 1911년 11월부터

---

38 "Report of the Joint; Institutional and Evangelistic Committees," *Minutes of Twentieth Annual Meeting Southern Presbyterian Mission in Korea* (1911), 57.

39 "Biographical Information-Linton," *Annual Reports of Presbyterian Church U. S. in Korea Missionary* 1-1.

이사가 시작되어 1912년 4월 1일의 신학기에 맞추어 입주가 완료되었다. 3층 건물에 6개의 교실, 사무실과 지하실까지 갖춘 대저택 규모였다. 거기다가 기숙사도 새롭게 지어졌고, 기존의 작은 한옥 하나도 도서관으로 사용되었다. 학생들의 3/4은 운동장 정비와 등사, 선교사 사택 관리, 인근 초등학교 보조교사로 일하면서 학비를 자담할 수 있었다.[40] 평양신학교 재학 중이었던 김인전이 영명에서 교편을 잡은 것이 바로 이때였는데, 그는 3년 동안 한문과 역사를 가르쳤다.[41]

1913년부터 1916년 초까지 영명학교는 교장 베너블과 실과 책임자 린튼의 주도로 안정적인 운영이 지속되었다. 또 1913년 특별과를 2회로 졸업한 박연세가 교사로 부임하였다.[42] 그해 선교부는 영명학교에 교사 인건비로 942불, 학생지원비 150불, 운영비 550불, 시설비 300불, 실과운영비 400불, 교사 사택 200불, 일본인 교사 사택 전세금 60불 등을 지원하였다.[43] 또 1914년에는 군산 시내에 있었던 구 병원 건물을 학교 구내로 이전하여 기숙사 용도로 사용하도록 하였다. 학생들의 증가로 기존의 기숙사가 비좁았기 때문이다. 영명학교의 실과는 고등과와 마찬가지인 4년제의 정규과정으로 충실하게 운영되었다. 1914년 영명학교의 학생 수는 모두 63명이었는데, 이듬해에는 다시 74명으로 10여 명이 늘어났다.[44]

1915년 총독부의 <개정사립학교규칙>에 따라 모든 사립중등학

---

40 W. A. Venable, "Kunsan Boys' Academy," 166.

41 한인수, '김인전,' 『호남교회 형성 인물』(도서출판 경건, 2000), 13. 당시 평양신학교는 1년에 석 달 겨울에만 수업이 진행되었다.

42 한인수, '박연세,' 『호남교회 형성 인물』, 61.

43 "Report of Business Committee," *Minutes of Twenty-Second Annual Meeting Southern Presbyterian Mission in Korea* (1913), 46.

44 "Table of Statics," *Minutes of Twenty-Third Annual Meeting Southern Presbyterian Mission in Korea* (1914), 93.

교는 '고등보통학교'로 가든지 '각종학교'로 남든지를 결정해야 했다. 이때 영명학교는 대부분의 장로교 계통 학교들이 그러했듯 선교부의 결정에 따라 일단 '각종학교'의 길을 선택했다. 고등보통학교가 되면 성경과목을 제대로 가르칠 수 없기에 종교교육을 위해서 졸업생들의 상급학교 진학이나 취업에서 받는 불이익을 감수하기로 했던 것이다.[45] 아울러 남장로교 선교부는 정부가 주관하는 다양한 시험이 주일에 치러진다면 그것에 응시하지 않기로 방침을 정하였다. 또 영명중학교의 특별과에 진학하는 다른 남장로교 중등학교의 고등과(sub-Academy) 졸업생들에게는 최대 3명까지 장학금을 지급하기로 하였다.[46] 당시 영명의 특별과는 전북 지역 기독교 인재 양성의 산실이었다.

1916년 베너블이 미국으로 돌아가면서 실과의 린튼이 교장 대리로 학교 경영을 책임지게 되었다. 그리고 이듬해인 1917년부터는 린튼이 영명학교의 교장으로 1919년 봄까지 시무하였다. 린튼이 학교 운영의 전면에 나선 1916년 영명에는 고등과에 52명(실과 25명), 특별과에 22명의 학생들이 공부하고 있었고, 한국인 교사는 박연세 · 이두열 · 김수영 · 송정헌 · 김윤실 등 모두 7명이었다. 또 일본어 촉탁 교사로 요코하다케(横畑)와 야마시로(山城)가 근무하였다.[47] 이 해에 실과 학생들은 도시락통과 문서함을 제작해 서울의 박람회에 출품했는데, 그것이 당선되어 수상하는 기쁨을 누릴 수 있었다. 당

45 박혜진, "1920-30년대 미북장로회선교부 관할 중등학교 운영과 한국인 인계과정 연구," 22.

46 "Report of the Educational Committee," *Minutes of Twenty-Fourth Annual Meeting Southern Presbyterian Mission in Korea* (1915), 60-61.

47 "Table of Statics," *Minutes of Twenty-Fifth Annual Meeting Southern Presbyterian Mission in Korea* (1916), 87; 심재영, 『군산제일 100년사』, 35.

시 영명의 학생들은 거의 전원이 매주 화요일 밤마다 YMCA로 모였고, 또 주일 오후에는 학생들이 주도하는 4개의 확장주일학교가 군산 곳곳에서 진행되었다. 당시 군산 스테이션 지경에는 모두 200여 명의 학생들이 교회 부설 초등학교에 재학 중이었다.[48]

남장로교에서 운영하는 미션스쿨 10개 학교의 교사들은 1917년 여름 군산에 모두 모여 두 달간 집중적으로 일본어를 강습했다. 1915년 이후 일본어 교육이 대폭 강화된 데 따른 것이다.[49] 또 선교부는 1918년의 연례회의에서 영명학교의 고등과를 전주로 옮기기로 결정했다.[50] 1915년의 <개정사립학교규칙>에서 '각종학교'에 10년 동안의 유예기간을 주었기 때문에 남장로교의 중등학교들은 어떤 방식으로든지 그에 대응해야 했다. 선교부는 도청 소재지였던 전주와 광주의 학교들을 집중 육성하여 총독부의 표준에 맞추기로 방향을 정한 것이다. 또 1918년 선교부는 영명에 5,251엔(현재 약 5억 원)의 예산을 지원하고 있었으므로, 이러한 결정은 안정적으로 유지되던 영명에게 큰 타격이 되었다.[51] 영명중학교는 1917년 특별과에 10명, 고등과에 70명이 재학 중이었고, 1918년에는 모두 84명의 학생들이 공부하고 있었다. 그리고 그동안 구암교회가 운영하던 안락소학교가 1917년부터 다시 영명의 보통과로 편입되어 운영되기 시작했다.

---

48 W. B. Harrison, "Southern Presbyterian Mission in Korea, A Portion," *Korea Mission Field* (February, 1917), 51.

49 "Educational Committee Report," *Minutes of Twenty-Sixth Annual Meeting Southern Presbyterian Mission in Korea* (1917), 48.

50 *Minutes of Twenty-Seventh Annual Meeting Southern Presbyterian Mission in Korea* (1918), 18.

51 "Finance Committee Report," *Minutes of Twenty-Seventh Annual Meeting Southern Presbyterian Mission in Korea* (1918), 35.

2. 군산멜볼딘여학교의 발전

1908년 남장로교 선교부는 각 스테이션에 여자기숙학교(boarding school for Girls')를 하나씩 설치하기로 방침을 정하였다. 그래서 목포와 광주 그리고 군산에 여학교 건물 신축 계획을 수립하였다.[52] 원래는 800불을 들여 16칸 단층 규모로 지으려고 하였으나 지원자의 증가가 예상보다 늘어나면서 1,600×1,800㎠의 2층 석조 건물로 설계가 확대・변경되었다. 비용도 2,700불이 추가되었다. 그러면서 공사 기간이 지연되어 여학교 건물은 1910년 하반기 본격적인 건축이 시작되어 1912년 겨울에 입주할 수 있었다. 1층은 기숙사와 주방, 식당으로 꾸며졌고, 2층에 교실을 배치하였다.[53]

1908년 여학교는 안식년에서 돌아온 불 부인에 의해 그 운영이 계속되었다. 학생 수는 35명이었고, 다이사트와 김창국의 부인인 양영도 그리고 오긍선의 여동생이 교사로 학생들을 가르쳤다. 양영도는 서울에서 여학교를 나와 평양의 보통학교 교사를 지낸 바 있고, 오긍선의 여동생은 초등과정의 고학년반을 담당했는데, 북장로교 서울 스테이션의 정신여학교 진학을 앞두고 있었다.[54]

1909년 선교부는 군산여학교의 명칭을 '멜볼딘여학교'(The Mary Baldwin School for Girls)로 공식 명명하였다. 1903년 이후 학교 설립과 운영에 깊이 관여한 전킨 부인과 불 부인의 모교가 바로 남장로교의 여성 교육 기관인 메리볼드윈여자신학교(Mary Boldwin Female Seminary)

---

52 *Minutes of Seventeenth Annual Meeting Southern Presbyterian Mission in Korea* (1908), 11.

53 Mrs. Venable, "Notes from Kunsan," *Korea Mission Field* (January, 1913), 12.

54 "Report of Kunsan Station," *Station Reports of the Southern Presbyterian Mission in Korea* (1908), 21.

였다.[55] 특히 불 부인은 안식년 기간에 귀국하여 모교의 학생회에 지원을 호소했는데, 그 후 메리볼드윈대학의 학생들은 자신들이 모금한 돈을 군산의 여학교에 지정 기부하기 시작했다. 선교부는 이것을 기념하여 그 이름을 따서 멜볼딘여학교로 부르도록 하였다.[56] 1910년의 경우 멜볼딘에는 4년제 초등과정 51명의 학생이 재학 중이었고, 불 부인이 최상급산수반 등 모두 세 개의 학급을 지도하였다. 그 외에 양영도 선생이 오후에 두 시간씩 수업을 맡았고, 성경은 윤 씨 부인이, 한문은 송 씨 할아버지가, 얼 부인은 미술(주당 2시간)과 체육(2시간) 그리고 다이사트가 주당 1시간씩 음악을 가르쳤다. 또 1910년 6월에는 정신여학교를 졸업한 오긍선의 여동생 두 명을 교사로 채용하여 학교 운영에 활력을 불어 넣었다. 멜볼딘의 방과후 활동으로는 불 부인이 맡았던 금요일 오후의 봉제반이 있었고, 또 30명으로 시작된 기독봉사단(Christian Worker's Band)도 학생들의 높은 참여 열기 속에 계속되었다.[57]

---

55 1842년 베일리(Rufus W. Bailley)에 의해 남장로교와 관계를 맺으며 어거스타여자신학교(Augusta Female Seminary)로 시작된 버지니아 스턴톤(Staunton) 소재 매리볼드윈대학은 1863년 그 학교의 1회 졸업생인 볼드윈(Mary J. Baldwin)이 학장으로 임명되면서 크게 발전하여, 1895년 메리볼드윈신학교로 이름을 바꾸었고, 다시 1923년 메리볼드윈대학이 되었다. 이 학교는 미국에서 가장 오래된 여성교육 기관으로 당시 남장로교의 여성 지도력을 양성하는 산실이었다. 한국에 온 미국 남장로교의 여성 선교사들 가운데 이 학교 출신들이 적지 않은 이유가 바로 여기에 있다. 메리볼드윈 출신 남장로교 여선교사는 다음과 같다. Charlotte Bell (유진벨 부인), Magaret K. Bell(유진벨 두 번째 부인), Elizabeth A. Bull(불 부인), Mary L. Junkin(전킨 부인), Imogeon B. Preston(프레스톤 Jr. 부인), Constance M. Reynolds(존 레이놀즈 부인), Elizabeth B. Woods. Biographical Information, *Annual Reports of Presbyterian Church U. S. in Korea Missionary* 1-2.

56 이때 전주의 여학교는 '기전여학교'가 되었다. 1908년 1월 순직한 전주에서 순직한 전킨 선교사를 기념하여 'The William M. Junkin Memorial School for Girls"-전위렴 기념 여학교로 한 것이다.

57 *"Report of Kunsan Station,"* Station Reports of the Southern Presbyterian Mission

1911년 선교부는 여학생들에게도 중등교육을 확대하기로 하고 전주의 기전과 광주의 수피아에는 4년제 고등과(Academy)를, 목포와 군산에는 2년제 고등과(sub Academy)를 설치 · 운영하기로 결정하였다. 그동안 여성들도 중등교육을 받아야 한다는 요구가 쇄도하고 있었던 것이다.[58] 멜볼딘의 2년제 고등과는 1912년 설치된 것으로 보인다. 그해 여름의 선교부 통계를 보면 군산의 기숙중등여학교(2년제 고등과)에 모두 50명이 재학하고 있는 것으로 나온다.[59] 그리고 군산멜볼딘여학교가 총독부의 인가학교가 된 것은 1913년이었다. 1912년 겨울 신축 건물로 입주하면서 사립학교규칙의 모든 표준을 맞추었기 때문이다. 이에 따라 1913년 불 부인이 멜볼딘여학교의 교장으로 취임하였고, 모두 63명의 학생들이 인가받은 학교의 새로운 기숙사와 교실에서 공부하게 되었다. 그리고 그 인원수는 이듬해인 1914년 모두 83명으로 불어 영명학교의 63명을 능가하게 되었다.[60]

그 후 멜볼딘을 담당했던 선교사로는, 1914년 벅랜드(Sadie M. BuckLand)가 교장으로 부임했고, 1915년에는 다이사트가 임시 교장을, 해리슨 부인 마가렛(Margaret E. Harrison)이 실과 운영을 맡았다. 1916년부터 1922년까지는(1918년은 안식년으로 1년 제외) 듀피(Lavalette Dupuy)가 교장으로서 멜볼딘의 발전을 주도했다. 1915년 멜볼딘에는 모두 55명의 학생이 있었고, 1916년에는 보통과 42명과 고등과 20명 등 모두 62명이 재학 중이었다. 그중 기숙사생은 18명

---

in Korea (1910), 26-28.

58 *Minutes of Twentieth Annual Meeting Southern Presbyterian Mission in Korea* (1911), 17.

59 "Table of Statics," *Minutes of Twenty-First Annual Meeting Southern Presbyterian Mission in Korea* (1912), 79.

60 "Table of Statics," *Minutes of Twenty-Third Annual Meeting Southern Presbyterian Mission in Korea* (1914), 93.

이고, 실과에서는 모두 25명의 학생들이 바느질을 배워 모두 91엔(현재 약 900만 원)의 판매 수익을 올릴 수 있었다. 또 단추도 만들었는데, 듀피 교장의 목표는 학생들이 완전히 자립하는 것이었다. 이때 한국인 교사는 모두 7명이었고, 그 외에 군산예수병원의 간호선교사 쉐핑(Elizabeth J. Shepping)과 해리슨 부인 마가렛이 서로 협력해서 주당 14시간의 수업을 지원하였다. 멜볼딘의 여학생들은 큰 한글자음모음표를 갖고 집에 돌아가 마을의 여성들에게 읽기와 쓰기를 가르치는 활동을 전개하기도 하였다. 또 마땅히 지역교회에 나가 주일학교 반사 등으로 봉사하였다.[61] 1917년의 경우 멜볼딘에는 보통과 21명, 고등과 37명이 재학 중이었고, 고등과 학생 수는 1918년 모두 40명으로 증가하였다. 한국인 교사로는 고석주의 존재가 확인된다.[62]

Ⅳ. 군산영명학교·멜볼딘여학교의 3.1운동과 1920년대 상황

1. 군산영명학교·멜볼딘여학교의 3.1운동

영명의 민족운동은 김인전과 박연세 그리고 문용기와 고석주 등 우국지사적인 교사들의 가르침이 그 배경이 되었다. 즉 김인전은 후에 전주서문교회 담임목사로서 전주 3.1운동을 주도했을 뿐만이 아니라 상해로 망명하여 임시정부 의정원 의장을 지낸 저명한 독립운

61 W. B. Harrison, “Southern Presbyterian Mission in Korea, A Portion,” 51.

62 심재영, 『군산제일 100년사』, 93.

동가였다. 또 을사늑약 때 호남에서 거병한 의병장 김준의 외손인 박연세는 군산 3.1운동의 주역이었을 뿐만이 아니라 목포 양동교회 목사로 있으면서 신사참배에 반대하여 옥고를 치르다가 1944년 순국한 애국지사이다.[63] 문용기(문정관)는 익산 3.1운동의 지도자로 1919년 4월 4일 만세운동 현장에서 희생된 독립운동가였다. 멜볼딘의 교사 고석주는 3.1운동과 관련해서 징역 1년 6개월의 실형을 언도 받고 옥고를 치렀다. 요컨대 영명과 멜볼딘의 교사들 대부분은 신앙을 통해 시대의 위기를 극복하고자 했던 전형적인 기독교 민족주의자들이었다. 그리고 그 항일정신은 영명과 멜볼딘의 학생들에게 충분히 계승 · 고취되었을 것으로 본다.

호남 최초의 3.1운동은 바로 군산에서 일어났다. 영명학교 고등과(2회, 1914년 졸)와 특별과(4회, 1916년 졸)에서 공부한 후 세브란스 의학전문학교에 진학한 김병수는 세브란스병원 약제실에서 근무하고 있었던 이갑성을 통해 3.1운동의 거사 계획을 알게 되었다. 민족대표 33인 중 1명이었던 이갑성은 김병수를 군산지방 연락책임자로 하여 독립선언서를 전달하고자 하였던 것이다. 군산에 내려온 김병수는 2월 26일 영명학교 은사인 박연세를 만나 서울 지도부의 뜻을 전달하였다. 이에 박연세는 영명의 교사들과 상의한 후 이 운동에 적극 호응하기로 하였다.[64]

이틀 후인 2월 28일 김병수는 박연세에게 인쇄된 독립선언서 95장을 극비리에 전달했다. 다시 박연세는 영명의 교사인 이두열, 김수영과 함께 멜볼딘 교사인 고석주와 군산예수병원 직원들을 포섭하였다. 이에 따라 멜볼딘여학교에서는 비밀리에 태극기를 그렸고, 영

63 한인수, '박연세,' 64.

64 한인수, '박연세,' 『호남교회 형성 인물』, 62-63.

명학교 지하실에서는 독립선언문을 등사하였다. 거사일은 군산 장날인 3월 6일로 정해졌다. 그러나 그 전날인 3월 5일 낌새를 알아챈 일경 10명이 영명과 멜볼딘을 급습하여 학교 건물 안을 샅샅이 수색하기 시작했다. 곧 등사기와 태극기 등이 발각되었고, 박연세 · 이두열 선생이 수갑이 채워진 채 끌려갔다. 이 광경을 지켜보고 있던 영명의 학생들은 강하게 저항하였으나 공포탄을 쏘며 저지하는 경찰들을 막을 수는 없었다.[65]

상황이 이렇게 되자 제2선에서 보이지 않게 활동하고 있던 영명의 김윤실 선생은 긴급 학생회 임원 회의를 소집하여 당일인 3월 5일 시위하기로 긴급 결정했다. 계획보다 하루 앞당겨진 것이다. 그리하여 영명과 멜볼딘의 학생 1백 명과 교사 및 예수병원 직원 40명 등 140여 명이 운동장에 모였다. 그리고 곧바로 전세종 · 양기철 · 송기옥 · 이도준 · 홍천경 · 고준명 · 유복섭 · 강규언 · 강인성 등의 영명 학생들은 독립선언서와 태극기를 나누어 주었다. 교사들이 '대한독립만세'를 선창하자 모두 한목소리로 만세를 외치며 대열을 이뤄 군산 시내로 움직이기 시작하였다. 그 과정에서 많은 이들이 합세하여 5백여 명의 군중이 군산경찰서까지 진출하였다. 당황한 경찰은 익산의 헌병대에 지원을 요청하였고, 헌병들의 사격으로 앞 대열에 서 있던 3~4명이 쓰러지자 군중들은 곳곳으로 흩어졌다. 이때 만세운동 현장에서 검거된 사람은 고석주 선생 등 90여 명으로 대부분 영명 · 멜볼딘의 교사와 학생들이었다.[66]

그 외에 영명학교 교사였던 문용기는 4월 4일 익산 남전교회 교인 및 교회 부속 도남학교 학생들을 이끌고 익산만세운동을 주도하

---

65 심재영, 『군산제일 100년사』, 76.

66 심재영, 『군산제일 100년사』, 76-77.

였고, 영명학교 출신(1916년 고등과 4회 졸업)으로 창영학교 교사였던 엄창섭은 3월 10일 강경 장날 청포리교회의 교인들과 함께 만세운동을 벌인 주모자로 체포되어 징역 2년 형을 언도 받았다. 당시 영명의 교장이었던 린튼은 그해 5월 안식년으로 귀국하여 비폭력적 항거였던 3.1운동의 실상을 미국 조야에 알리며 한국인들을 지원해 줄 것을 호소하였다.[67]

거의 모든 교사와 학생들이 거사에 나섰던 영명과 멜볼딘은 3.1운동 이후 치명적인 상처를 입었다. 두 학교의 수업은 중단되었으며 교사들은 만세운동과 관계가 있든 없든 전원이 조사를 받았다. 군산 예수병원 직원들도 전원이 구속되면서 운영이 마비되었다. 최종적으로 박연세 선생 등 교사 4명이 징역 1년 6개월에서 3년의 실형을 언도 받아 옥고를 치렀으며, 양기철 등 학생 11명이 6개월의 징역형을 선고받았다. 그 전해에 이미 선교부의 방침이 있기는 했지만, 영명중학교의 특별과는 3.1운동으로 인하여 전격 폐지되고야 말았다. 1919년 봄 린튼을 대신해 레이놀즈(Bolling Reynolds)가 1학기 동안 영명의 교장을 맡았고, 2학기에는 해리슨이 다시 학교 운영의 책임을 맡았다. 멜볼딘은 듀피가 계속 교장으로 시무했다.[68]

2. 1920년대의 군산영명학교 · 멜볼딘여학교

영명학교는 1920년부터 4년제 보통과와 2년제 예비 고등과만으로 운영되었고, 해리슨은 린튼이 복귀하던 1921년 10월까지 교장직을 수행하였다. 해리슨은 3.1운동으로 거의 운영이 중단되었던 학교

67 오승재 · 김조년 · 채진홍, 『인돈평전』(지식산업사, 2003), 55-56.

68 "Report of Apportionment Committee," *Minutes of Twenty-Eighth Annual Meeting Southern Presbyterian Mission in Korea* (1919), 37.

의 정상화에 심혈을 기울였다. 또 만세운동을 주도한 일로 인해서 영명학교를 보는 지역사회의 시각이 우호적으로 바뀌어 학생들의 지원이 줄을 이었다.

1920년 영명의 2년제 고등과에는 모두 67명이 재학하였고, 멜볼딘은 고등과에 93명이 들어와 기숙사가 넘쳐나고 있었다.[69] 1921년에는 서도석과 고전성이 교사로 부임하였다. 이때 선교부는 교사들의 임금 수준을 정하여 고등과 졸업자에게는 30엔, 특별과 출신은 35엔, 2년제 전문학교는 40엔, 4년제 대졸자는 55~70엔, 일본 내 대졸자는 80엔을 각각 월급으로 지급하였다. 남장로교의 미션스쿨 졸업자로서 평양 숭실대학에 진학하는 이에게는 1인당 50엔의 장학금을 지급하여 격려하는 제도도 만들었다.

또 당시 영명과 멜볼딘은 1년 3학기 제도가 시행되어 1학기는 9월 1일~12월 22일, 2학기는 1월 6일~3월 20일, 3학기는 4월 1일~6월 20일로 운영하였다.[70] 보통과에서는 4년 동안 수신 · 성경 · 일본어 · 조선어 · 한문 · 수학 · 이과 · 도화 · 체조 · 창가 · 실업 · 조행(操行) 등의 교과를 이수하도록 교육과정을 짰다.[71] 1921년 영명의 고등과에는 65명이, 보통과에는 모두 202명이 재학하고 있었다.

미국 콜럼비아대학 교육대학원에서 석사과정을 마친 린튼은 1921년 10월 다시 영명의 교장으로 부임하였다. 그는 3.1운동 이후 폐지된 4년제 이상의 고등과를 재개하여 학교를 중흥시킬 책임이 있었다. 그런데 여기에 변수로 등장한 것이 1922년 2월에 공포된 '제

---

69 Lavalette Dupuy, "Mary Baldwin School," *The Missionary Survey*(October, 1920), 12.

70 "Report of Educational Committee," *Minutes of Thirtieth Annual Meeting Southern Presbyterian Mission in Korea* (1921), 32.

71 심재영, 『군산제일 100년사』, 132.

2차 조선교육령'이었다. 일제는 신교육령을 통해 식민지 조선의 학제를 완성하였는데, 그것은 '내지준거주의'에 입각해 일본과 같이 보통학교 6년, 고등보통학교 5년, 대학 4년으로 편제하는 것이었다.[72] 이에 따라 영명의 보통과는 6년제로 전환되어 1922년 현재 모두 185명이 재학하게 되었다. 그리고 린튼은 영명의 염원이었던 고등과 복구에 들어가 1922년부터 실질적으로 5년제의 고등과를 운영하기 시작했다. 이로써 영명은 6년제의 보통과와 5년제의 고등과(실과 포함)가 설치되어 모두 300여 명의 재적생을 갖춘 큰 학교가 되었다.[73] 선교부도 1922년 여름의 연례회의에서 5개 스테이션 남학교 모두에 온전한 고등과를 운영하기로 방침을 정하였다.[74]

하지만 1923년 도입된 '지정학교' 제도는 6년제 보통과와 5년제 고등과를 설치하여 일관된 초-중등교육을 실시한다는 영명 교장 린튼의 계획을 흔들어 놓았다. 기존의 각종학교 가운데 총독부가 인정하는 '지정학교'가 되려면 기본 재산, 학교 설비, 자격 있는 교사진 등 그들이 요구하는 표준에 적합하도록 대규모 투자가 선행되어야 했기 때문이다. 일제는 고등보통학교—지정학교—각종학교 순으로 식민지 중등학교의 위계를 배치하고, 지정학교로 인가를 받아야 고등보통학교와 동등한 자격을 주어 대학 진학과 취업에서 졸업생들이 불이익이 없도록 한 것이다.[75] 하지만 이 제도는 그 이하의 각종학교 졸업생들은 근대적 직업의 출현 속에서 학력주의와 연계되어

72 장규식 · 박현옥, "제2차 조선교육령기 사립 중등학교의 정규학교 승격운동과 식민지 근대의 학교 공간," 「중앙사론 32집」(중앙사학연구원, 2010), 159.

73 「기독신보」 1922년 6월 28일.

74 "Report of Educational Committee," *Minutes of Thirtt-First Annual Meeting Southern Presbyterian Mission in Korea*(1922), 35.

75 장규식 · 박현옥, "제2차 조선교육령기 사립 중등학교의 정규학교 승격운동과 식민지 근대의 학교 공간," 160.

철저히 배제되는 구조였다. 문제는 지정학교의 표준이 너무 높아 선교부가 모든 미션스쿨에 대해서 전폭적이고 일률적인 지원을 하기 어렵다는 데 있었다.

결국 선교부는 1923년부터 논의를 시작해 최종적으로 남자학교로는 전주의 신흥학교를, 여자학교로는 광주의 수피아여학교를 집중 육성하여 지정학교로 인가받는다는 원칙을 세웠다.[76] 그러나 이것은 어렵게 세운 영명 5년제 고등과의 폐지를 의미하는 것이었다. 이에 대해 영명의 학생들을 비롯해 지역교회와 학부형들까지 나서 이른바 열렬한 '승격운동'을 벌였지만 결국 영명학교는 6년제의 보통과에 2년제의 고등과만을 두는 것으로 매듭지어졌다.[77] 또 영명의 교장 린튼은 선교부의 결정에 따라 1926년부터 전주로 임지를 옮겨 신흥학교 교장으로서 신흥의 '지정학교' 인가 작업에 몰두해야만 했다. 더욱이 1925년부터 그나마 2년제로 운영되던 영명의 고등과는 지정학교 인가를 둘러싼 재정난으로 1926년을 끝으로 폐지되었다. 역시 이때도 고등과 학생들은 동맹휴업을 일으키며 선교부의 조치에 강력하게 반발하였으나 상황을 돌이키지는 못했다.[78] 이제 영명학교는 2년제 고등과가 잠깐 부활하는 1934년까지 6년제 보통학교로만 남게 되었다.

1924년의 경우 선교부는 영명학교 보통과에 3,500엔 그리고 2년제의 고등과에는 2,500엔을 운영비로 지원하였다. 1925년부터는 영

76 "Report of the Educational Association," *Minutes of Thirty-Fourth Annual Meeting Southern Presbyterian Mission in Korea* (1925), 66.

77 "영명 승격 운동,"「동아일보」 1923년 6월 22일; "영명 승격 무망,"「동아일보」 1923년 6월 27일; "영명 승격 운동은 낙망,"「조선일보」 1923년 6월 30일.

78 "군산영명학교 1년생 맹휴,"「동아일보」 1926년 2월 10일; "군산영명학교 맹휴사건,"「동아일보」 1926년 2월 22일.

명에 병설유치원이 개설되어 학교 구내에는 초·중등 학생 309명과 유치원생 150명이 생활하고 있었다. 또 린튼이 전주로 전임(轉任)하던 1926년 영명의 재학생 수는 350명에 다 달았다. 그리고 린튼을 대신해 해리슨이 다시 교장에 취임하였다. 그는 이듬해인 1927년까지 교장에 시무한 후 은퇴하였다.[79]

1921년 10월 17일 영명의 고등과 학생 40명은 서도석, 고전성 선생의 인솔하에 강경으로 1박 2일 수학여행을 다녀왔다.[80] 또 1922년 5월에는 보통과 학생 100여 명이 유재남 선생 등 교사 3명의 인솔하에 황등으로 당일 기차여행을 한 후 돌아왔고, 고등과 학생 100여 명은 기차를 이용해 부여로 수학여행을 다녀왔다. 이때 강경상고와 축구 경기를 벌여 크게 승리하였다.[81] 영명축구부는 1911년 창단된 것으로 보이는데, 1922년과 1923년에는 전조선축구대회에 참가하였으나 아쉽게도 숭실중학교와 배재고보에 각각 0:8과 0:1로 패배하였다. 1924년에는 영명축구부가 제1회 전조선학생기독교청년연합회 축구대회에 참가하여 준준결승에서 송도고보와 1:1로 비겼으나 준결승전에서 숭실중에 0:1로 패하였다. 영명축구부는 축구를 비롯해 스포츠에 관심이 많았던 불 선교사의 지도를 받았다.[82]

3.1운동 이후인 1920년 멜볼딘은 기존의 2년제 고등과에 2년을 연장하여 4년제 고등과로 개편되었다. 그래서 모두 93명의 고등과 학생이 공부하고 있었다. 또 4년제 보통과에도 25명이 재학 중이었다. 멜볼딘의 고등과 여학생 90여 명은 1920년 11월 추수감사절을 맞아 그동안 자신들이 정성 들여 키운 호박 90개를 마을 사람들에게

---

79 *Minutes of Ad Interom Committee* (March 29, 1927), 105, 108.

80 "군산학생강경착발," 「동아일보」 1921년 10월 22일.

81 "군산영명학교학생 원족," 「동아일보」 1922년 5월 12일.

82 심재영, 『군산제일 100년사』, 138.

판매하는 바자회를 열었다. 그 수익금 전액은 산동과 제주 선교를 위해 후원하였다. 그해에는 버지니아주 렉싱턴(Lexington)의 주일학교에서 성탄절 선물로 연필을 보내와 학생들에게 지급되었다.[83] 또 1921년 3월에는 멜볼딘여학교에서 남장로교 미션스쿨의 교사들이 참여한 가운데 대규모 강습회가 개최되기도 했다. 서울에서 온 저명한 강사와 함께 남장로교 선교사들인 낙스(Robert Knox) · 클라크(William M. Clark) · 에버솔(Finley M. Evesole) · 해리슨 · 듀피 등이 강의에 나섰는데, 영명과 멜볼딘의 학생들은 마지막 날 밤에 구식교육과 신식교육을 극명하게 대비시킨 촌극을 발표하여 참석자들의 호응을 받았다.[84]

1922년 이임한 듀피를 대신하여 1923년부터는 불 부인이 다시 멜볼딘의 교장으로 시무하였다. 이후 안식년을 제외하고 1940년 봄까지 불 부인이 계속 멜볼딘의 경영을 책임졌다. 멜볼딘은 '제2차 조선교육령'에 따라 1922년부터 6년제 보통과와 2년제 고등과로 재편되었다. 하지만 기존에도 4+4의 학제를 유지하였으므로 8개년 간의 교육 기간은 변함없이 계속되었다. 1925년의 경우 멜볼딘에는 모두 228명의 학생이 재학 중이었고, 선교부는 멜볼딘을 위해 1926년 한 해 동안 4,000엔의 재정을 지원하였다.[85] 멜볼딘의 고등과는 재정 문제로 1927년 잠정 중단되었다가 1930년부터 4년제의 학제로 재개되어 그 후 지속되었다.

---

83 Lavalette Dupuy, "A Thanksgiving Pumpkin Parade," *The Missionary Survey*(May, 1921), 349.

84 Lavalette Dupuy, "News from Kunsan Girls' School," *The Missionary Survey* (August, 1921), 619.

85 "Report of Finance Committee," *Minutes of Thirty-Fifth Annual Meeting Southern Presbyterian Mission in Korea* (1926), 38.

Ⅴ. 1930년대의 군산영명학교와 멜볼딘여학교

해리슨 이후인 1928년부터 1931년까지 다시 윌리엄 불이 영명의 교장으로 사역하였다. 1928년 영명보통학교의 학생 수는 모두 142명으로 그 가운데 52명이 기독교 가정 출신이었다. 그해에 1명이 세례를, 6명이 학습을 받았다. 1930년에는 영명보통학교 학생 수가 163명에 달해 불 교장을 놀라게 했다. 불은 채플과 교직원 회의를 주재하고, 교감이었던 송정헌과 수시로 협의하며 학교를 운영해 나갔다. 당시 가장 큰 문제는 학교 운영에 불만을 품은 일부 교사들과 그것을 제어하려는 집행부 간의 갈등이었다. 결국 불은 문제 교사 1명을 퇴출시켰는데, 아직도 두 명의 교사가 정리되어야 한다고 말하며 그 과정에서의 고통을 호소하였다.[86]

사실상 린튼의 후임 교육선교사로 1930년 5월 군산에 부임한 존 베일(John Vail)은 1년 동안 한국어 공부를 마친 후 1931년 군산의 영명학교 교사로 부임하였다. 그의 아이디어로 영명보통학교의 학생들은 미국에서의 판매를 목적으로 학교 구내에서 친칠라토끼 40수를 기르기 시작했다.[87] 당시 영명의 교사들로는 문경현 · 송정헌 · 유재남 · 이기영 · 강관성 · 이중기 등이 있었다.[88] 그리고 존 베일은 1932년 4월 1일 영명의 교장에 공식 취임하였다. 그해 영명보통학교의 재학생 수는 210명에 달했다. 하지만 세계경제대공황의 여파로 미국에서 지원되는 선교비가 대폭 삭감되면서 영명학교에도 그 여

86 W. F. Bull, "Personal Report(1929-1930)," *Annual Reports of Presbyterian Church U. S. in Korea Missionary* 1-2, 4.

87 John B. Vaill, "Dear Friends(1931. 12. 4)," *Annual Reports of Presbyterian Church U. S. in Korea Missionary* 1-10.

88 심재영, 『군산제일 100년사』, 속표지의 1931년 보통과 졸업 앨범.

파가 미쳤다. 1932년 선교부에서 영명에 지원된 금액은 2,088엔이었는데, 1933년에는 1,332엔으로 거의 절반이 줄어들었다.[89] 그러자 선교부는 고육지책으로 영명보통학교의 폐지를 심각하게 고려하기도 했다.[90] 다행히 구조 조정을 통해 학교를 살리겠다는 베일 교장의 강력한 의지 표명으로 그 일은 백지화될 수 있었다.

그 일이 계기가 되어 군산 지역의 교회들은 오히려 고등과 신설을 요청하게 되었고, 영명은 다시 10여 년 만에 전북노회의 지원을 받아 2년제의 고등과를 재개할 수 있었다.[91] 그래서 1935년 모두 47명의 학생들이 고등과에 입학하였다. 그해 보통과에는 193명이 재학하고 있었다. 고등과를 지도할 교사에는 평양 숭실대학 문과를 졸업한 강관성이 부임하였다. 하지만 고등과는 오래가지 못하고 3년 만인 1938년 다시 폐지되었다. 신사참배 문제가 남장로교의 학교들을 강타했기 때문이다.

1936년부터 일제의 신사참배 강요가 심해지자 남장로교 선교부는 이 문제에 대해 가장 강경한 입장을 발표했다. 1937년 2월 미국 선교본부의 총무 풀턴(C. Darby Fulton)이 내한하여 "학생들에게 신사참배를 시키기보다는 차라리 학교를 폐쇄"하겠다는 의지를 피력했다. 이에 따라 모든 남장로교 계통 미션스쿨이 잇달아 폐교를 선택했다.[92] 영명학교 역시 고등과는 1938년을 마지막으로 문을 닫았고, 보통과는 1940년 10월 폐교되었다. 1937년까지 영명은 보통과에 290

---

89 "Finance Committee Report," *Minutes of Forty-Second Annual Meeting Southern Presbyterian Mission in Korea* (1933), 23.

90 "군산영명교 경영난의 비운,"「동아일보」1934년 1월 25일; "폐교의 비운에서 군산영명교 부활,"「동아일보」1934년 3월 13일.

91「전북노회 제29회 회의록」1935년 5월 9일.

92 *Minutes of Ad Interom Committee* (Nonember 2-3, 1937), 43-46.

명, 고등과에 120명이 재학하고 있었다. 불 교장은 1940년 봄까지 시무하였고, 그 뒤를 이어 지난 3년간 군산에서 사역했던 존 탈메이지가 학교의 마지막을 지켜보았다. 학교 건물은 그 후 일본인이 경영하던 북선제지의 직원 기숙사로 사용되다가 1945년 화재로 전소되고 말았다. 군산의 한국인들에 의해 영명이 재건된 것은 1952년이었다.

1931년 멜볼딘의 4년제 고등과에는 모두 34명이 입학하여 공부하기 시작했다. 보통과는 90명이 넘는 학생들이 재학하고 있었다. 그리고 그중에 15명 정도가 학교 구내 기숙사에서 생활했다.[93] 선교부는 1930년대 내내 1,714엔의 예산을 지원하여 학교 운영을 도왔다. 불 부인은 1940년 4월 4일 한국을 떠날 때까지 멜볼딘의 교장으로 시무하였다. 교사는 보통과에 4명, 고등과에 2명이 배치되었다. 불부인이 떠난 후에는 듀피가 학교 경영을 맡아 오전에는 학교일을, 오후에는 예수병원에서 사역하였다. 듀피는 오전 8시 30분부터 9시까지 열렸던 채플을 인도하고, 다시 11시 30분부터 12시 15분까지 학생들의 성경공부를 지도하였다.[94] 멜볼딘은 1940년 10월 7일 한 달간의 방학에 들어갔는데, 다음 날인 10월 8일 선교사들이 전격적으로 철수하면서 폐쇄되었다.[95] 그 후 멜볼딘은 기존의 영명중고등학교에서 다시 여학생들을 분리하여 1965년 멜볼딘여중고로 새롭게 시작되었다.

---

93 "Table of Statics," *Minutes of Fortieth Annual Meeting Southern Presbyterian Mission in Korea* (1931), 58.

94 Lavalette Dupuy, "Dear Friends(1940. 10. 7)," *Annual Reports of Presbyterian Church U. S. in Korea Missionary* 1-3.

95 Lavalette Dupuy, "Greetings: Dear Friends(1940. 10. 8)," *Annual Reports of Presbyterian Church U. S. in Korea Missionary* 1-3.

VI. 맺음말

미국 남장로교 한국선교부는 한말 · 일제강점기에 군산과 목포 등 호남의 5개 도시에 스테이션을 두어 선교의 거점으로 삼았다. 하나의 스테이션 구내에는 으레 교회와 병원 그리고 남녀학교가 있었는데, 군산에는 영명학교와 멜볼딘여학교가 설치 · 운영되었다. 남장로교 선교사들은 "불신자는 전도하고 신자는 교육시킨다"라는 기치 아래 학교를 세우고 아이들을 가르치는 일에 적극적이었다.

먼저 영명학교는 1902년 전킨의 부인인 메리 레이번에 의해 수업이 시작되었다. 물론 실질적으로는 군산 스테이션의 책임자였던 전킨이 학교의 설립과 경영을 주도하였다. 전킨은 학교를 시작하면서 군산 영역의 교회들에 이 사실을 통지했다. 교인들의 자녀가 교육 대상이었기 때문이다. 선교부는 1903년 9월 전킨을 영명의 책임자로 임명하여 학교 운영을 공식화시켰다. 당시 영명학교는 초등과정의 기숙학교였다. 그리고 1904년 해리슨이 부임하여 중등과정을 설치하였다.

멜볼딘여학교는 역시 전킨 부인의 주일학교 여자반을 기초로 1903년 스트래퍼에 의해 주간학교 체제로 시작되었다. 즉 서당의 수준이었다. 또 처음에는 선교 인력의 부족으로 지속적으로 운영되지 못했다. 하지만 1906년 겨울 불 부인에 의해 재개된 이후에는 선교부의 지원으로 점차 정규학교의 모습을 갖추어 가게 되었다.

영명학교는 1908년 무렵 교육 수요의 폭발적 팽창과 미국 유학에서 돌아온 오긍선의 가담으로 도약의 계기가 마련되었다. 기존의 초등과정은 구암교회가 안락소학교의 이름으로 인가를 받아 운영하게 되었고, 중등과정은 영명중학교의 이름으로 4년제 고등과와 2

년제 특별과가 설치되었다. 안락소학교는 1908년 9월, 영명중학교는 1909년 2월 정부의 인가를 받아 운영되었다. 선교부는 영명중학교의 지원에 집중하여 운영비와 교사 인건비를 부담하였다. 1912년 헌당된 지상 3층의 웅장한 석조 교사(校舍)도 선교부의 특별 지원으로 건축된 것이다. 특별과는 1911년 7명의 1회 졸업생을 배출하였고, 고등과는 1913년 4명의 첫 졸업생을 냈다. 특히 영명의 특별과는 전북 지역 기독교 인재 양성의 산실이었다. 지역 최초의 근대식 학교로서 일제강점기 전북 서부 지역의 대표적인 교육 기관이라는 영명의 명성은 이때 쌓아진 것이다.

멜볼딘은 1908년 선교부가 각 스테이션에 여자기숙학교를 하나씩 설치하기로 하면서 발전의 기틀이 마련되었다. 특히 전킨 부인과 불 부인 등 역대 교장들의 모교였던 버지니아주 메리볼드윈신학교의 학생회에서 지원금이 답지하면서 그 이름을 따서 멜볼딘으로 호칭하였다. 멜볼딘은 1912년 석조 건물이 완공되고, 또 고등과가 설치되면서 더욱 발전하기 시작했다. 1913년에는 정부의 인가도 받았다.

영명과 멜볼딘의 민족운동은 우국지사형의 교사들에 의해 그 기풍이 갖추어졌다. 영명과 멜볼딘의 교사 대부분은 신앙을 통해 시대의 위기를 극복하고자 했던 전형적인 기독교 민족주의자들이었다. 그리고 그 항거의 정신은 학생들에게 계승되었다. 영명과 멜볼딘 학생들이 주도적으로 참여한 1919년 3월 5일의 군산 만세 시위는 호남 최초의 3.1운동으로 그 의미가 깊다. 거의 모든 교사와 학생들이 거사에 나섰던 영명과 멜볼딘은 3.1운동 이후 큰 상처를 입게 되었다.

1923년 일제의 지정학교제 도입으로 영명은 이후 6년제의 보통과를 중심으로 운영되었다. 물론 린튼을 비롯해 존 베일에 이르기까지 선교사들은 고등과 재개를 시도했지만 여의치 않았다. 잠깐씩 개설되었던 2년제의 고등과 학생들은 5년제로의 승격운동을 시도했지만, 선교부의 재정난으로 목적을 달성하지는 못했다. 1920년대 영명 축구부의 활동은 당시의 일간신문을 통해 확인할 수 있다. 1920년 멜볼딘은 기존의 2년제 고등과에 2년이 연장되어 4년제 고등과가 되었다. 1922년부터는 6년제 보통과와 2년제 고등과로 재편되었다. 멜볼딘의 고등과는 1927년 잠정 중단되었다가 1930년부터 4년제의 학제로 재개되어 그 후 지속되었다.

1936년부터 일제의 신사참배 강요가 심해지자 남장로교 선교부는 이 문제에 대해 가장 강경한 입장을 갖고 있었다. 이에 따라 모든 남장로교 계통 미션스쿨이 잇달아 폐교를 선택했다. 영명학교 역시 고등과는 1938년을 마지막으로 문을 닫았고, 보통과는 1940년 10월 폐교되었다. 1937년까지 영명은 보통과에 290명, 고등과에 120명이 재학하고 있었다. 멜볼딘 역시 1940년 10월 8일 선교사들이 전격적으로 철수하면서 폐쇄되었다. 그 후 영명은 1952년 군산의 한국 교인들에 의해 재건되었고, 멜볼딘은 재건된 영명에서 다시 여학생들을 분리하여 1965년 새롭게 시작되었다. 현재는 군산 제일고등학교와 영광여고로 그 맥이 이어지고 있다.

군산영명학교 · 멜볼딘여학교 역대 교장/관리자 일람(1902~1940)

년도	영명학교	멜볼딘여학교
1902	전킨 부인	-
1903	전킨	스트래퍼/전킨부인
1904	해리슨	전킨 부인
1905	해리슨	불 부인
1906	해리슨/얼	불 부인/다니엘 부인
1907	해리슨	다니엘 부인
1908	얼	다이사트

년도	영명학교	멜볼딘여학교
1909	해리슨	불 부인
1910	베너블	불 부인
1911	베너블	불 부인/베딩거
1912	베너블	불 부인
1913	베너블/린튼	불 부인
1914	베너블/린튼	벅랜드/베딩거
1915	베너블/린튼	다이사트/해리슨 부인
1916	린튼	듀피
1917	린튼	듀피
1918	린튼	불 부인
1919	볼링 레이놀즈/해리슨	듀피
1920	해리슨	듀피
1921	해리슨	듀피
1922	린튼	듀피
1923	린튼	불 부인
1924	린튼	존 매커첸 부인/해리슨 부인
1925	린튼	불 부인
1926	린튼(신흥학교 겸임)	불 부인
1927	해리슨	불 부인
1928	불	불 부인
1929	불	불 부인
1930	불/베일	불 부인
1931	베일	불 부인
1932	베일	홀리스터 부인
1933	베일	베일/불 부인
1934	베일	불 부인
1935	베일	불 부인
1936	베일	불 부인
1937	불	불 부인
1938	불	불 부인
1939	불	불 부인
1940	존 탈메이지	듀피

참고문헌

「기독신보」

「동아일보」

「조선일보」

심재영. 『군산제일 100년사』. 군산제일고등학교 총동문회, 2012.

오긍선 선생 기념사업회. 『해관 오긍선』. 연세대학교출판부, 1977.

George T. Brown/ 천사무엘·김균태·오승재 역. 『한국선교 이야기(*Mission to Korea*)』. 동연, 2010.

한인수. 『호남교회 형성 인물』. 도서출판 경건, 2000.

______. 『호남교회 형성 인물(Ⅱ)』. 도서출판 경건, 2005.

박혜진. "1920-30년대 미 북장로회선교부 관할 중등학교 운영과 한국인 인계과정 연구." 숙명여대 대학원 박사학위 논문, 2012.

송현강. "미국 남장로교 한국선교부의 목포 스테이션 설치와 운영." 「종교연구」 53, 2008.

주명준. "미 남장로교 선교부의 전북지방 학교선교." 「전주대 논문집」 16, 1986.

장규식 · 박현옥. "제2차 조선교육령기 사립 중등학교의 정규학교 승격운동과 식민지 근대의 학교 공간." 「중앙사론」 32, 2010.

Annual Reports of Presbyterian Church U. S. in Korea Missionary. 한국교회사문헌연구원, 1993.

Christian Observer

Korea Mission Field

Minutes of Annual Meeting of the Southern Presbyterian Mission in Korea

Reports of the Southern Presbyterian Mission in Korea

Station Reports of the Southern Presbyterian Mission in Korea

The Missionary

제2부

남장로회의 광주·전남 지역 교육선교

송현강
한말 · 일제강점기 목포영흥 · 정명학교의 설립과 발전

이진구
남장로교 광주선교부의 학교교육
— 숭일학교와 수피아여학교를 중심으로

한규무
순천매산학교

한말·일제강점기 목포영흥·정명학교의 설립과 발전*

송현강(인돈학술원 연구위원)

Ⅰ. 머리말

1892년 호남 지역을 중심으로 한국선교를 시작한 미국 남장로교(the Presbyterian Church in the United States) 선교사들이 학교교육에 관심을 갖게 되었을 때는 그들에 의해 설립된 전주교회(전주서문교회)와 군산교회(군산구암교회)가 어느 정도 안정을 유지하던 1901년 무렵이었다. 당시 전주 스테이션(station: 선교지부 또는 지역선교거점) 소속 선교사들은 교인들의 증가로 학교 설립 여건이 성숙했음을 들어 원래의 계획대로 학교교육을 시작할 것을 선교부('미국 남장로교 한국선교부': Korea Mission of the Presbyterian Church in the United States)에 제안하였다.[1] 그 결과 1901년 7월 선교사 해리슨(William B. Harrison,

---

* 이 글은 2008년 제1회 인돈학술세미나에서 발표되었다.

1 G. T. Brown, *Mission to Korea*(Board of World Missions, Presbyterian Church U. S., 1962), 67.

하위렴)의 전주남학교(신흥)를 필두로 전주여학교(기전)와 군산남 · 여학교(영명과 멜볼딘)가 잇달아 세워졌다.

한국에 와서 활동한 남장로교 선교사들의 기본적인 선교 패턴을 보면, 그들은 먼저 선교 대상 지역의 거점 도시에 스테이션을 건설하고, 그 안에 병원과 학교 그리고 교회를 설치하는 방법을 취하였다. 예를 들어 1898년부터 1920년 무렵까지 조성된 목포 스테이션의 14,000평 넓은 선교 구내(mission compound)에는 5채의 선교사 주택과 교회, 남녀학교(영흥 · 정명), 병원(프렌치기념병원), 시약소(施藥所), 한국인 직원 숙소 등이 들어서 있었다.[2] 목포 스테이션 설립의 주역이었던 선교사 벨(Eugene Bell, 배유지)은 이미 초기 토지 매입 단계에서부터 이러한 대규모 선교 타운을 구상하고 있었던 것이다.[3]

그리고 이 같은 스테이션 중심 선교사역은 비단 벨 개인만의 것이 아니라 남장로교와 북장로교(Presbyterian Church in the United States in America) 등 19세기 후반 미국 주류 개신교 선교사들의 일반적인 선교전략이었다. 미국 남장로교의 직영신학교 출신들로서 신학교 재학 시절부터 선교에 깊은 관심을 갖고 있었던 한국선교부 소속 선교사들은 내한 이전에 이미 스테이션에 대한 기본적인 지식을 갖고 있었던 것으로 보인다. 자신이 속한 스테이션 구내에 한국인들을 위한 남녀학교와 병원을 하나씩 설치-경영하는 것은 남장로교 선교사들에게 있어 하나의 당위의 문제였던 것이다. 전주와 군산 그리고 목포에 이어 조성된 광주와 순천의 스테이션 안에 예외 없이 설립된 숭일 · 수피아, 매산남 · 여학교는 학교교육에 대한 선교사들의 인식을 잘 보여준다. 실제로 그들은 "불신자는 전도하고 신자는 교육시킨

2 Joseph Hopper, Letter to Dear Friend, 1920. 9. 2; G. T. Brown, *Ibid*, 67, 103, 124.

3 Eugene Bell, Letter to Mother, 1900. 1. 26.

다"(Evangelized the headen and educate the Christians)는 모토를 갖고 5개 스테이션의 10개 학교에 전문 인력과 거액의 재정을 투입하여 그 학교들을 운영해 나갔다.[4]

본 연구는 해방 이전 호남 지역에서 광범위하게 전개되었던 미국 남장로교 한국선교부의 교육선교 사역에 주목하여 먼저 목포 스테이션에서 설립·유지·경영했던 기독교학교(mission school)들의 역사를 선교사(宣教史)적인 차원에서 전체적으로 조망해 보고자 한다. 지난 1903년 무렵 목포의 선교사들에 의해 시작된 영흥학교와 정명학교는 근대 교육의 산실로 기능했을 뿐만 아니라 그 후 교육의 내용과 학교의 규모를 확충하면서 일제강점기에는 전남 서부 지역의 대표적인 초-중등학교로 자리 잡았다.[5] 그러나 이러한 위상에도 불구하고 목포 스테이션의 학교교육 사업은 아직까지 본격적으로 조명된 바가 없었다.

이 글은 호남의 교회와 기독교 역사를 다룬 기존의 연구 업적들을 기반으로 하되[6] 거기에다가 선교사들이 남긴 선교 자료(*Minutes, The Missionary* 등)를 적극 활용해서 1903년부터 1937년까지 진행되었던 목포 스테이션의 학교교육 전 과정을 설립과 운영, 독립운동과 학생운동, 시련과 폐교의 세 항목으로 나누어 살펴볼 것이다. 본 논문은

---

4 G. T. Brown, 66; *Minutes of the Thirty-Second Annual Meeting of the Southern Presbyterian Mission in Korea* (1923), 59-60(이하 Minutes).

5 「동아일보」 1933. 10. 20; 「조선중앙일보」 1935. 10. 18.

6 G. T. Brown, *Mission to Korea*; 김수진·한인수, 『한국기독교회사 호남편』(대한예수교장로회총회교육부, 1979); 전남노회 75년사 발간위원회, 『全南老會75年史』(대한예수교장로회전남노회, 1993); 김수진, 『양동제일교회100년사(1897~1997)』(양동제일교회 100주년 기념사업위원회, 1997); 김수진, 『목포지방 기독교 100년사-목포노회 창립 50년사』(대한예수교장로회 목포노회, 1997); 정명여자중·고등학교 100년사 편찬위원회, 『貞明一百年史』(목포정명여자중·고등학교, 2003).

일제강점기의 신문자료와 아울러 그동안 학계에 거의 소개되지 않았던 남장로교 선교사들의 영문 자료를 발굴 · 구사하여, 선교사들의 시각을 반영했다는 점에서 그 의미를 찾을 수 있다. 개별 학교사(學校史)의 수준을 뛰어넘어 목포의 미션스쿨들이 갖고 있는 다양한 역사적 함의가 이 논문을 통해 좀 더 자세하게 드러나기를 기대한다.

II. 목포영흥 · 정명학교의 설립과 운영

1. 영흥 · 정명학교의 설립

1898년 가을 '미국 남장로교 한국선교부'의 세 번째 지역선교거점인 목포에 정착한 벨은 뒤이어 합류한 의료선교사 오웬(Clement C. Owen, 오기원), 독신 여성 선교사 스트래퍼(Fredrica E. Straeffer, 서부인)와 함께 전도 · 의료 · 여성 파트로 나누어 조직적인 선교활동을 전개하였다.[7] 목포 스테이션의 영향력은 지역사회에 신속히 확산되었다. 스테이션 설치 2년 만인 1900년 여름 목포교회의 신자는 75명이나 되었고, 목포 바깥에 모두 8개의 신앙공동체가 생겨났다.[8] 1903년 300명을 돌파한 목포교회의 교인들은 힘을 합쳐 근사한 예배당(Lottie Witherspoon Bell Memorial Church)을 세우게 되었다.[9]

이미 그 전부터 학교 설립을 계획하고 있던 선교사 벨은 목포

7 Eugene Bell, Letter to Mother, 1897. 11. 7; Eugene Bell, "Mission Life at Mokpo," *The Missionary* (Oct. 1899); Eugene Bell, Letter to Mother, 1899. 12. 18.

8 Eugene Bell, "First fruits at Mokpo," The Missionary (Oct. 1900), 468-469; Fredrica E. Straeffer, "The Work at Mokpo", *The Missionary* (Jun. 1904), 303.

9 Eugene Bell, "The Witherspoon Memorial," *The Missionary* (Oct. 1903), 454.

스테이션의 전도사역이 어느 정도 궤도에 오른 바로 그때를 남학교(Boys' School) 개교의 적기로 판단한 것 같다.[10] 벨은 1903년 가을, 목포교회의 교인 자녀 8명을 받아들여 목포남학교(영흥학교)를 출범시켰다.[11] 소녀들을 위한 스트래퍼의 간이 공부방에서 비롯된 여학교(Girls'School)의 공식적인 시작은 남학교보다 조금 늦다. 스트래퍼는 1904년 9월의 선교부 연례회의(Annual Meeting)에서 목포여학교 책임자로 임명되었다.[12]

목포 스테이션의 선교사들에 의해 출발한 남녀학교는 이듬해 각각 29명과 25명으로 학생이 늘었고 그 가운데 세례와 학습을 받는 학생도 생겨났다.[13] 하지만 선교부의 정책에 따라 1905년 목포의 스테이션 기능이 광주로 옮겨가면서 목포의 두 신생 학교는 곧 존폐의 위기에 처하게 된다.[14] 여기서 남학교는 목포교회의 지원 속에 계속 유지되어 1906년 초등과정의 첫 번째 졸업생을 내어놓게 되지만 여학교의 운영은 중단되었다.[15]

그리고 2년 후인 1907년 가을 목포 스테이션의 재개는 목포의 학교들이 새롭게 도약하는 계기가 되었다. 먼저 선교부는 목포남학교를 신축하기로 하고 그 관리 감독을 선교사 프레스톤(John F. Preston, 변요한)에게 맡긴 데 이어 2년제의 중등과정(Boarding and High School)을 새로 설치하였다.[16] 미국 사우스캐롤라이나 스파탠버

10 *Reports of the Southern Presbyterian Mission in Korea,* 1903(이하 *Reports*), 46.

11 *Reports* (1904), 38.

12 *Minutes* (1904), 17.

13 *Reports* (1905), 64.

14 *Reports* (1906), 4.

15 *Reports* (1905), 85; *Reports* (1908), 46; 『木浦府史』(木浦府, 1930), 478-479쪽.

16 *Minutes* (1907), 27; *Minutes* (1909), 99.

그 제일교회(the First Church, Spartanburg, S. C.)의 지원으로 공사비 1,950불(지금 3억 9,000만 원)을 들여 지은 강당과 교실 2칸의 남학교 석조 건물은 일약 목포의 명소로 떠올랐다.[17] 남장로교 한국선교부 최초의 근대식 학교 건물이라고 하는 의미도 있었다.[18] 중등과정 15명을 포함한 80여 명의 학생이 1908년 가을부터 새 校舍에서 공부하기 시작했다.[19] 목포남학교의 중등과정 첫 졸업식은 1911년 3월에 거행되었다.[20]

비슷한 시기 여선교사 마틴(Julia A. Martin, 마율리)의 책임하에 초등과정 44명의 학생으로 다시 문을 연 여학교는 이듬해 남학교가 사용하던 건물로 입주하면서 학생 수가 80여 명으로 증가하였다.[21] 학생들의 수가 큰 폭으로 늘어나자 선교부는 1909년 900불(1억 8,000만 원)의 예산을 편성 여학교 교사(校舍) 신축을 도모하였다.[22] 그 결과 선교사 해리슨(William B. Harrison, 하위렴)의 주도로 공사를 시작한 지 1년 만인 1912년에 연건평 105평 규모의 2층 석조 건물이 완성되었다.[23] 여학교에 2년제의 중등과정이 신설된 것도 바로 그해였다. 첫해 여학교의 중등과정에는 모두 78명의 학생이 등록하였는데, 이 수치는 남학교의 중등과정생 25명을 훨씬 능가하는 것이었다.[24] 목

---

17 *Reports* (1908), 46; 당시의 화폐 가치에 대해서는 *Minutes* (1916), 79-80; *Minutes* (1917), 85-86; 전봉관,『럭키경성-근대 조선을 들썩인 투기 열풍과 노블레스 오블리주』(살림, 2007), 97쪽;「동아일보」, 2005년 5월 31일 자.

18 G. T. Brown, 67.

19 *Reports* (1909), 58.

20『木浦府史』, 479쪽.

21 *Reports* (1910), 20; ; "Letter from Mr. Williams," *The Missionary* (Apr. 1909), 156-159.

22 *Minutes* (1908), 25.

23 Henry D. McCallie, "A Report from Mokpo, Korea", *The Missionary* (Jun. 1911), 308-309;『木浦府史』, 480쪽.

포여학교의 중등과정은 1914년 3월 첫 졸업식을 치렀는데, 3월 졸업은 선교부 학교들이 일본식 학기제를 적용한 결과이다.[25]

당시 선교부 학교들의 교과과정은 1907년 9월 선교부 연례회의에 제출한 교육과정위원회(Committee on Curriculum)의 보고서를 통해 그 대강을 알 수 있다.[26] 먼저 초등과정의 1학년은 성경 · 국문 · 한문 · 습자를 배웠고, 거기에다가 2학년은 산학(算學), 3~4학년은 산학 · 지리가 각각 추가되었다. 중등과정은 성경 · 역사(한국사/세계사) · 과학 · 기독교 서적 · 국문(한문) · 작문 · 음악과 미술을 이수했다. 그 밖에 남학생들은 근로사역, 여학생들은 다림질과 바느질 등의 교과 외 활동을 병행해 나갔다.[27] 또 학생들은 교회에 의무적으로 출석해야 했다. 남학생들의 일요일 오후 가두 전도활동은 선교사들의 자랑거리이기도 했다.[28]

7~8명의 선교사들로 이루어진 목포 스테이션의 선교 조직은 기능적으로 분화되어 있었다. 선교사들이라고 다 똑같은 일을 하지는 않았다는 것이다. 먼저 전도와 목회, 순회 사역을 담당하는 목사 선교사들이 있었고, 두 번째로 스테이션 직영학교들의 운영과 교육을 담당하는 교육선교사들이 있었다. 여학교는 여성 교육선교사 또는 독신 여성선교사가 담당한다는 원칙이 있었다. 세 번째는 의사와 간호사로 이루어진 의료선교사들이 있었다. 1913년까지 목포남학교 담당 선교사로는 벨(1903), 프레스톤(1904~1905, 1907), 버드맨(Ferdinand H. Birdman,

24 *Minutes* (1912), 79.

25 Mrs. Nisbet, "What is in a name?," *The Missionary* (Jul. 1914), 533.

26 *Minutes* (1907), 30-31.

27 William B. Harrison, "Industrial Work at Mokpo, Korea," *The Missionary* (Jun. 1910), 325; Pierree B. Hill, "How the good work goes on at Mokpo," *The Missionary* (Nov. 1913), 1027.

28 *Reports* (1909), 44.

1908), 해리슨(1909), 낙스(Robert Knox/노라복, 1910), 니스벳(Joha S. Nisbet/유서백, 1911~1913) 등이 있었고, 여학교는 스트래퍼(1903~1905), 마틴(1909~1910), 니스벳 부인(Anabel L. M. Nisbet/유애나, 1911~1913) 등이 운영자로 있었다.[29]

담당 선교사 외에 각 학교에는 1~3명의 한국인 교사가 근무하였다. 남학교에는 유래춘, 남궁혁 등이 교사로 있었고, 조긍남, 곽우영, 박애란, 김경희 등은 여학교 교사들이었다.[30] 당시 교사들의 처우를 살펴보면 1909년의 경우 남학교 교사들은 1인당 연간 100~125불(2,000~2,500만 원), 여학교는 90불(1,800만 원)을 봉급으로 받았다. 또 스테이션 구내의 교사용 주택이 별도로 주어졌다.[31] 건물 신축과 교사 봉급 이외에 선교부는 매년 학교당 165불(3,300만 원)씩의 학교 운영비를 보조하였는데, 이때 목포교회 역시 그만큼의 액수를 운영비로 내놓았다.[32]

2. 1910~1920년대의 영흥 · 정명학교

1903년 무렵 시작되어 정부의 교육 행정과 관계없이 선교사들에 의해 사숙(私塾) 형태로 운영되어 오던 목포남 · 여학교의 학교 성격에 어떤 변화의 계기가 마련된 것은 강점 이후 전개된 일제의 식민지 교육정책 때문이었다.[33] 조선총독부는 1911년의 '조선교육령' 공

29 *Minutes*, 1903-1905, 1907-1912의 사역 배정(Apportionment of Work) 참조.

30 *Reports*(1908), 46;「중외일보」, 1929. 6. 22;『木浦府史』, 480쪽; 김수진,『양동제일교회100년사(1897~1997)』, 110-111쪽; 정명여자중 · 고등학교 100년사 편찬위원회, 앞의 책, 86.

31 *Minutes*(1909), 37-38.

32 *Reports*(1908), 47; *Minutes*(1911), 50.

33 G. T. Brown, 97.

포와 뒤이은 '사립학교규칙'을 통해 모든 사립학교에 대해서 일종의 국가 표준 교육과정의 준수를 요구했다.[34]

목포 스테이션 직영학교들 역시 그 영향을 받지 않을 수 없었다. 1914년 목포남학교는 '사립목포영흥학교'라는 이름으로 정부의 설립 인가를 받으면서, 종래의 4년제 초등과정을 4년제 보통과(Primary School)로, 2년제 중등과정을 4년제 고등과(Sub-Academy)로 하는 학제 개편을 단행했다. '영흥'이라고 하는 학교 이름은 이미 개교 당시부터 목포교회의 교인 등 한국인들에 의해 불리고 있었다.[35] 여학교 역시 같은 해 보통과 4년제, 고등과 4년제의 '사립목포정명여학교'로 허가가 났다. '정명'이라고 하는 교명은 그때를 전후해서 사용하기 시작한 것으로 보인다.[36] 당시 영흥의 고등과 재학생은 55명이었고, 정명은 105명이었다. 이때는 두 학교에 지원하는 스테이션의 한 해 운영비도 크게 늘어 1916년의 경우 영흥에는 850불(1억7,000만 원), 정명에는 675불(1억3,400만 원)을 부담하였다.[37]

영흥 · 정명학교 고등과(중등과정) 학생 수(1909~1918)

단위: 명	1909	1910	1912	1913	1914	1915	1916	1917	1918
영흥	15	15	26	53	55	188	90	65	53
정명	-	-	28	81	105	218	91	115	117

자료: *Minutes of Annual Meeting of the Southern Presbyterian Mission in Korea*, 1909~1918.

34 한국기독교역사연구소, 『한국기독교의 역사 Ⅱ』(기독교문사, 1990), 83쪽.

35 *Minutes* (1914), 93; 『木浦府史』, 478-480쪽.

36 *Minutes* (1914), 93; 『木浦府史』, 480-482쪽.

37 *Minutes* (1915), 51.

그런데 이 두 학교 고등과에는 목포뿐만이 아니라 목포 스테이션 관할 구역에 산재해 있던 교회부설학교(Country Schools) 출신의 학생들이 지원하였다. 당시에는 '교회 있는 곳에 학교 있다'라고 할 만큼 교회들의 학교 설립은 하나의 추세를 이루고 있었다. 전통적인 유교 교육의 틀이 무너지고 아직 국가 수준의 공교육 제도는 확립되지 않았던 전환기에 향촌 사회의 교육적 분위기를 주도해 간 것은 지역교회들이었다. 즉 1909년의 경우 전남 서부 지역에는 모두 5개의 지역교회 부설 학교(초등과정)에서 255명(남 200, 여 55)의 학생들이 공부하고 있었다. 그런데 그 수는 1914년 14개-288명으로 증가하고 있다.[38] 목포 스테이션은 이 학교들의 교원 임금 절반을 부담하면서 긴밀한 관계를 맺고 있었다.[39]

그리고 1914년부터 1918년까지 영흥의 담당 선교사로는 뉴랜드(LeRoy T. Newland/남대리, 1914), 파커(William P. Parker/박원림, 1915~1916), 맥컬리(Henry D. McCallie/맹현리, 1917~1918)등이 있었고, 정명은 맥머피(Ada M. McMurphy/명애다, 1914)와 니스벳 부인(1915~1918)이었다.[40] 니스벳 선교사 부부는 미국 남장로교 선교본부(Executive Committee of Foreign Missions)가 한국의 선교학교를 위해 파견한 교육전문 선교사였다.

1914년 이후 보통과 4년-고등과 4년으로 운영되던 영흥・정명학교의 학교 편제는 1922년 2월 4일 일제에 의해 반포된 '개정조선교육령'으로 말미암아 다시 한번 바뀌지 않을 수 없었다. 개정 교육령의 근본 취지는 일본의 교육제도를 조선에 적용시킨다는 것이었다.

38 *Reports* (1909), 66; *Minutes* (1914), 93.

39 *Minutes* (1911), 50.

40 *Minutes*, 1914-1918의 사역 배정(Apportionment of Work) 참조.

그에 따라 먼저 4년제 보통학교들의 수업연한이 일본의 소학교와 같이 6년제로 2년 연장되었다.[41] 영흥과 정명 역시 이에 발맞추어 1922년 4월 신학기부터 보통과의 학제를 6년으로 개편하였다.[42] 학교의 공식 명칭도 앞의 '사립'이라는 말을 떼어내고 각각 '목포영흥학교'와 '목포정명여학교'라고 부르게 되었다.

그런데 이 '개정조선교육령' 가운데 '지정학교'(recognized school) 제도는 고등과를 운영하고 있던 영흥과 정명학교에 매우 불리한 것이었다. 이것은 이미 1915년 3월 '개정사립학교규칙'에 있었던 조항으로서 당시 사립중학교들 가운데 총독부에서 요구하는 학제와 시설, 재정의 요건을 갖춘 학교만을 5년제의 '고등보통학교'(Higher Common School)로 지정하여 우대한다는 내용이었다.[43] 당시 5개 스테이션에 모두 10개의 학교를 경영하고 있던 남장로교 선교부는 그 학교 전부를 한꺼번에 총독부의 표준에 맞출 만큼의 여력이 없었다. 결국 선교부는 1923년 6월 연례회의에서 전주의 신흥학교와 광주의 수피아여학교에 집중하기로 결정하였다.[44] 이것은 다시 1925년 10월의 임시위원회에서 재확인되었다.[45] 그 후 선교부는 신흥과 수피아의 지정학교 인가를 위해 재정을 집중 배정하였다. 1926년에 편성된 1927-1928 회계연도 예산은 그 사실을 잘 보여준다.

---

41 한국기독교역사연구소, 앞의 책, 84쪽.

42 『木浦府史』, 479, 482쪽; *Minutes* (1923), 통계표.

43 G. T. Brown, 123; 민경배, 『한국기독교교회사』(연세대학교출판부, 1998), 326쪽.

44 *Minutes* (1923), 20; G. T. Brown, 124.

45 *Minutes* (1925), 65-66.

1927~1928 남장로교 선교부 학교 예산안(단위: 엔)

스테이션	남학교	여학교
전주	12,000	5,400
군산	7,000	4,500
광주	8,080	10,000
목포	7,000	5,000
순천	7,000	4,500

자료: *Minutes of Annual Meeting of the Southern Presbyterian Mission in Korea*, 1926, 43.

문제는 5년제의 '고등보통학교'로 지정받지 못한 학교들은 이른바 각종(各種)학교 또는 잡종(雜種)학교가 되어 학교 명맥은 살려주면서도 상급학교 진학 자격을 받지 못하는 등 행정적인 손실을 입는다는 데 있었다.[46] 4년제 고등과의 영흥 · 정명이 바로 그런 경우였다. 그들은 고등보통학교와 다를 바 없는 교육과정을 이수하면서도 다시 진로를 고민해야만 했던 것이다.[47] 뒤에 살펴보겠지만 이것은 1925년에 있었던 정명 학생들의 동맹휴학 사건과 1927년 영흥이 고등과를 폐지할 수밖에 없었던 하나의 배경이 되었을 것으로 짐작해 볼 수 있다.[48]

그러나 총독부의 조선교육령으로 인한 갈등에도 불구하고 1920년대는 '교육열의 광풍'이 불어 닥친 시대였다.[49] 동맹휴학과 고등과 폐지로 심한 기복이 있음에도 불구하고 1920년대 정명과 영흥의 재학생 수는 그 전후에 비해 높은 수치를 보이고 있다. 1920년과 1921년 정명과 영흥의 고등과 재학생 총수는 각각 290명과 310명으로 사상 최대를 기록하고 있었다. 당연히 학생 수용 공간의 확충이 문

46 한국기독교역사연구소, 앞의 책, 84쪽.

47 한국기독교역사연구소, 앞의 책, 85쪽.

48 *Minutes* (1926), 96.

49 강준만, 『한국근대사산책 7』 (인물과사상사, 2008), 64쪽.

제가 되었다. 선교부는 미국 교회로부터 기금을 지원받아 두 학교의 교사(校舍) 확장에 나섰다.

먼저 1923년 봄 정명여학교에 석조 3층(240평)의 최신식 건물과 수용인원 70명의 기숙사(150평)가 세워졌다. 공사비 2만 원(20억 원)이 들어간 석조 3층 건물은 미국의 맥컬리(Miss Green McCallie)의 기부(1만 불)로 지어졌다. 그 후 선교사들은 정명여학교를 '맥컬리기념여학교'(McCallie Memorial Girls' School)라고 불렀다.[50] 또 기숙사는 선교부가 예산 2,500불을 지원한 것이다.

영흥의 새 건물은 1928년 2월 완공되었다. 역시 미국의 한 교회가 후원한 1만 원에 돈을 더 보태 총공사비 2만 원의 석조 2층(174평) 교사(校舍)가 들어선 것이다. 영흥학교는 그달 7일에 목포교회에서 성대한 낙성식을 거행하였다. 그런데 호사다마(好事多魔)라고 며칠 후인 2월 18일 아침의 화재로 기숙사가 전소되었다. 이 소식을 들은 미국의 스파탠버그제일교회(1908년 신축 교사 후원교회)와 라베넬(Mr. H. E. Ravenel) 氏가 곧 기숙사 재건 비용으로 3천 불을 보내왔다. 새 기숙사는 1929년 가을 완성되었다.[51]

1920년대 영흥과 정명의 전반적인 학교 운영을 살펴보면, 먼저 성경공부 커리큘럼이 선교부에 의해 새로 편성된 것을 꼽을 수 있다. 1922년 남장로교 선교부는 산하 선교학교들의 학제 변화에 맞추어 보통과와 고등과의 성경공부 코스를 대폭 정비하였다.[52] 당시 두

---

50 *Minutes* (1919), 65; *Minutes* (1920), 22; *Minutes* (1922), 32; 『木浦府史』, 481쪽.

51 *Minutes* (1927), 64; *Minutes* (1928), 33;『동아일보』 1927. 3. 1, 1928. 2. 2; 『중외일보』 1928. 2. 5, 1928. 2. 11, 1928. 2. 20; 『기독신보』 1928. 2. 22.

52 보통과(6년) ① 주기도문/십계명/사도신경/요리문답/성경 이야기 ② 마태/마가복음 ③ 누가/요한복음 ④ 사도행전과 12사도 ⑤ 창세기/출애굽기 ⑥ 구약역사. 고등과(4-5년) ① 구약 인물 ② 예수의 생애 ③ 고린도전서/갈라디아서/에베소서/빌립보서 ④ 시편/다니엘 ⑤ 히브리서/소선지서. *Minutes* (1922), 35.

학교의 학사 관리를 책임졌던 선교사들로는 남학교의 경우 니스벳(1919, 1924)과 커밍(Daniel J. Cumming/김아각, 1920~1923, 1925~1928)이 있었고, 여학교에는 니스벳 부인(1919), 맥머피(1920~1922, 1928), 커밍(1923), 니스벳(1924), 마가렛 하퍼(Margaret H. Hopper/조마구례, 1925~1927, 1929) 등이 있었다. 커밍과 마가렛 하퍼는 1920년대부터 이 학교들이 폐교되는 1930년대까지 영흥과 정명을 이끌어 나간 주역들이었다. 커밍은 남장로교 선교부의 대표적인 교육전문가로 1930년대에는 광주의 학교들까지 관리하였다.[53] 다음은 1920년대 영흥 · 정명의 학생 수(고등과)와 목포 스테이션의 학교 운영 지원비를 도표로 나타낸 것이다.

영흥 · 정명학교 고등과 학생 수(1920~1928) (단위: 명)

	1920	1921	1922	1923	1924	1925	1926	1927	1928
영흥학교	140	170	52	140	120	21	97	75	92
정명여학교	150	140	40	77	71	41	29	152	107

자료: Minutes of Annual Meeting of the Southern Presbyterian Mission in Korea, 1920~1928.

목포 스테이션의 학교 운영 지원비(1919~1929) (단위: 엔)

년도	1919	1920	1921	1922	1923	1924	1925	1926	1927	1928	1929
영흥학교 운영비	1,700	1,870	2,000	8,000	7,000	5,600	7,000	5,400	7,000	4,500	4,500
정명학교 운영비	2,154	2,200	2,400	6,000	5,000	4,750	5,000	5,370	5,000	5,370	5,370

자료: *Minutes of Annual Meeting of the Southern Presbyterian Mission in Korea*, 1919~1929.

1920년대 영흥 · 정명의 학생활동은 수학여행, 음악회, 토론회,

53 *Minutes* (1931), 24.

운동회 등을 들 수 있다. 정명의 수학여행은 주로 해당 과정의 고학년들이 광주나 논산, 부여 등지를 하루 또는 1박 2일의 일정으로 돌아보는 것이었다.[54] 1924년 12월 정명의 강당에서 진행된 기근구제 음악회에는 800여 명의 청중이 입추의 여지 없이 모여 학생들의 무용과 음악가극을 관람하였다.[55] 또 정명의 학생회라고 할 수 있는 총란회(叢蘭會)가 주최하는 토론회는 하나의 주제를 갖고 편을 나누어 공격과 주장을 펼치는 이색행사였다. 1928년 토론회의 주제는 "조선 여자의 중요한 교육은 지육(智育)이냐? 덕육(德育)이냐?"였다.[56] 영흥의 학생 행사는 봄학기의 토론회와 가을학기의 운동회로 진행되었는데, 토론회는 영흥학교의 전통 학생 조직인 학생기독청년회가 주도했고, 가을운동회는 주민 4천여 명이 함께 어울리는 지역 축제로 진행되었다.[57]

III. 목포영흥·정명학교의 독립운동과 학생운동

정명과 영흥의 학생들은 1919년 목포 3.1운동과 1921년 11월 목포 만세운동의 주역이었다. 1919년 3월 20일경 다수의 군중들에 의해 처음 시도된 목포 3.1운동은[58] 4월 8일 오후 목포 창평정 근처에서 "별안간 4명의 야소교학교(정명: 필자) 여생도가 몰려나오며 손에 한국기를 들고 만세를 부르는 것"으로 본격화되었다.[59] 또 그날 밤

54 『동아일보』 1923. 5. 13; 『동아일보』 1927. 10. 19.
55 『시대일보』 1924. 12. 9.
56 『동아일보』 1928. 6. 21.
57 『동아일보』 1928. 5. 8; 『동아일보』 1929. 10. 30; 『기독신보』 1929. 11. 6.
58 정명여자중·고등학교 100년사 편찬위원회, 앞의 책, 94-95쪽.

에는 "야소교 경영의 정명여학교 졸업생 약 40여 명이 운동을 개시"하였다.[60] 목포의 상가들이 철시하고 일본군이 출동한 가운데 주동자 30여 명이 체포되었는데, 그중에는 목포교회의 교인들과 아울러 정명과 영흥의 학생들이 포함되어 있었다.[61] 정명여학교는 이 사건의 여파로 1920년부터 3년간 고등과 졸업생을 배출하지 못했다.[62] 또 1920년 10월 4일 정명여학교의 교사 김보원, 이겸양이 목포경찰서에 구금되었던 사건도 정명의 학생운동과 관련된 것으로 보인다.[63]

정명 · 영흥의 항일운동은 여기서 그치지 않는다. 1921년 11월 14일 정오 정명의 학생들은 이미 사전 준비를 거쳐 제작된 수십 장의 구한국기(舊韓國旗)를 들고 교문을 나서 목포시가지로 행진하였고, 여기에 영흥학교 학생들이 가세하였다. 이른바 '목포 만세운동'이었다. 학생들은 워싱턴에서 열린 평화회의에 조선 대표단이 참석했다는 신문 기사를 접하고 그들이 그 회의에서 조선 독립의 필요성을 역설할 수 있도록 힘을 실어주기 위해 만세운동을 계획했던 것이다. 이 사건으로 정명여학교 학생 11명과 4명의 영흥학교 학생이 구

---

59 『매일신보』 1919. 4. 11.

60 『매일신보』 1919. 4. 12.

61 『매일신보』 1919. 4. 14; 정명여자중 · 고등학교 100년사 편찬위원회, 앞의 책, 96-100쪽. 1983년 정명여중 교장실 건물 천장에서 독립운동사와 관련된 귀중한 자료들이 발견되었다. 그 자료들은 「2.8독립선언서」 원본과 「3.1독립선언서」 사본, 광주에서 인쇄된 것으로 보이는 「警告我二千萬同胞」라는 격문과 「朝鮮獨立光州新聞」, 만세시위 도중 널리 불렸던 「독립가」 사본 등 모두 5장으로, 3.1운동 당시 광주의 누군가가 정명여학교와 관련을 맺고 있던 金牧師(커밍-Daniel J. Cumming-선교사라는 견해가 있음)에게 보낸 것으로 추정된다. 이덕주, 「한국 기독교 문화 유적을 찾아서-남도의 한과 믿음 이야기(8)」, 『기독교사상』 1999년 8월호, 263-265쪽.

62 정명여자중 · 고등학교 100년사 편찬위원회, 앞의 책, 100쪽. 영흥학교도 학교 경영의 어려움으로 1917년부터 1919년까지 고등과 모집을 중단한 바 있다.

63 『기독신보』 1920. 10. 13.

속되어 광주지방법원 목포지청으로부터 대부분 징역 5-10개월의 실형을 선고받았다. 이들은 그 판결에 불복하여 다시 대구복심법원에 공소하였지만 결국 목포지청의 판결대로 공소기각을 당하고 대구에서 복역하게 된다.[64] 선교사들이 세운 학교에서 신교육의 세례를 받은 정명 · 영흥의 학생들은 이렇게 세계정세를 읽고 자주독립의지를 갖게 되는 경지에 이르렀던 것이다.

'목포 만세운동' 관련 구속자 명단

이름	나이	소속학교	원적	주소	형량
천귀례	18	정명여학교	전라남도 남해군 해남면 대화정	목포부 양동	징역 6개월
곽희주	19	정명여학교		목포부 양동 정명여학교 기숙사	징역 10개월
박음전	15	정명여학교	목포부 죽동		징역 6개월
문복금	17	정명여학교	전라남도 해남군 북평면 흥촌리	목포부 양동	징역 10개월
김연순	16	정명여학교		목포부	징역 10개월
박복술	19	정명여학교	목포부 북교동		징역 10개월
송유금	19	정명여학교	전라남도 해남군 문내면 동외리	정명여학교 기숙사	징역 6개월
김옥실	17	정명여학교	전라남도 강진군 작천면 군자리	목포부 죽동	징역 6개월
김나열	12	정명여학교	전라남도 순천군 순천면 영정	목포부 남교동	징역 6개월
김귀남	12	정명여학교	목포부 대성동	목포부 남교동	징역 6개월
이남순	18	정명여학교	목포부 온금동	정명여학교 기숙사	징역 6개월
양일석	12	영흥졸업생	목포부 남교동		징역 10개월
김옥남	19	영흥학교	전라남도 강진군 강진면 남포리	목포부 양동 영흥학교 기숙사	징역 6개월
박종근	17			목포부 북교동	징역 6개월

64 『매일신보』 1921. 12. 22, 1921, 12, 26, 1922, 3, 2; 「동아일보」 1922. 1. 23, 1922. 7. 26.

이름	나이	소속학교	원적	주소	형량
김용문	19	영흥학교	전라남도 완도군 외면 신학리	목포부 양동 영흥학교 기숙사	징역 5개월
차철근	17	영흥학교	전라남도 완도군 고금면 관미리	목포부 양동	징역 5개월 (집행유예 2년)

자료: 『동아일보』 1922. 1. 23.

정명여학교의 동맹휴학은 1925년 6월 11일 시작되었다.[65] 사건의 발단은 교사 이용준의 폭행 때문이었다. 그러나 피해 학생들의 항의에 학교는 오히려 그들 4명을 퇴학시켰고 이에 격분한 다른 학생들이 이미 퇴학당한 학생들의 복교와 폭행 교사 징계를 요구하며 수업 거부에 들어갔던 것이다. 이때 당시 교장 마가렛 하퍼는 원만한 해결을 약속하며 학생들에게 기말고사에 응시할 것을 종용하였다. 하지만 6월 15일 그 약속을 믿고 등교한 학생들이 강당에서 예배를 보는 도중 이용준 선생이 계속 교사로 근무하고 있다는 사실이 알려지면서 사태가 다시 악화되었다. 대부분의 학생들은 시험 거부를 결의하고 시험에 응시하려는 일부 다른 학생들의 교실 입장을 방해하였다. 그러자 선교사들은 강경한 태도를 보이며 시험 거부 학생들을 다시 교사(校舍) 밖으로 밀어내기 시작했다. 학생들은 기숙사에서도 강제 퇴실당했다.[66]

그런데 이 과정에서 맥컬리 선교사가 학생들을 제지하면서 폭언('즘생가튼 색기들아')과 폭행을 한 것이 다시 문제가 되었다. 이 사실이 목포 사람들에게 알려지면서 상황이 악화되기 시작했다. 급기야 목포청년회가 선교사들을 비판하는 연설회를 준비하는 지경에 이르렀다.[67]

65 『동아일보』 1925. 6. 12.

66 『동아일보』 1925. 6. 18.

다행히 정명여학교 학부형회가 중재에 나서 6월 18일 이용준 선생이 사직함으로 상황이 진정되기 시작했다. 하지만 그럼에도 불구하고 선교사 배척 움직임은 한동안 계속되었다. 6월 20일 오후 목포청년회는 예정대로 '선교사 비행 비판연설회'를 개최하였다.[68] 또 일간지를 통해 시중에 알려지면서 이 사건은 당시 사회주의자들의 반선교사운동의 좋은 소재가 되어 버렸다. 필명 '곡천'(谷泉)은 1925년 6월 28일 자 「동아일보」의 독자투고란(자유종)에 "선교사배(宣教師背)로써 그같이 어린 여학생들에게 망측한 폭행을 감행하였음에 철골의 분한을 금제할 수 없다"라고 통렬히 비난하였다. 결국 이 문제는 맥컬리 선교사가 그해 7월 7일 열린 전남노회에서 공식 사과하는 선에서 일단락되었지만 1920년대 반기독교적 정서 속에 미션스쿨의 위상을 한없이 추락시킨 사건이었다.[69] 그리고 앞서 언급했듯이 이 같은 정명 학생들의 집단적 반발은 단순히 교사의 폭행 때문만이 아니라 총독부의 종교학교들에 대한 제도적 차별과 사회적 불이익에 대한 해당 학생들의 피해의식이 표출된 것이라는 점에서 그 심각성이 있는 것이다. 일반학생들이 종교학교를 기피하는 당시의 현상은 이를 웅변한다.[70]

1930년 목포의 학생 만세운동은 영흥학교의 고등과가 1927년 폐지된 상황에서 정명여학교와 목포상업학교를 중심으로 이루어졌다. 우선 1929년 11월 19일 정명여학교 앞에서 광주학생운동에 대한 1차 동조 시위가 일어났다. 주동 학생들은 아침 일찍 미리 제작한 전단을 등교하는 학생들에게 나누어주며 시위에 참가할 것을 당부하

67 『동아일보』 1925. 6. 19.

68 『동아일보』 1925. 6. 24.

69 『시대일보』 1925. 7. 15.

70 한국기독교역사연구소, 앞의 책, 85쪽.

였다. 그리고 오후 1시 학생 1백여 명은 대형 태극기를 선두로 작은 태극기를 흔들며 행진에 나섰다. 그들은 미리 준비한 전단을 뿌리며 양동, 남교동, 무안동을 지나 목포역 앞에서 독립가를 불렀다.[71]

그리고 해를 넘겨 1930년 2월 7일 학생들은 다시 만세운동을 계획했다. 당시 고등과 4학년이었던 최이순, 서금복, 박순덕, 강안식, 송영은 등은 그날 아침 학생들이 등교하기를 기다리며 대대적인 시위를 준비하고 있었다. 이미 목포상업학교 학생들과도 연락을 취한 상태였다. 그러나 목포상업학교 쪽에서 기밀이 누설되면서 이들 5명은 경찰에 잡히고 말았다. 학교는 임시휴교에 들어갔다.[72] 그날 오후에는 다시 김정자, 최인덕, 최금례, 김관임 등이 검거되었다. 다음날 최이순을 제외한 8명이 석방되었지만, 이 사건으로 인해서 목포 일대는 경찰들의 삼엄한 경계가 펼쳐졌다.[73]

정명의 휴교가 계속되는 가운데 이번에는 다시 목포상업학교의 박종대, 정병칠, 송경택 등 3명이 검거되었다. 그들은 정명 학생들과 몇 차례 회합을 갖고 ① 광주학생사건에 대한 잘잘못을 명확히 가리고, ② 검속된 학생들을 일제히 석방하며, ③ 퇴학 또는 정학당한 학생들의 복교를 요구하는 시위를 준비하였던 것이다. 이 사건은 사전에 탄로가 난 관계로 정명의 최이순을 포함한 4명의 학생은 12일 석방되었다.[74]

---

71 정명여자중 · 고등학교 100년사 편찬위원회, 앞의 책, 123쪽.

72 『동아일보』 1930. 2. 9.

73 『동아일보』 1930. 2. 10.

74 『동아일보』 1930. 2. 13, 1930. 2. 15; 정명여자중 · 고등학교 100년사 편찬위원회, 앞의 책, 124-125쪽.

Ⅳ. 목포영흥·정명학교의 시련과 폐교

1930년 새해 벽두 정명여학교에 불어 닥친 광주학생운동의 여파는 목포 스테이션 학교교육의 작은 시련에 불과했다. 그 후 1930년대 내내 선교사들은 식민지 조선의 비관적인 현실에 맞서야만 했다. 이번에는 1930년대의 경제난이 목포 스테이션의 목을 조여 왔다. 미국 선교본부로부터의 전적인 선교비 지원에 힘입고 있던 한국선교부는 1920년대 경제적 풍요의 시대를 지나 1930년대의 대공황기를 맞아 선교비 대폭 감소라는 직격탄을 맞게 되었던 것이다. 그것이 학교들에 미친 영향은 넓고도 깊었다. 1930년 5,377원(약 5억 3천만 원)이었던 정명의 운영비는 1933년 2,563원을 거쳐 1935년에는 1,444원까지 줄어들었다. 1931년부터 다시 고등과를 운영하기 시작한 영흥 역시 운영비가 4,500원에서 2,153원 그리고 다시 1,444원으로 감소했다.[75] 한때 150여 명이 공부했었던 정명의 고등과는 그 수가 20명으로 급감했다. 결국 선교사들은 오래 버티지 못하고 학제를 고쳐 정명의 고등과는 1935년 4월부터 2년제 가사과(家事科)로, 영흥의 고등과는 그해 5월부터 2년제 상과(商科)로 변경시켰다.[76] 수업연한을 단축하고 실용 위주의 교육을 통해 그 위기를 돌파하고자 한 것이다.

영흥·정명학교 고등과 학생 수(1931~1934) (단위: 명)

	1931	1932	1933	1934	1935
영흥학교	36	34	80	78	-
정명여학교	61	68	67	20	45

자료: *Minutes of Annual Meeting of the Southern Presbyterian Mission in Korea*, 1931~1934.

75 『동아일보』 1931. 3. 20.

76 『동아일보』 1935. 3. 21; 1935. 5. 29.

목포 스테이션의 학교 운영 지원비(1930-1937) (단위: 엔)

	1930	1931	1932	1933	1934	1935	1936	1937
영흥학교	4,500	4,500	3,250	2,153	2,153	1,444	1,313	1,313
정명여학교	5,370	5,370	3,880	2,563	2,563	1,444	1,564	1,564

자료: *Minutes of Annual Meeting of the Southern Presbyterian Mission in Korea*, 1930~1937.

다음은 1930년대 영흥 · 정명의 학교 모습을 살펴보기로 한다. 먼저 정명여학교는 매년 고등과 30명과 보통과 60명을 신입생으로 선발하였다. 고등과의 입학 자격은 물론 6년제 보통학교를 졸업한 경우에 한했다. 또 시험과목은 일본사, 지리, 이과, 산술, 국어(일본어), 조선어 등 6개 과목이었고, 3월 말에 시험을 치렀다.[77] 영흥학교 고등과는 50명을 선발하였는데, 시험과목은 국어(일본어), 산술, 기타의 3과목이었다. 입학 자격은 역시 6년제 보통학교를 졸업해야만 했다.[78]

1930년대 영흥과 정명의 교장은 커밍(1929~1937)과 마가렛 하퍼(1930~1933)였다. 그런데 1933년 마가렛 하퍼가 은퇴한 다음에는 커밍이 정명의 교장을 겸하였다.[79] 1934년 3월 25일 목포교회에서는 마틴 선교사의 선교 25주년 표창식이 거행되었다. 마틴은 1908년 목포에 온 이래 정명여학교의 교장을 역임한 후 목포희성유치원을 설립하고 여성선교에 힘쓰면서 1912년부터는 나병환자의 치료와 보호에 앞장선 선교사였다.[80] 30대의 나이에 정명을 책임 맡았던 선교사가 이제 60의 고령이 되었다.

77 『동아일보』 1930. 3. 23.

78 『동아일보』 1934. 2. 7.

79 *Minutes*, 1930-1937의 사역 배정 (Apportionment of Work) 참조.

80 『동아일보』 1934. 3. 31.

1933년에는 드디어 정명여학교가 30주년을 맞았다. 당시 「동아일보」는 "구한국 광무 7년(1903: 필자) 예수교회에서 설립한 학교로 목포여자교육계의 원조이며 공헌이 많은 정명학교"가 30주년을 맞았다고 소개하고 있다. 설립 당시 "치마를 쓰고 다니던 여자사회의 계몽기관으로서 1칸 초가에서 출발하여 이제 고등과 16회와 보통과 20회에 졸업생이 700명에 달하는" 학교가 된 것이다.[81]

영흥학교는 1935년 10월 15일에 개교 33주년 행사를 거행하였다. "미국 야소교 선교사 배유지가 초가 한 칸을 빌려 조선인 6-7인을 수용"하였던 그 학교가 "정명을 포함하여 4백 명의 재학생을" 수용하는 데 이른 것이다. 영흥의 개교기념식은 목포교회에서 교장 커밍 선교사의 개회사와 교무 주임 김형규의 연혁 보고 그리고 다수 내빈의 축사로 진행되었다.[82]

그런데, 1937년 영흥과 정명이 문을 닫을 시간이 되었다. 일제는 1930년대 대륙을 침략하면서 사상통제의 일환으로 기독교계 사립학교에 대한 신사참배를 강요하기 시작했다.[83] 남장로교 선교부는 이 문제에 대해서 강경한 입장을 견지하고 있었다. 선교부는 1936년의 임시위원회에서, 이전과 같이 자신들의 뜻에 맞는 학교교육을 하기는 어려울 것이라는 견해를 피력하였다.[84] 그 후 상황이 더욱 심각해지자 이듬해 2월 미국의 남장로교 총회는 선교본부의 총무 풀턴(C. Darby Fulton)을 파견하여 한국 상황을 몸소 파악하도록 했다. 현장을 돌아본 풀턴은 이른바 '풀턴 선언'(Policy regarding Schools in

81 『동아일보』 1933. 10. 20.

82 『조선중앙일보』 1935. 10. 18; 『동아일보』 1935. 10. 20.

83 김승태, 「1930년대 기독교계 학교의 신사참배 거부 문제와 선교부의 대응」, 『한말·일제강점기 선교사 연구』(한국기독교역사연구소, 2006), 169쪽.

84 *Minutes* (1936), 37.

Korea)을 통해, "최근의 사태가 우리의 교육사업을 불가능하게 만들었으므로, 이제 적절한 절차에 따라 한국선교부가 학교들을 폐쇄할 것을 지시한다"라고 천명하였다.[85]

1937년 9월 6일은 애국일(愛國日)이었다. 일제는 전 조선 200만 학생을 총동원하여 신사참배 등 각종 무운장구(武運長久)의 의식(儀式)을 거행하도록 명령하였다. 그러나 전남 광주의 숭일과 수피아 그리고 목포의 정명 · 영흥 등 네 학교는 신사참배를 거부했을 뿐만 이 아니라 자진해서 신사참배하려는 학생들을 선교사들이 앞장서 저지하였다. 그러자 전라남도 학무과는 그날 오후 7시를 기해 그 네 학교를 폐교 처분했다. 정식 폐지 명령은 그다음 날인 7일 오전 10시에 통보되었다. 폐교 명령을 받은 4개 학교의 학생 수는 광주숭일학교(남녀초등학교) 약 700명, 광주수피아학교(여학교 고등과) 74명, 목포정명여학교(여자초등학교) 약 360명, 목포영흥학교(남자초등학교) 약 150명이었다. 총독부 학무국 역시 전라남도의 네 학교 폐교 처분을 절대로 지지한다고 밝혔다. 다만 교원과 학생들에 대해서는 구제의 수단을 강구하여 가두에 방황하는 일은 없을 것이라고 하였다.[86]

결국 정명과 영흥의 학생들은 편입시험을 거쳐 남학생은 목포 제1공립보통학교로, 여학생들은 목포 제2공립보통학교로 옮겨 가게 되었다. 교원 14명 역시 해당 학교로 전임되었다.[87] 하지만 시험 결

---

85 *Minutes*(1937), 44. 그 밖에 풀턴 선언은 ① 1937년 신학기부터 신입생 모집을 중단하며 ② 1937년 현재의 재학생은 졸업시키는 것을 원칙으로 하되 그사이에라도 당국이 신사참배를 요구한다면 그 즉시 학교를 폐쇄해야 하며 ③ 학교를 폐쇄하는 전 과정을 공개할 것 ④ 학교 재산을 세속적인 집단이나 조직에 기증 · 대여 · 판매하지 않으며 ⑤ 재산의 최종적인 처분은 선교본부의 승인을 받아야 한다는 점을 명시하였다. *Minutes* (1937), 43-46.

86 『동아일보』 1937. 9. 8.

87 『동아일보』 1937. 9. 9.

과 영흥은 443명 중 402명만 합격하였고, 정명은 367명 중 13명이 불합격되었다. 영흥의 상과 학생 10명 역시 편입이 불가능했다. 편입 대상 학생 756명은 9월 21일 오후 1시 새로운 학교로 이동하였다.[88] 남장로교 목포 스테이션의 영흥·정명학교 운영은 중단되었다.

V. 맺음말

'미 남장로교 한국선교부'는 미국 남장로교의 한국선교를 총괄하던 회의체 선교기구로서 그 산하에 모두 5개의 스테이션을 설치·운영하고 있었다. 내한 남장로교 선교사들은 모두 구 선교부의 정회원으로서 의결권을 갖고 있었다. 그들은 먼저 선교 대상 지역의 중심 도시에 선교사들의 생활 공간을 건설하고 다시 그 안에 교회와 병원 그리고 학교를 세워 운영하는 스테이션 중심 선교 전략을 구사하였다. 물론 이것은 19세기 후반 구미 선교사들이 일반적으로 채택하고 있던 선교 방식이었다.

그러므로 남장로교 한국선교부 소속 선교사들에게 있어 자신이 속한 스테이션의 구내에 한국인들을 위한 남·녀학교와 병원을 하나씩 설치·운영하는 것은 선택의 여지가 없는 각인된 선교 공감대였다. 1897년 가을 스테이션 개설을 위해 목포로 내려온 선교사 벨의 머릿속에는 벌써 남·녀학교의 校庭이 포함된 대규모의 선교 타운 구상이 들어 있었다. 남·녀학교의 설립과 유지는 이렇게 선교 당위의 문제였던 것이다. 전주와 군산 그리고 목포뿐만이 아니라 광주와 순천의 스테이션 안에 예외 없이 설립된 10개의 중등학교들은

88 『동아일보』 1937. 9. 9, 9. 23.

학교교육에 대한 선교사들의 인식이 어떠했는지를 잘 보여준다.

목포의 선교 구내에 설립된 교회가 어느 정도 안정적인 성장세를 이어가자 벨은 곧 목포남학교를 출범시켰다. 목포여학교 역시 그 어간에 여선교사 스트래퍼에 의해 시작되었다. 보통 7~12명으로 이루어진 목포 스테이션의 선교 조직은 크게 세 가지 영역에 사역의 초점을 맞추었다. 그것은 지역 전도와 병원 그리고 학교의 운영이었다. 스테이션의 인적 · 물적 자원의 분배는 이 세 파트에 집중되었다.

그러므로 스테이션의 선교 인력은 기능적으로 분화되어 있었다. 먼저 전도와 목회, 순회 사역을 담당하는 목사 선교사들이 있었고, 두 번째로는 스테이션 직영학교들의 운영과 학생 교육을 담당하는 교육선교사들이 있었다. 세 번째는 의료선교사(의사, 간호사)였다. 각 스테이션에 기본적으로 배치되었던 교육선교사들은 행정적으로는 해당 학교의 교장으로서, 선교부와 스테이션 그리고 행정기관들의 요구와 지시 그리고 의견을 조율하며 학교 운영 전반을 관장하는 위치에 있었다. 선교부와 국가가 요구하는 학제와 교육목표 그리고 교과과정을 실제 교육 현장에서 구현하는 것도 그들의 몫이었다. 스테이션의 예산 역시 선교사 임금 부분을 제외한다면 전도비 · 학교 운영비 · 병원 운영비에 집중되었다. 그 가운데 가장 많은 액수를 차지하는 것은 역시 학교 운영비였다. 게다가 校舍 건축을 위한 대규모의 비용이 추가로 소요되었다. 선교부는 크게 두 차례에 걸쳐 영흥(1908 · 1928)과 정명(1912 · 1923)의 校舍를 신축했다.

1903년 무렵 시작되어 私塾 형태의 4(초등과정)-2년제(중등과정) 학교로 운영되어 오던 목포 남 · 녀학교는 조선총독부의 요구에 따라 사립목포영흥학교 · 사립목포정명여학교로 이름을 바꾸고 4-4제의 학제를 도입하게 된다. 그리고 다시 1922년부터는 '개정조선교육령'에 따라 6-4제로 수업연한을 연장했다. 하지만 당시의 5년제 고등보통학교 중심의 지정학교 제도는 선교부 형편상 4년제 고등과를 유지할 수밖에 없었던 영흥·정명학교의 학생들에게 타격을 주었다.

정명과 영흥의 학생들은 1919년 목포 3·1운동과 1921년 11월 목포 만세운동의 주역이었다. 그들은 선교사들이 세운 학교에서 신교육의 세례를 받으며 자주독립의지를 갖게 되었던 것이다. 그리고 1920년대의 학내 사태는 단순히 교사의 폭행 때문만이 아니라 총독부의 종교학교들에 대한 제도적 차별과 사회적 불이익에 대한 학생들의 피해의식이 표출되었던 것으로 보인다. 또 1929년 광주학생운동 당시 목포 학생만세운동은 영흥학교의 고등과가 폐지된 상황에서 정명여학교를 중심으로 이루어졌다. 정명의 학생들은 1929년 11월의 1차 시위에 이어 1930년 2월 다시 만세운동을 계획했다. 비록 사전에 탄로가 난 관계로 대대적인 시위로 이어지지는 않았지만, 이 사건은 정명여학교가 일제강점기 목포 학생항일운동의 중심이었음을 다시 한번 드러낸 것이다.

1930년대 후반 일제의 기독교 계통 사립학교에 대한 신사참배 강요에 남장로교 선교부는 처음부터 강경한 반대의 입장을 견지하였다. 선교사들은 학교의 폐쇄까지 염두에 두고 있었다. 결국 1937년 9월 6일 애국일의 신사참배 거부로 다음 날 영흥과 정명은 전라남도 학무과에 의해 폐쇄 명령을 받았다. 모두 500여 명에 달하던 영흥·정명의 학생들은 인근 공립학교로 편입되었다. 남장로교 목포 스테이션은 영흥·정명학교의 운영을 중단하였다.

참고문헌

「기독신보」

「동아일보」

「매일신보」

「시대일보」

「조선중앙일보」

「중외일보」

『木浦府史』, 木浦府, 1930.

김수진. "양동제일교회 100년사(1897~1997)." 양동제일교회 100주년기념사업위원회, 1997.

김승태. "1930년대 기독교계 학교의 신사참배 거부 문제와 선교부의 대응." 「한말 · 일제강점기 선교사 연구」, 한국기독교역사연구소, 2006.

이덕주. "한국 기독교 문화 유적을 찾아서-남도의 한과 믿음 이야기 (8)." 「기독교사상」, 1999년 8월호.

정명여자중 · 고등학교 100년사 편찬위원회. 『貞明一百年史』. 목포정명여자중 · 고등학교, 2003.

한국기독교역사연구소. 『한국기독교의 역사 Ⅱ』. 기독교문사, 1990.

Minutes of Annual Meeting of the Southern Presbyterian Mission in Korea

Reports of the Southern Presbyterian Mission in Korea

The Missionary

G. T. Brown. *Mission to Korea*. Board of World Missions, Presbyterian Church U. S, 1962.

남장로교 광주선교부의 학교교육
— 숭일학교와 수피아여학교를 중심으로*

이진구(서울대학교 강사)

Ⅰ. 머리말

19세기 말 20세기 초 한국 사회에 들어온 개신교 선교사들은 국적만이 아니라 교파적 배경도 매우 다양하였다. 주요 파송 국가는 미국을 비롯하여 영국, 캐나다, 호주 등이었으며 주요 교파는 장로교, 감리교, 구세군, 성공회, 안식교 등이었다. 북장로교와 남장로교, 북감리교와 남감리교처럼 교파는 같지만, 교단이 다른 경우도 있었다. 따라서 당시 한국에서 활동한 선교사들은 미국 북장로교, 미국 남장로교, 미국 북감리교, 미국 남감리교, 영국 성공회, 캐나다 장로교, 호주 장로교 등 국적과 교파, 교단이 뒤섞인 다양한 배경을 지니고 있었다.

남장로교는 북장로교, 북감리교에 이어 세 번째로 많은 선교사를 한국에 파송한 미국 주류 교단의 하나다.[1] 1892년 남장로교 선교사들이 한국에 들어왔을 때 이미 미국 북장로교 선교부를 비롯하여 북감리교, 영국 성공회, 호주 장로교 그리고 캐나다 출신의 독립선교사들이 나름대로 선교활동을 펼치고 있었다. 따라서 선교자원의 중복이나 마찰의 문제를 피할 필요가 있었고 이는 '교계예양'(教界禮讓)이라 불리는 선교부 사이의 지역 분할 협정을 낳았다. 1893년 북장로교 선교사들과 남장로교 선교사들로 구성된 장로교연합선교 공의회는 남장로교 선교부에 한반도의 서남부를 선교 지역으로 할당했다.[2] 이는 오늘날 충청도 일부와 전라도를 포함하는 호남 지역이다.

남장로교의 선교사들은 내한 직후 한국선교부(Korea Mission of the Presbyterian Church in the United States)를 조직하고 선교활동에 나섰다. 한국선교부는 한국에서의 남장로교 선교를 총괄하던 회의체 선교기구로서 노회와 유사한 기능을 지녔다. '선교부'가 관할하는 지역은 광활하기 때문에 주요 거점에 '선교지부'(mission station)를 설치하였다. 각 선교지부에는 선교사 사택을 비롯하여 교회와 병원, 학교와 같은 기반 시설을 갖춘 '선교 구내'(mission compound)가 건설되었으며 그곳을 중심으로 복음선교사(목사), 의료선교사(의사), 교육선교사(교사), 여성 및 아동선교사(여선생)가 한팀을 이루어 선교활동을 하였다.[3]

따라서 남장로교 선교부는 호남의 거점 도시에 선교지부를 순차적으로 설치하였다. 전북에서 가장 큰 도시이자 도청 소재지인 전주

---

* 이 글은 2008년 제1회 인돈학술세미나에서 발표되었다. 후에 「고고와 민속」 12집(2009)에 실린 글을 보완한 것이다.

1 해방 이전 내한한 남장로교 선교사는 190명으로 내한 선교사 1,520명 중 12.4%를 차지한다. 김승태 · 박혜진, 『내한 선교사 총람, 1884-1984』, 한국기독교역사연구소, 1994; 해방 이후 내한한 선교사를 포함하면 540여 명이다. 인돈학술원 편, 『미국 남장로회 내한선교사 편람 1892-1987』, 한남대학교 출판부, 2007.

2 한국기독교역사학회 편, 『한국 기독교의 역사 I』(개정판), 기독교문사, 2011, 169.

3 송현강, 『미국 남장로교의 한국선교』, 한국기독교역사연구소, 2018, 26-27.

에 제일 먼저 선교지부를 설치하고, 이어서 개항장으로 떠오른 해안 도시인 군산과 목포에 설치하였다.[4] 이후 전남 내륙 지방의 거점 도시인 광주와 동남부 지역의 거점인 순천에 선교지부를 설치하였다. 이렇게 하여 해방 이전 남장로교 선교부가 설치한 선교지부는 모두 5개였다.

각 선교지부의 선교 구내에는 미션스쿨(mission school)이 세워졌다. 당시 지역교회들이 자체적으로 운영한 교회부설학교(country school)는 영세한 규모의 초등교육 기관이었던 반면 선교부가 운영하는 미션스쿨은 막대한 예산이 투여되는 남 · 녀 중등교육 기관이었다.[5] 해방 이전 남장로교 선교부가 직접 경영한 미션스쿨은 모두 10개교로서 전주신흥학교와 기전여학교,[6] 군산영명학교와 멜볼딘여학교,[7] 목포정명여학교와 영흥학교,[8] 광주숭일학교와 수피아여학교, 순천매산남학교와 매산여학교[9]다.

이 글은 남장로교 선교지부의 하나인 광주선교부의 교육선교를 숭일학교와 수피아여학교를 중심으로 살피고자 한다. 그동안 광주선

---

4 George Thompson Brown, *Mission to Korea*, Board of World Missions Presbyterian Church, U.S. 1962; 조지 톰슨 브라운, 천사무엘 · 김균태 · 오승재 옮김, 『한국선교 이야기』, 동연, 2010.

5 물론 선교부의 미션스쿨들도 처음에는 소규모의 초등교육 기관으로 출발하지만 대부분 중등교육 기관으로 발전하였다.

6 이재근, 남장로교의 전주신흥학교 · 기전여학교 설립과 발전(1901~1937), 『한국기독교와 역사』 42, 2015, 45-83.

7 송현강, 한말 · 일제강점기 군산영명학교 · 멜볼딘여학교의 설립과 발전, 『역사학연구』 59, 2015, 133-167.

8 송현강, 한말 · 일제강점기 목포영흥 · 정명학교의 설립과 발전, 『역사학연구』 35, 2009, 113-139.

9 한규무, 미국남장로회 순천스테이션의 교육선교와 매산남 · 녀학교, 『남도문화연구』 15, 265-296.

교부의 교육선교에 대해서는 지역교회사[10]나 개교회사,[11] 광주선교부의 선교활동,[12] 개별 선교사의 생애나 신학에 관한 연구[13]에서 부분적으로 다루어졌으나 미션스쿨을 중심으로 한 본격적 연구는 아직 수행되지 않은 것으로 보인다. 광주선교부 산하의 숭일학교와 수피아여학교는 호남 지역의 교회사만이 아니라 한국 근대사학(私學)의 역사와 민족운동사에서도 중요한 위치를 점하고 있다. 따라서 이 글에서는 두 학교의 설립 및 운영, 3.1운동 참여와 학생활동 그리고 일제말 신사참배 문제와 관련한 학교 폐쇄 등의 문제를 중심으로 남장로교 광주선교부의 교육선교가 지닌 성격과 그 의미를 검토한다.

II. 숭일·수피아여학교의 설치 및 운영

앞서 언급했듯이 남장로교 선교부는 전북 지역의 전주와 군산에

---

10 김수진·한인수, 『한국기독교회사 호남편』, 대한예수교장로회총회교육부, 1979; 김수진, 『호남선교 100년과 그 사역자들』, 고려글방, 1992; 호남교회사연구소, 『호남교회사연구』(1,2집), 신흥기획, 1995/1998; 차종순, 미국 남장로교회의 호남지방 선교활동, 『기독교 사상연구』 5, 1998, 107-127.

11 광주제일교회 광주교회사연구소, 『광주제일교회 100년사 1904~2004』, 광주제일교회, 2006.

12 김빛나, 미국 남장로교 선교회 광주 지역 선교 연구: 의료, 교육, 교회개척 사역을 중심으로, 장로회신학대학교 세계선교대학원 석사학위 논문, 2010; 이영식, 초기 광주선교부 활동이 사회변혁 및 근대문화에 끼친 영향, 『성경과 신학』 91, 2019, 235-265.

13 김종철, 유진 벨 선교사의 목포·광주 선교활동 연구, 전주대학교대학원 박사학위 논문, 2008; 최영근, 미국 남장로교 선교사 유진 벨(Eugene Bell)의 선교와 신학, 『장신논단』 46(2), 2014, 137-163; 최영근, 미국남장로교 선교사 존 페어맨 프레스톤(John Fairman Preston,Sr.)의 전남 지역 선교에 관한 연구, 『장신논단』 48(1), 2016, 85-113.

선교지부를 설치한 후 전남 지역의 목포에 선교지부를 설치하였다.[14] 해안 도시인 목포는 개항장으로서 유리한 점을 지니고 있었지만 서남 해안에 치우쳐 있어 내륙 지역의 순회선교에는 불리하였다. 따라서 남장로교 선교부는 내륙 선교를 위해 광주에 별도의 선교지부를 설치하기로 결정하였다. 광주는 전남 지역의 중앙에 위치하고 있을 뿐만 아니라 행정구역 개편으로 새로운 도청 소재지가 되었기 때문에 선교기지로서 매우 적합하였던 것이다.

남장로교 선교부는 광주선교부 개척 선교사로 유진 벨(Eugene Bell, 배유지)과 클레멘트 오웬(Clement C. Owen, 오기원 혹은 오원)을 선발하였다. 두 선교사는 목포선교부에서 활동해 온 고참 선교사로서 새로운 선교지부 건설의 적임자였기 때문이다. 새로운 임무를 부여받은 벨은 목포교회의 김윤수(金允洙) 집사를 통하여 광주 성문 밖 양림리(楊林里)에 부지를 마련하고 임시 주택 두 채를 짓기 시작하였다. 건축 공사가 진행되는 동안에는 주민들을 대상으로 전도활동을 하고 집이 완성되자 마을 사람들에게 성탄절 예배를 광고하였다. 당시 모습이 『한국선교 이야기』에 다음과 같이 묘사되어 있다.

> 이 도시에서의 첫 예배는 크리스마스 날에 벨의 임시 거처에서 드리게 되었다. 식당의 의자를 구석으로 옮기고 의자들은 침실에 높이 쌓아 놓았다. 예배의 시작을 알리고 선교사들은 누가 나타날지 모르는 기대 속에서 기다리고 있었다. 그러자 그들은 한국 사람들이 흰옷을 입고 긴 줄을 지어 걸어 들어오는 것을 보고 기쁘고 놀랐다. 그들은 선교사들이 가져온 큰 상자에 무엇이 들어 있는지 보려고 왔었다. 그러나 어떻든 그들은 왔다! 여

14 원래는 나주에 스테이션을 설치하려고 선교사까지 파송하여 거처까지 마련하였으나 양반 토호 세력의 강한 저항에 부딪혀 포기하였다. 조지 톰슨 브라운, 76.

인들은 한방에 앉고 남자들은 다른 방에 앉았다. 그리고 벨 목사는 그 사이에 서서 모든 사람이 들을 수 있도록 복음 소식을 전했다.[15]

이처럼 마을 사람들이 선교사의 사택을 방문한 것은 구도적 동기보다는 서양인과 그들이 가져온 낯선 물건에 대한 호기심 때문이었다. 어떻든 1904년 성탄절을 맞이하여 벨과 오웬의 가족, 김윤수와 서명석의 가족 그리고 다수의 마을 사람이 참석하여 예배를 드림으로써 광주 최초의 교회가 탄생하였다.[16] 교인이 나날이 늘어 더 이상 수용하기 힘들 정도가 되자 교회 창립 2년 만에 새 건물을 지어 이주하였다. 새로 지은 교회당은 성문 안에 위치하였기 때문에 북문안교회로 불렸다. 그 후에도 교인이 급증하여 1910년에는 500명이나 되었다. 이 기간 광주선교부 관할 하의 신앙공동체도 급속한 성장을 하였다. 첫 5년 동안 예배처가 4개에서 77개로 늘고 세례교인은 72명에서 1,500명으로 늘어났다.[17]

광주 지역의 의료선교는 1905년 선교 구내에 진료소를 개설하면서 시작되었다. 유진 벨과 함께 광주선교부를 개척한 오웬은 의사였지만 전도활동에 전념하였기 때문에 목포에서 이동해 온 놀런(Joseph W. Nolan, 노라노)이 진료를 담당하였다. 그의 사임 후에는 로버트 윌슨(Robert M. Wilson, 우일선)이 부임하여 의료활동에 나섰다. 1909년에 진료 횟수가 1만여 명을 넘어설 정도로 환자가 급증하자 병원 건립에 착수하였고 1912년 광주제중원이 세워졌다.[18] 진료소

15 조지 톰슨 브라운, 93-94.

16 이때 모인 사람은 40명이었는데 그중 3명은 목포교회에서 세례받은 신자였다. 김종철, "유진 벨 선교사의 목포·광주 선교활동 연구," 전주대학교대학원 박사학위논문, 2008, 70.

17 조지 톰슨 브라운, 94.

나 병원을 통해 치료를 받은 사람들은 교회를 찾기 시작하였다.

전도활동과 의료활동으로 교인이 늘어나자 기독교학교 건립에 착수하였다. 남장로교 선교부는 기독교 가정의 아이들이 충분히 확보될 때까지는 교육사업에 착수하지 않는 것을 원칙으로 삼았다. 기독교학교의 목적을 기독교 가정의 아이들을 교육하는 데 두었기 때문이다. "이교도에게는 전도하고 신자는 교육한다"(Evangelize the heathen and educate the Christians)라는 구호처럼 미션스쿨을 기독교 지도자 양성의 통로로 여겼다.[19] 비기독교인을 받아들이기는 하지만 기독교인 학생의 비율이 최소한 60%는 되어야 한다는 원칙도 이러한 문제의식을 반영한 것이다.[20]

그런데 교인의 증가로 여건이 조성되었다고 보고 1908년 벨 선교사 부부가 사택의 문간채에서 학생 세 명을 데리고 여학교를 시작하였다. 벨 목사 부인의 어학 선생은 틈날 때마다 교사로 일했고 곧 학생 수가 늘어나기 시작하였다.[21] 남학교도 거의 같은 시기에 사랑채에서 시작하였다.[22] 이렇게 하여 광주선교부의 미션스쿨인 수피아여학교와 숭일학교가 탄생한 것이다.

남학교는 처음에는 광주남학교(Kwangju Boy's School)로 불렸는데 사립학교령(1908) 이후 정식학교로 등록하면서 숭일학교(崇一學校)로

18 한규무, 미국 남장로교 한국선교부의 전남 지역 의료선교(1898-1940), 『남도문화연구』 20, 2011, 458-459.

19 조지 톰슨 브라운, 100.

20 1930년대 이후에는 기독교인의 비율을 75%로 조정했다. 조지 톰슨 브라운, 176.

21 Anna McQueen, "Kwangju Girls' School," *The Missionary Survey,* Dec. 1915, 932.

22 "1908년 2월에 남장로교 선교사 배유지 씨가 전남 광주군 효천면 양림리에 주택을 정하고 선교사업에 종사하는 중 교육의 요무를 알고 자기 사택 사랑(에) 수십 아동을 모집하여 반구식으로 가르치니 이것이 곧 숭일학교의 기초이다." 「기독신보」 1923년 1월 17일 자.

불렀다. '숭일'이라는 말은 유일신 하나님 한 분만을 섬긴다는 뜻이다.[23] 1909년 4월 오웬 선교사의 갑작스러운 사망으로 선교 공백이 생기자 그해 5월 목포 주재 프레스톤(John F. Preston, 변요한) 선교사가 광주로 전임해 왔다. 그는 오웬이 기반을 닦아 놓은 광주선교부 관할의 전남 남부와 서남부 지역의 순회 사역을 담당하는 동시에 숭일학교 교장직도 맡았다. 프레스톤이 광주선교부로 소속을 옮길 때 한국인 교사 남궁혁(南宮赫)도 함께 왔다. 남궁혁은 원래 목포세관에 근무하고 있었으나 프레스톤의 권유로 직장을 그만두고 목포남학교 교사로 봉직하고 있었다.[24] 이번에도 프레스톤의 권유로 숭일학교 교사로 이적한 뒤 신학문과 영어를 가르치게 된 것이다.[25]

당시에는 시골교회의 상당수가 소규모의 교회부설학교를 운영하고 있었다. 이 과정을 졸업한 학생들은 대부분 도시에 있는 중등과정의 학교로 진학하고자 하는 열망을 지니고 있었으며 숭일학교 학생들도 대부분 이러한 과정을 마친 아이들이었다.[26] 학생 수가 점차 늘어나자 학교 시설의 확장이 필요하였다. 당시 선교부는 선교 구내에 건축하기에 충분한 공간을 가지고 있었으나 건축비는 자체적으로 마련할 수 없었다. 따라서 선교사들은 건축비 마련을 위한 모금운동에 나섰고, 마침내 프레스톤 선교사가 자신의 친구인 알렉산더(Mr. Alexander)로부터 학교건축에 필요한 자금을 얻는 데 성공하였다.[27]

---

23 평양숭실대학을 졸업하고 숭일학교 교사로 취임한 최득의 교사가 작명한 것으로 알려져 있다. 광주숭일중고등학교, 「숭우」, 광주숭일중고등학교, 1978, 37쪽; 광주제일교회 광주교회사연구소, 『광주제일교회 100년사 1904~2004』, 광주제일교회, 2006, 267.

24 최영근, 미국 남장로교 선교사 존 페어맨 프레스톤(John Fairman Preston, Sr)의 전남 지역 선교에 관한 연구, 『장신논단』 48(1), 95.

25 홍우종 선생은 한문을 가르쳤다. 김종철, 앞의 논문, 77.

26 차종순, 광주 남학교의 초기 역사에 관한 연구, 『신학 이해』 18, 1999, 451.

이 건축 기금을 가지고 1910년 봄에 새로운 학교 건물을 세우기 위한 공사가 시작되었다. 1911년 겨울에 완공된 이 학교는 프레스톤 선교사가 직접 건축을 담당하였다. 그는 목포남학교를 직접 건축할 정도로 건축에 재능을 지닌 선교사였기 때문이다. 공사가 진행되는 동안 학생들도 방과 후 시간과 토요일을 이용하여 도왔다. 지상 3층 지하 1층으로 건축된 이 건물의 지상 1층에는 8개의 큰 교실과 사무실이 마련되었다. 2층은 좌우 20자로 된 방이었지만 조립식 미닫이를 설치하여 교실 겸 강당으로 사용하였다.

건물이 완공되자 광주선교부는 크리스마스 행사의 일환으로 새 건물에서 기념 예배와 연극을 공연하였다.[28] 이 건물은 당시 호남에서 가장 높은 건물로 맨 꼭대기에 종각이 설치되었는데 그 웅장한 자태가 사람들의 관심을 끌었다. 광주 우체국은 이 건물이 들어 있는 사진을 우편엽서로 만들어 판매하기도 하였다.[29] 이처럼 당시 근대적 건축술에 의해 설립된 미션스쿨은 단순한 교육 공간이 아니라 근대문명의 기호였다.

숭일학교의 명성이 널리 알려지자 지방 학생들이 더 많이 몰려왔다. 따라서 선교부는 지방에서 온 학생들의 숙소 문제를 해결하기 위해 2천 달러를 들여 12개의 방을 가진 기숙사를 신축하였다.[30] 당시 기숙사에 머물던 학생들은 모두 북문안교회에 출석하였다. 광주선교부 산하의 학교와 교회는 이처럼 상호 밀접한 관련을 맺으면서 성장해 갔다.[31]

---

27 John F. Preston, Letter to Father and Mother, Nov. 12, 1910.

28 Rev. J.V.N. Talmage, “Christmas Celebration at Kwangju,” *The Missionary*, 3(1911), 140-141.

29 숭일구십년약사편찬위원회, 『사진으로 보는 숭일, 90년 약사』, 숭일학원, 2002, 6.

30 J.V.N.Talmage, "Notes from Kwangju," *The Korea Mission Field*, 8(1914), 250.

일제는 강점 직후 교육 통제의 일환으로 '조선교육령'(1911)과 '사립학교규칙'(1911)을 공포하였다. 이 법령들의 영향으로 숭일학교는 종래의 4년제 초등과정을 4년제 보통과(Primary School)로 바꾸고 2년제 중등과정은 4년제 고등과(Sub-Academy)로 개편하였다. 1915년에는 사립학교규칙이 개정되었는데 이 규칙은 학교에서의 종교교육을 금지하였다. 만일 종교교육을 고수하려고 한다면 졸업생의 상급학교 진학 자격이 주어지지 않는 각종학교(各種學校)로 남아 있어야 했다.[32] 감리교 계통의 학교는 대부분 종교과목을 정규과정에서 배제하고 고등보통학교로 승격하는 길을 택한 반면, 대부분의 장로교 계통 학교는 종교교육을 유지하기 위해 각종학교의 길을 택했다. 남장로교 소속의 숭일학교도 각종학교의 길을 택했다.

1920년 2월 현재 숭일학교에는 보통과 252명과 고등과 20명, 교사 11명이 재직하고 있었다. 당시 교과목은 영어, 성경, 산술, 일어, 한문, 기하, 동양화, 법제, 경제, 대수, 역사, 음악, 체육 등이었다. 1923년도 숭일학교의 졸업생은 59명인데 모두 졸업 전에 세례를 받았다. 이들의 졸업 후 진로는 기독교학교 교사(13명), 신학교 학생(4명), 대학생(11명, 재미 유학생 2명 포함), 기독교 계통 병원의 보조원 혹은 서기(7명), 의사(2명), 사업(6명), 농업(5명), 거처불명(3명)으로 나타나고 있다.[33] 기독교 관련 학교나 기관에서 활동하는 비율이 높음을 알 수 있다.

---

31 당시 선교사들은 손으로 하는 노동의 존엄성과 학생들의 경제적 문제 해결을 위해 수공업이나 농사 기술을 가르쳤다. 탈메이지 선교사는 숭일학교 학생들에게 도배, 농사, 풀베기, 우물 파기, 길과 다리 고치기, 철망 두르기 등을 가르쳤다. 조지 톰슨 브라운, 140.

32 안유림, 『일본제국의 법과 조선기독교』, 경인문화사, 2018, 230-276.

33 Anna McQueen, "Jennie Speer School," 수피아90년사편찬위원회, 『수피아 90년사 1908~1998』, 광주수피아여자중 · 고등학교, 1998, 206.

숭일학교가 광주남학교라는 이름으로 출발하였듯이 수피아여학교도 '광주여학교'(Kwangju Girl's School)라는 이름으로 시작하였다. 초대 교장은 그래함(Miss Ella Graham, 엄언라)이 맡았다. 첫 번째 정규 교사는 남궁혁의 부인으로서 미션스쿨인 정신여학교를 졸업한 김함라(金涵羅)였다. 남궁혁 부부는 이처럼 광주남학교와 광주여학교의 교사로 활동하였다. 광주여학교가 수피아라는 명칭을 갖게 된 것은 건축 기금과 관련되어 있다. 1911년 미국의 스턴스 여사(Mrs. Sterns)가 죽은 자신의 여동생 제니 스피어(Jennie Speer)를 기념하여 5천 달러의 기금을 제공하였다. 이 기금으로 회색 벽돌로 된 3층 교사를 건축하면서 학교 이름을 제니 스피어 기념여학교(Jennie Speer Memorial Girl's School)로 부르기 시작하였고 줄여서 수피아(須彼亞) 여학교로 표기하였다.[34] 건물의 1층은 기숙사로 사용하고 2층은 3개의 교실로 사용하였다.

숭일학교와 마찬가지로 수피아여학교도 처음에는 보통과만 설치되어 있었으나 1911년 고등과를 설치했다. 1914년 보통과 졸업생 6명이 배출되고 1915년에는 고등과 2명이 졸업하였다. 고등과 1회 졸업생인 박애순(朴愛順)과 표재금(表載錦)은 정신여학교 사범과를 마치고 모교의 교사로 일했다. 1915년 현재 보통과(6년 과정)와 고등과(4년 과정)에는 총 105명이 다니고 있었고 교사는 5명이었다.[35]

스피어홀 1층의 기숙사는 30명 정원의 규모로 지은 것인데 지방 학생들이 몰려와 45명이나 수용하고 있었다.[36] 과밀수용 문제를 해결하기 위해서는 새로운 기숙사를 건축해야만 했다. 스피어홀 건축

---

34 수피아90년사편찬위원회, 141-142.

35 수피아90년사편찬위원회, 156-157.

36 Anna McQueen, "Kwangju Girls' School," *The Missionary Survey*, Dec. 1915, 932. 수피아90년사편찬위원회, 265-276.

기금을 제공했던 스턴스 여사가 이번에도 기숙사 건축을 위한 기금으로 1,000달러를 내놓았다. 그런데 북장로교 교인이었던 스턴스 부인은 남장로교 교인들도 그것과 동등한 액수를 내야 한다는 조건을 내세웠다. 얼마 후 미국 플로라 맥도날드(Flora MacDonald) 대학의 학생들과 동문들이 그 취지에 공감하여 기금을 보내왔다. 이 기금으로 공사를 하여 1923년에 50명의 여학생을 수용하는 기숙사가 설립되었다.[37]

1923년 현재 보통과 6년 과정과 고등과 4년 과정을 운영하고 있던 수피아여학교에는 8명의 한국인 교사와 2명의 일본인 교사 그리고 225명의 학생이 재학하고 있었다. 성경공부는 필수였으며 모든 학생은 매일 30분씩 종교활동에 참석했다.[38] 1920년대와 1930년대에 교사로 활동한 한국인 교사의 명단은 다음과 같다.

수피아여학교 교사 명단[39]

	1920년대	1930년대
한국인 교사	오거진 박옥신 박경애 정순복 김순성 김인빈 김순보 김양순 김재은 이성은 박애순 진신애 표재금 신도인	김명신 조상한 최병련 김승찬 홍창권 김필례 김은자 김해경 정춘례 조진여

당시 교육과정은 수신, 성서, 국어(일어), 선어(조선어), 수학, 역사, 지리, 이과, 영어, 도화, 음악, 가사, 재봉수예(자수), 체조 등이었으며 성적은 갑(90점 이상), 을(80점 이상), 병(70점 이상), 정(60점 이상), 무(59점 이하)로 등급을 매겼다. 그리고 1년을 3학기로 나누어 운영

37 Anna McQueen, "Jennie Speer Schoo,l" 수피아90년사편찬위원회, 193.

38 수피아90년사편찬위원회, 193.

39 수피아90년사편찬위원회, 265-276.

하였다.[40]

1920년대에는 '지정학교'(指定學校) 문제가 기독교계 학교의 핵심 이슈로 등장하였다. 지정학교 제도는 '각종학교' 가운데 기본 재산, 학교 설비, 자격 있는 교사진을 갖추고 있으면, 학무국에서 시학관을 파견하여 학교를 실사하고 시험을 통해 지정학교로 인정해 주는 제도다. 지정학교로 인가를 받으면 교과목에 성경을 넣고 예배를 드리면서도 졸업생들이 고등보통학교와 똑같은 자격으로 상급학교에 진학할 수 있었다.[41] 그러나 지정학교가 되기 위해서는 막대한 재정이 필요하였다. 당시 남장로교 선교부는 5개 선교지부에 있는 10개 학교 전부를 지정학교로 추진할 수 있는 여력이 없었기 때문에 2개 학교만을 지정학교로 추진하기로 결정하였다. 그런데 어떤 학교를 지정학교로 추진할 것인가 하는 문제가 있었다. 이때 제시된 원칙은 하나의 선교지부에서 두 학교를 선정할 수는 없으며, 지정학교 결정 시 다음과 같은 절차를 밟아야 한다고 결의했다.

① 전주, 군산, 광주의 각 대표자가 자신들의 선교지부에 남자 지정학교를 설치할 경우의 장점에 대해 각각 5분간 발표를 한다.
② 특별기도 후에 비밀 투표를 한다.
③ 여자 지정학교 설치를 간절히 원하는 각 선교지부의 대표자가 자기 지역에 유치할 경우의 장점에 대해 각각 5분간 발표를 하고 그 뒤에 비밀 투표를 한다.
④ 지정학교로 되지 못한 선교지부의 학교들은 1923년 4월 1일 이후 중등과정 1, 2학년만 운영하고 그 이상의 상급반은 운영하지 않는다.[42]

---

40 수피아90년사편찬위원회, 270-271.

41 박혜진, 『일제하 한국기독교와 미션스쿨』, 경인문화사, 2015, 56.

42 *Minutes of the Thirty-Second Annual Meeting of the Southern Presbyterian Mission in*

이러한 원칙에 따라 남장로교 선교부에서는 전주신흥학교와 광주수피아여학교를 지정학교로 승격시킬 것을 최종 결의하였다. 당시 전남노회에서는 여학생의 취학률이 남학생의 100분의 1에 지나지 않기 때문에 숭일학교를 지정학교로 하는 것이 좋다는 의견을 제시하였지만, 이 제안은 선교부에 의해 받아들여지지 않았다.[43] 이는 '원칙'을 강조하는 선교부와 '현실'을 중시하는 한국교회의 인식 차이를 보여주는 대목이다.

남장로교 선교부에 의해 지정학교 후보로 선정된 수피아여학교는 조선총독부가 요구하는 지정학교의 자격을 갖추기 위해 더 많은 시설을 갖추어야 했다.[44] 그래서 5만 달러라는 거액의 기금을 조성하기로 결의하고 미국 기독교인들을 대상으로 아래와 같은 내용의 호소를 하였다.

> 일본인들은 정부로부터 인가받지 않은 학교의 학생들에 대해서는 심한 차별 대우를 했는데 그러한 차별은 언젠가는 기준에 도달하지 못한 이러한 학교들을 폐쇄시킬지도 모를 가능성이 있다. 따라서 우리들은 우리의 학교를 인가받은 학교의 수준까지 끌어올려야 한다는 것이 절대 필요했으며 이러한 일 때문에 한국에 있는 지도자들은 광주의 통합된 여자 고등학교의 시설을 갖추기 위하여 본국에 5만 달러를 요청했다.… 우리는 이 여학생들에게 그 돈이 모금되었다는 내용의 해외 전보를 크리스마스 때 보내려고 계획 중이다. 우리 모두 그 전보에 5만 달러가 모금되었다는 내용이 들어갈 수 있게 하나님께 기도하자.… 이 돈은 한국 여학생들의 신앙심을 강화시켜 줄 수 있을 것이며 또 당신 자신의 정신력을 심오하게

Korea, 1923, 40-41.

43 「동아일보」 1923년 7월 11일 자 "崇一校 昇格乎."

44 「중외일보」 1929년 2월 13일 자 "수피아여학교, 지정인가 신청 준비."

해줄 수 있을 것이며 또 그리스도의 복음을 전파하는 위대한 한국의 전도 에 당신도 같이 할 수 있을 것이다.[45]

이러한 기금 조성 운동은 마침내 결실을 맺었다. 1927년 미국 남장로교 여전도회로부터 생일헌금 사업비(Birthday Offering of the Presbyterian U.S. Women of the Church)로 6만여 달러에 이르는 거액의 보조를 받았다.[46] 이 막대한 기부금으로 윈스보로홀(Winsborough Hall)이라는 새 건물과 체육관, 미술관을 짓고 운동장 정지작업을 할 수 있었다. 윈스보로홀은 지상 2층 지하 1층의 붉은 벽돌집으로 건축되었는데 건축면적이 699㎡이고 연건평은 1,414.5㎡의 작은 규모이지만 매우 견고하게 건축되었다. 이 건물은 건축을 전공한 남장로교 선교부 스윈하트(Martin Luther Swinehart, 서로득) 선교사가 건축한 것으로 알려져 있다.[47]

시설의 확충과 더불어 교사진도 충원되었다. 그해에 플로렌스 루트(Florence E. Root, 유화례) 선교사가 학교 교사진에 합류하기 위해 광주에 도착했고, 미국의 아그네스 스코트(Agnes Scott) 대학과 콜롬비아 사범대학(Columbia Teacher's College)을 졸업한 김필례(金弼禮)가 교감으로 취임했다.[48] 이처럼 수피아여학교는 지정학교로 승격하기 위해 많은 노력을 하였지만, 전주신흥학교와 달리 성공하지는 못했다.[49]

---

45 수피아90년사편찬위원회, 196-197.

46 1922년부터 시작된 이 제도는 개인들로부터 생일 감사 헌금을 받아 기금으로 적립한 뒤 선교 프로젝트를 지원하는 제도로서 현재까지도 지속되고 있다.

47 수피아90년사편찬위원회, 263.

48 조지 톰슨 브라운, 175.

49 「동아일보」 1932년 1월 30일 자 "光州須彼亞女校 指定校로 昇格?"; 전주신흥학교는 1933년 4월 지정학교로 인가되었다. 이재근, 남장로교의 전주신흥학교 · 기전여학교 설립과 발전(1901-1937), 『한국기독교와 역사』 42, 2015, 73.

한편 지정학교 후보로조차 선정되지 못한 숭일학교에서는 1920년대 중반부터 학생이 점차 감소하는 현상이 나타났다. 졸업 후 상급학교 진학과 취직에 불리하였기 때문이다. 그러자 조선인이 학교를 인수하자는 의견이 등장하였다. 선교부에서는 조선인 인수자가 매년 1학급씩 담당하여 6년 후에 보통과 전부를 인수하고 그와 동시에 방림리에 있는 5천 평의 땅을 매입하여 학교 부지로 삼을 것을 인수 조건으로 제시했다. 이에 대해 한국인 측은 보통과가 속한 부분은 그대로 양도함이 마땅하다는 의견을 제출하였는데 이 부분에서 서로 의견이 충돌하여 더 이상 논의가 진전되지 못했다.[50]

이러한 와중에 1926년 4월 조선인 교회가 숭일학교와는 별도로 보통과를 경영하기 시작하였다. 이들은 공업과도 신설하여 가난한 학생들이 수학할 수 있는 기회를 제공하는 동시에 1,600평 규모의 새로운 운동장을 개설하였다.[51] 얼마 뒤 숭일학교에서 공업과를 폐지하자 재단법인 전남육영회에서는 공민(公民)학교 설립 계획을 세웠다. 공민학교는 보통학교를 졸업하고 상급학교에 진학하지 못하는 아동들을 토목과와 목공과에 입학시켜 2~3년간 교육시킨 뒤 직업전선으로 내보내는 취지를 지니고 설립된 학교였다.[52]

숭일학교는 1925년 고등과 폐지 이후 보통과 6년 과정으로 유지되었으며 1932년에는 수피아여학교의 보통과와 통합되었다. 학교 창설에서 폐교에 이르는 30여 년간 숭일학교와 수피아여학교를 이끈 역대 교장의 명단은 다음과 같다.

---

50 「동아일보」 1924년 2월 10일 자 "崇一學校 移管, 光州教會의 問題."

51 「동아일보」 1926년 4월 27일 자 "崇一校, 面目一新."

52 「동아일보」 1927년 3월 20일 자 "兩校 廢止를 보고 公民校 設立運動."

숭일학교 역대 교장

재임 기간	한글 이름	영어 이름
제1대 1908.2~1909.7	배유지	Rev. Eugene Bell
제2대 1909.8~1910.12	변요한	Rev. J.F. Preston
제3대 1911.1~1911.12	배유지	Rev. Eugene Bell
제4대 1912.1~1913.9	노라복	Rev. Robert Knox
제5대 1913.10~1917.6	타마자	J.V.N. Talmage
제6대 1917.7~1918.6	위위렴	Mr. W.A. Venable
제7대 1918.7~1919.6	타마자	J.V.N. Talmage
제8대 1919.7~1924.6	노라복	Rev. Robert Knox
제9대 1924.7~1925.6	타마자	J.V.N. Talmage
제10대 1925.7~1927.6	이보린	Mr. J.B. Reynolds
제11대 1927.7~1933.6	김아각	Dr. D.J. Cumming
제12대 1933.7~1935.7	도마리아	Miss. Mary L. Dodson
제13대 1935.7~1937.9	유화례	Miss. Florence. E. Root

수피아여학교 역대 교장

재임 기간	한글 이름	영어 이름
제1대 1908.4~1910.8	엄언라	Miss Ella Graham
제2대 1910.9~1924.8	구애라	Miss Anna McQueen
제3대 1924.9~1926.3	마정원	Miss Martin
제4대 1926.4~1933.1	김아각	Dr. D. J. Cumming
제5대 1933.4~1937.9	유화례	Miss. Florence. E. Root

III. 숭일·수피아여학교 학생들의 활동

남장로교 선교사들은 기독교 신앙만이 아니라 근대 서양 문화도 학생들에게 소개하였다. 이들이 경영하던 미션스쿨을 통해 당시 한국인들에게 매우 낯선 야구, 정구, 축구 등과 같은 스포츠 문화가 광주 지역에 널리 알려졌다. 숭일학교는 야구부를 정규팀으로 운영하였는데 상대팀이 없어 주로 광주YMCA팀과 연습 시합을 하였다. 당시에 야구 경기는 사람들에게 '운동곳'으로 불리기도 하였다.[53] 근대적 연극 역시 숭일학교를 통해 확산되었다. 숭일학교 2층 강당은 성탄 축하 연극 공연의 단골 장소였다. 숭일학교 연극부는 시골교회를 돌면서 성극 공연을 하였고 숭일YMCA와 연합하여 농촌공연을 계속함으로써 전라도 지역의 근대적 연극을 활성화하는데 큰 기여를 하였다.[54]

숭일학교는 스포츠와 연극만이 아니라 광주 양악(洋樂) 문화의 통로 역할도 하였다. 광주에서 서양음악은 주로 군대와 학교, 교회를 통해 발전하였는데 숭일학교와 수피아여학교 출신들이 중요한 역할을 했다. 이들은 광주 지역교회와 함께 전도대(찬양대, 관현악단)를 구성하여 활동하였고[55] 이를 통해 다수의 음악 전문인이 배출되었다. 1921년 최순오(崔淳五), 이태식(李泰植), 김태오(金泰午), 김태봉(金泰奉), 이수경(李壽京) 등 숭일학교 출신 중심으로 구성된 5인조 관악중주단(管樂重奏團)은 1년 만에 소 관현악단으로 발전하였다.[56]

이 시기의 숭일학교와 관련하여 주목할 필요가 있는 것은 YMCA다. 1903년 황성기독교청년회의 창설 이후 서울 지역을 중심으로 학생 YMCA가 조직되기 시작하였는데 YMCA 지도부는 이를 전국 단위로 확산시키기 위해 전국 순회 강연을 계획하였다. 당시 학생부 간사로 위촉된 미국 프린스턴대학 박사 이승만은 1911년 5월 16일

53 숭일구십년약사편찬위원회, 7.

54 숭일구십년약사편찬위원회, 7.

55 「동아일보」 1920년 8월 15일 자 "崇一傳導隊 組織."

56 노동은, 정율성과 광주근대음악, 『정율성 음악세계와 현대성의 지평』, (재)광주광역시 광주문화재단, 2018, 105.

부터 6월 21일까지 전국 순회 강연을 하였는데 광주에서도 강연하였다. 이때 강연에 참석했던 고등부 학생 최영욱, 조정환, 최기현, 정효룡, 장맹섭 등이 숭일학교 학생YMCA를 발족시켰다. 이 단체는 낙후한 농촌사회의 발전을 위해 농촌봉사와 농촌선교에 힘썼으며 광주YMCA의 모체가 되었다.[57]

숭일학교와 수피아여학교는 3.1운동에서도 중요한 역할을 담당하였다. 서울에서 3.1운동이 발발했다는 소식이 전해지자 수피아여학교 교사 박애순은 학생들에게 「매일신보」의 기사를 읽어주면서 "만국 강화 회의에서 조선도 독립을 승인받았기 때문에 각처에서 독립운동이 시작된 것이므로 우리도 그 운동을 개시하고 조선독립 만세를 불러야 한다"라고 외쳤다.[58] 숭일학교 교사인 최병준도 학생들에게 "그리스도는 자기 몸을 희생하여 계급제도를 타파하고 자유를 위해 애쓰셨다. 기독교도인 우리는 어떠한 장애라도 배제하고 그 목적의 수행을 위하여 노력을 해야 한다"라는 내용의 설교를 했다.[59]

광주 지역의 만세운동은 3월 5일부터 본격적인 준비작업이 시작되었다. 3월 5일 저녁 양림동 소재 남궁혁 선생의 집에서 숭일학교 교사 최병준, 수피아여학교 교사 박애순과 진신애 등 12명이 모여 광주에서의 독립운동 계획을 세우고 거사일을 3월 10일로 정했다. 그리고 각자 맡은 일을 분담하는 등 세부 계획을 세웠다. 3월 10일 오후 3시 부동교(不動橋) 아래 작은 장터를 중심으로 숭일학교 보통과 및 고등과 각급 학생 대표인 김철주, 김성민, 정연구, 김판철, 김정수 등은 학생들에게 선언문 20장씩을 나누어 주었다. 그리고 숭일

57 대한YMCA연맹 엮음, 『한국 YMCA 운동사 1895~1985』, 路出版, 1986, 34쪽; 숭일구십년약사편찬위원회, 6.

58 수피아90년사편찬위원회, 226.

59 수피아90년사편찬위원회, 227.

과 수피아 학생들은 광주 장터에 모여든 1천여 명의 시민에게 준비한 태극기와 선언문을 일시에 배부하였다.

이 운동으로 숭일학교 교사 및 학생 26명이 광주지법에서 실형을 선고받았다.[60] 이들 중 송광춘 학생은 대구고등법원에서 재판을 받던 중 심한 고문으로 옥사하였다.[61] 수피아여학교에서는 교사 및 학생 22명이 구속되어 형을 언도 받았다.[62] 3.1운동 당시 광주 지역에서 시위와 관련하여 기소된 자 중에는 젊은 기독교인의 비율이 매우 높게 나타나고 있는데 이는 숭일학교와 수피아여학교 교사 및 학생의 적극적 참여에 의한 것이다.[63]

3.1운동 이후에도 수피아여학교의 교사와 학생들은 민족의식의 고취를 위한 다양한 운동을 전개하였다. 그중의 하나가 '열세집'이라는 가극이었다. 열세집의 '열셋'은 조선 13도를 말하고 '집'은 우리나라를 가리켰다. 이 가극은 각 도의 상징적인 노래와 함께 팔도강산

---

60 판결문에 나타나는 3.1운동 관련 기소자 중 숭일학교 교사 및 학생 26명은 다음과 같다. 강대년(교사, 26), 신의구(교사, 24). 정두범(21), 김철주(19), 김성민(20), 이병환(22), 김판철(20), 장남규(20), 유계문(20), 김영기(22), 주형옥(21), 김학선(24), 김석현(19), 조홍종(20), 이창호(19), 원창권(22), 주장암(20), 황맹석(18), 이남채(21), 양만석(16), 정몽석(18), 박오기(19), 홍금돌(20), 김상원(17), 김정수(21). 「大正8年 刑第558號 판결문」(광주지방법원, 1919.4.30.); 한규무, 호남지역 3.1운동과 종교계: 선행연구 검토와 향후과제 제시를 중심으로, 『역사학연구』 73, 2019, 95-96.

61 숭일구십년약사편찬위원회, 8-9.

62 판결문에 나타나는 3.1운동 관련 기소자 중 수피아여학교 교사 및 학생 22명은 다음과 같다. 박애순(교사, 23), 진신애(교사, 20). 학생: 홍순남(18)·박영자(19)·최경애(17)·양태원(16)·김필호(17)·임진실(20)·고연홍(17)·박성순(19)·이태옥(18)·김양순(17)·양순희(19)·윤혈녀(20)·김덕순(18)·조옥희(20)·이봉금(17)·하영자(18)·강화선(16)·이나혈(17)·최수향(16)·홍승애(18, 무죄방면), 「大正8年 刑第558號 판결문」(광주지방법원, 1919.4.30.); 한규무, 호남지역 3.1운동과 종교계: 선행연구 검토와 향후과제 제시를 중심으로, 『역사학연구』 73, 2019, 95.

63 한규무, 2019, 77-104.

을 춤으로 묘사한 것으로서 수피아여학교 부근에 있는 오웬기념각에서 주로 공연되었는데 공연을 관람하던 관중들은 민족애가 뜨겁게 치솟는 경험을 자주 하였다고 한다.[64] 또한 수피아여학교에서는 '반일회'(班日會)라고 하여 반별로 특별한 모임을 갖고 하루를 즐기는 행사를 하였는데 대개 졸업식 직전이나 크리스마스이브에 공연하였다. 그런데 반일회라는 명칭에는 '反日會' 즉 일본에 반대하는 모임이라는 뜻이 숨어 있어서 수피아 항일민족운동의 전통을 은유적으로 이어가는 훌륭한 행사였다고 한다.[65]

광주학생운동이 일어났을 때도 수피아여학교에서는 정옥순, 심만 등을 중심으로 시위를 계획하였다. 이들은 태극기와 격문을 제작하여 아옥(兒玉) 정무 총감이 광주에 오는 1930년 1월 27일에 만세시위를 벌이려 했으며, 격문에는 조선지도를 그리고 "동포여 각성하라," "영원히 만세를 외치라," "독립만세를 외쳐라" 등의 구호를 적었다.[66] 하지만 사전에 경찰에 발각되어 무위에 그쳤고 수피아여학교는 무기 휴교에 들어갔다.[67]

1930년 2월경에는 수피아여학교의 일부 학생이 '백청단'(白青團)이라는 비밀결사를 조직했다. 이 단체의 뜻은 '백의인'(白衣人) 즉 백의민족의 청년을 의미했으며 조아라(曺亞羅)가 주도적 역할을 했다. 이들은 조선독립을 목적으로 매월 20전씩 모아 문맹 퇴치와 무산아동 후원 등의 활동을 하였으며 은반지를 끼고 다니면서 결속을

---

64 수피아90년사편찬위원회, 256-257.

65 수피아90년사편찬위원회, 259.

66 강재언 편, 『광주항일학생사건자료』, 89. 이 격문은 사전에 소각되었다. 한규무, 『광주학생운동』(한국독립운동의 역사 41), 한국독립운동사편찬위원회 독립기념관 한국독립운동사연구소, 2009, 146.

67 「조선일보」 1930년 1월 30일 자 "光州須彼亞女校 示威計劃 發覺"; 「조선일보」 1930년 1월 31일 자 "光州須彼亞女校 無期休學."

다졌다. 또 평소 태극기를 소지하고 다녔으며 임시정부의 김구와 편지를 주고받았다고 한다. 그러나 졸업 후 단원들의 결혼, 취직, 유학 등의 이유로 1932년 7월경 해산되었는데 다른 사건을 조사하던 경찰이 이 조직의 단서를 찾아 1933년 전남 각지에 흩어져 있던 단원들을 체포하였다.[68]

한편 1920년대에는 미션스쿨에서 동맹휴학이 많이 일어났는데 숭일학교도 예외가 아니었다. 1926년 숭일학교 학생들은 사회적으로 악평을 받은 교사 정두범의 면직 등 4가지 요구 조건을 담은 진정서를 교장에게 제출하고 동맹휴학을 하였다. 그런데 교장은 원만한 해결의 약속을 이행하지 않고 오히려 학생들에게 시말서를 요구하였다. 학생들이 이를 거부하자 학교 측은 동맹휴학에 가담한 학생 모두에게 무기정학 처분을 내렸다. 이로 인해 학생들이 자퇴하는 등 학교가 큰 소란에 빠졌으나 학부모들의 개입과 중재로 사태가 일단락되었다.[69]

Ⅳ. 숭일·수피아여학교의 시련과 폐교

1930년대에 들어 일제는 신사참배를 미션스쿨에 강요하기 시작하였다. 만주사변 이후 미션스쿨이 이러한 행사 참여 거부와 관련하

---

68 「東亞日報」 1933년 2월 2일 자 "朝鮮 00을 目標로 白靑團 組織活動"; 「동아일보」 1933년 2월 3일 자 "朝鮮 00 目的한 女性秘社 白靑團, 光州學生 事件 後 卽時 團을 組織"; 수피아90년사편찬위원회, 255.

69 「東亞日報」 1926년 9월 15일 자 "光州崇一校學生 百名의 同盟休學"; 「동아일보」 1926년 9월 22일 자 "九十七名 學生에 無期停學 處分"; 「東亞日報」 1926년 9월 25일 자 "無期停學에 憤慨 學生自進退學."

여 가장 먼저 문제가 된 곳은 1932년 1월경 전남 광주였다. 당시 일본인이 발행하던 「목포신보」에는 다음과 같은 기사가 실렸다.

> 광주에 있는 기독교 신자를 주체로 하는 모 사립보통학교, 모 사립여학교는 종교가 다르기 때문이라고 하면서 만주사변 기원제에 참가하지 않거나 혹은 이런 종류의 회합에 참가하더라도 신사에 참배하지 않아서 학무당국에서는 머지않아 엄중하게 주의를 주어 그래도 종래와 같은 일을 반복하면 경우에 따라서는 최후의 수단으로 나올 것이라고 한다.[70]

이 기사에서 모 사립보통학교와 모 사립여학교는 숭일학교와 수피아여학교를 가리킨다. 전시체제로 접어들수록 신사참배가 더욱 강요되자 남장로교 선교부에서는 본격적인 대책을 강구하지 않을 수 없었다. 1936년 11월 11일 미션스쿨을 운영하던 남장로교 선교사 대표 7명은 오전 9시부터 오후 늦게까지 수피아여학교에서 비밀 모임을 갖고 ① 현재 경영하는 학교를 1938년 3월까지만 유지하고 폐쇄할 것, ② 다음 해 신학기부터 입학생을 모집하지 않을 것, ③ 현재의 교사(校舍)를 매도하거나 대여하지 않을 것 등의 사항을 결의하였다.[71] 선교부의 이러한 입장을 간파한 호남지역 미션스쿨의 학부모들은 1936년 12월 5일 수피아여학교 강당에서 학부모대회를 개최하고 '미션학교문제대책강구회'와 제휴하여 일반사회에 구원을 요

70 「木浦新報」 1932년 1월 14일 자 "皇軍에 대한 祈願祭에 참가하지 않은 광주의 기독교학교, 當局, 단호한 處置로 나올 것이다"; 김승태, 『한말·일제강점기 선교사 연구』, 한국기독교역사연구소, 2006, 169.

71 당시 남장로교 선교부 산하 10개 학교의 학생 수는 4,787명이었다. *Minutes Ad Interim Committee*(Chunju, November 4-5, 1936) ; 「조선일보」 1936년 11월 30일 자 "長老敎系統 十七校 明年度부터 廢止."

청하기로 하고 10명의 위원을 선출하였다.[72]

한편 남장로교 선교부는 미국 선교본부와 연락을 취하여 사태를 논의하였다. 미국 선교본부는 일본 선교사 출신으로 해외선교부 총무를 맡고 있던 풀턴(C. Darby Fulton)을 한국에 파송하여 대응 방안을 강구하도록 하였다. 1937년 2월 한국에 도착한 풀턴은 3주 정도 체류하면서 조사 활동을 마친 후 위원회에서 이른바 '풀턴 성명'을 발표했다. 13개 조항으로 된 이 성명서는 신사참배 문제의 본질을 다신교와 유일신 신앙의 대결로 규정하고 기독교인은 신사참배를 거부해야 한다고 못 박았다.[73] 한국에서 활동하고 있던 남장로교 선교부의 입장을 재천명한 셈이다

1937년 3월 수피아여학교 학생들은 전부 등교하여 학교의 무사안녕을 위해 기도하였다.[74] 수피아와 숭일 양교존속기성회도 남장로교 선교부가 결정한 미션스쿨 폐교 조치의 소식을 듣고 "① 존속기성회가 주체가 되어 우선 기금 40만 원을 준비 착수 ② 제반 사정이 법적으로 항쟁할 수 있으므로 현재 교사(校舍)·기타 물품을 가차압 처분을 하고 끝까지 운동할 것 ③ 신입생 모집은 기성회가 모집하는 동시에 비상 수단을 취하여 현재 직원과 밀접한 연락을 할 것[75]"등을 주된 내용으로 하는 결의사항을 채택하였다.[76]

한편 1937년 9월 3일 일제는 루트 교장과 숭일학교의 김후근 선

---

72 「조선일보」 1936년 12월 8일 자 "밋슌學校는 어대로?"

73 한국기독교역사학회 편, 『한국 기독교의 역사 II』(개정판), 기독교문사, 2012, 268.

74 「조선일보」 1937년 3월 5일 자 "生徒全部가 登校 學校安泰를 祈禱."

75 「조선일보」 1937년 3월 2일 자 "四十萬圓 財團準備 期成會서 生徒募集"; 「조선일보」 1937년 3월 2일 자 "須彼亞女教長 全州로 急行."

76 이 무렵 학교 존속 찬성파와 폐교 찬성파가 대립하는 과정에서 폭행 사건이 일어나기도 하였다. 「조선일보」 1937년 3월 18일 자 "廢校, 存續 問題로 職員間 軋轢深刻 – 량파 감정악화로 상해 사건까지 光州教會學校에 不祥事."

생을 불러 9월 5일까지 신사참배를 하지 않으면 학교를 폐쇄하겠다고 위협하였다. 당시 숭일학교의 교장은 도슨(Mary Lucy Dodson, 도마리아) 선교사였는데 일시 귀국 중이어서 수피아여학교 교장 루트 여사가 양 학교의 교장을 겸임하고 있었다. 그 자리에서 일제 측 담당자는 루트 교장을 보내고 김후근 선생만 남게 한 후 위협하였다. 선교사 측이 반대하더라도 직원과 학생이 신사참배를 하면 직원들의 신분이 보장되고 학생들도 구제받을 것이지만, 만약 그렇지 않을 경우에는 교직원들의 신분도 보장할 수 없고 학생들도 구제받을 수 없다는 최후통첩을 한 것이다.[77] 김후근 선생은 수차례 협의를 거듭한 뒤 "우리는 이 땅을 떠나서 살 수 없는 사람들이다. 더욱이 이 많은 학생을 어떻게 할 도리가 없다"라고 하면서 신사참배를 하기로 결정하였다.[78]

1937년 9월 6일 '애국일'을 맞이하여 숭일학교 학생들은 오전에 신사참배를 하였고 오후에는 교사 2명과 학생 2~3명을 제외한 수피아여학교 학생들이 신사참배를 하였다. 이는 남장로교 선교부의 방침에 정면으로 위배되는 행위였다. 마침내 루트 교장은 선교부의 방침에 따라 9월 6일 자로 숭일학교와 수피아여학교의 문을 닫았다. 이후 교직원들과 대다수 학생은 공립학교로 분산되었고 선교사들은 태평양전쟁의 발발과 함께 미국으로 귀환하였다.

---

77 숭일구십년약사편찬위원회, 11.

78 숭일구십년약사편찬위원회, 11.

V. 맺음말

지금까지 살펴보았듯이 1892년 내한한 남장로교 선교사들은 일제 말엽 미국으로 귀환하기 전까지 호남지역의 주요 도시인 전주, 군산, 목포, 광주, 순천에 선교지부를 건설하고 활발한 선교활동을 펼쳤다. 이들의 선교는 전도활동, 의료활동, 교육사업의 세 방면으로 전개되었으며 선교 구내에 건설된 교회, 병원, 학교가 중요한 거점 내지 통로 역할을 하였다. 남장로교의 네 번째 선교지부로 개설된 광주선교부 역시 이러한 방식에 따라 선교활동을 전개하였다.

1904년 개설된 광주선교부는 선교 구내에 마련된 유진 벨 선교사의 사택에서 먼저 교회를 설립하고 다음 해에 진료소를 개설하였으며 마지막으로 학교를 설립하였다. 학교를 가장 늦게 설립한 것은 앞서 언급했듯이 기독교 가정이 어느 정도 확보된 후 그 자녀들을 기독교 지도자로 양성하는 것을 미션스쿨의 목적으로 삼았기 때문이다. 이러한 선교방침에 따라 1908년 동시에 설립된 숭일학교와 수피아여학교는 남장로교 교육선교의 주요 거점 역할을 하면서 호남지역의 유수한 중등교육 기관으로 발전하였다. 두 학교는 그 과정에서 많은 시련과 난관에 봉착하기도 하였지만 폐교되기 전까지 30년 동안 수많은 인재를 배출하였다. 두 미션스쿨의 졸업생들은 지역교회만이 아니라 근대교육과 민족운동 방면에서도 중요한 역할을 하였다.

남장로교 광주선교부가 30여 년 동안 미션스쿨을 통해 펼친 교육선교의 의미를 세 차원에서 살피면서 결론을 맺고자 한다. 첫째는 한국 교회사적 의미다. 숭일학교와 수피아여학교는 미션스쿨의 정체성을 매우 강조하였다. 우선 기독교인 학생의 비율을 60% 이상으로 유지하는 것을 원칙으로 삼아 학교의 분위기를 기독교적으로 만들려고 하였다. 또한 성경을 정규과목으로 지정하고 채플 참석을 의무화했으며 일요일에는 학생들이 학교 근처에 있는 교회의 예배에 참석하도록 하였다. 이러한 분위기의 영향을 받아 주일학교의 교사로 봉사하거나 전도대를 조직하여 전도활동에 나서는 학생들이 많았다. 졸업할 무렵이 되면 대부분의 학생이 기독교인이 되었다는 기록이나, 졸업 이후 기독교 기관이나 관련 분야에서 활동하는 비율이 높게 나타난 것은 그 결과라고 할 수 있다. 따라서 광주선교부에서 운영한 두 학교는 한국교회의 성장에 중요한 인적 자원을 제공했다고 볼 수 있다.

둘째는 한국 근대교육사적 의미다. 숭일학교와 수피아여학교는 선교부에서 설립하고 선교사들이 운영하였지만 어디까지나 교회가 아니라 학교다. 미션스쿨은 기독교 정신을 설립이념으로 하고 있지만, 종교단체가 아니라 교육 기관의 범주에 속하기 때문이다. 따라서 미션스쿨에서는 종교교육을 시행하지만, 세속교육의 비중이 더 클 수밖에 없다. 즉 영어, 일본어, 한국어와 같은 언어를 비롯하여 물리, 화학, 박물 등의 다양한 과학 과목에 이르기까지 사회생활에 필요한 세속교육을 가르치는 시간이 훨씬 더 많다. 종교교육만 추가하고 있을 뿐 공립학교에서 가르치는 것과 큰 차이가 없다. 따라서 근대 국민국가의 교육체계의 한 부분을 담당할 수 있는 것이다. 한말 이후 교육구국론이 등장하면서 사립학교 설립의 필요성은 증대하였지만 예산 문제로 인해 지속적인 운영과 유지가 쉽지 않았다. 그런데 개신교 선교사들이 막대한 예산을 투여하여 미션스쿨을 설립함으로써 한국인의 교육 수요에 응하는 동시에 근대적 교육체계의 일익을 담당하였던 것이다. 따라서 광주선교부에서 운영한 숭일학교와 수피아여학교는 한국교회만이 아니라 한국의 근대교육 특히 사립학교의 발전에 매우 중요한 역할을 하였다고 볼 수 있다.

셋째 민족운동사적 의미다. 주지하다시피 남장로교 선교부는 신학적으로 보수적인 입장을 취하고 있었기 때문에 선교사들이 운영한 미션스쿨에서 학생들에게 민족의식을 직접적으로 고취하지는 않았을 것으로 보인다. 그렇지만 미션스쿨에서 학생들을 가르친 한국인 교사 중에는 민족의식을 지닌 경우가 적지 않았으며 이들의 민족의식은 학생들에게 은밀하게 전수되었을 가능성이 크다. 광주에서 일어난 3.1운동이 그 증거의 하나라고 할 수 있다. 앞서 살펴보았듯이 운동의 준비단계에서부터 만세시위에 이르기까지 두 미션스쿨의 교사와 학생이 큰 역할을 하였다. 기소된 자 중에서 숭일학교와 수피아여학교의 교사와 학생이 차지하는 높은 비율은 명백한 증거다. 3.1운동 이후 수피아여학교 여학생들을 중심으로 등장한 '열세집'이라는 가극이나 '반일회'의 조직 그리고 '백청단'과 같은 비밀결사도 민족의식의 주요 통로였다고 볼 수 있다. 이러한 여러 사건에서 숭일학교나 수피아여학교 교사와 학생들의 신앙과 민족의식이 구체적으로 어떻게 결합되었는가는 좀 더 깊이 규명되어야 할 과제이지만 당시 두 학교가 민족운동사에서 일정한 역할을 했음은 부인할 수 없을 것이다.

참고문헌

「동아일보」

「木浦新報」

「조선일보」

「중외일보」

광주제일교회 광주교회사연구소.『광주제일교회 100년사 1904-2004』. 광주제일교회, 2006.

광주숭일중고등학교.「숭우」. 광주숭일중고등학교, 1978.

노동은. "정율성과 광주근대음악."「정율성 음악세계와 현대성의 지평」. (재)광주광역시 광주문화재단, 2018.

박혜진.『일제하 한국기독교와 미션스쿨』. 경인문화사, 2015.

수피아90년사편찬위원회.『수피아 90년사 1908-1998』. 광주수피아여자중·고등학교, 1998.

숭일구십년약사편찬위원회.『사진으로 보는 숭일, 90년 약사』. 숭일학원, 2002.

안유림.『일본제국의 법과 조선기독교』. 경인문화사, 2018.

차종순. "광주 남학교의 초기 역사에 관한 연구."「신학 이해」18, 1999.

최영근. "미국 남장로교 선교사 유진 벨(Eugene Bell)의 선교와 신학."「장신논단」46(2), 2014.

_____. "미국남장로교 선교사 존 페어맨 프레스톤(John Fairman Preston,Sr.)의 전남 지역 선교에 관한 연구."「장신논단」48(1), 2016.

한규무. "호남지역 3.1운동과 종교계: 선행연구 검토와 향후 과제 제시를 중심으로."「역사학연구」73, 2019.

The Missionary

The Missionary Survey

George Thompson Brown. *Mission to Korea*. Board of World Missions Presbyterian Church, U.S. 1962.

순천매산학교*

한규무(광주대학교 교수)

Ⅰ. 머리말

미국 남장로회 순천선교의 역사를 살펴보면, 레이놀즈(W. D. Reynolds, 이눌서)가 1894년 5월 전라도 일대를 여행하면서 순천을 잠시 들렀으며, 이후 1898년 테이트(L. B. Tate, 최의덕)가 이 지역에 내려와 장터에서 전도했다고 한다. 하지만 본격적인 순천선교는 1904년 광주 스테이션이 세워지면서부터라 할 수 있다. 즉, 광주 스테이션의 오웬(C. C. Owen, 오기원)이 순천 일대의 선교 책임을 맡은 뒤 이 지역에서 점차 기독교인이 늘어나 마침내 1909년 순천읍교회·대기리교회·구상리교회 등이 설립되기에 이르렀다. 이에 따라 선교사들 사이에서 순천 스테이션의 설치가 논의되었다.

일찍이 1904년 전킨(W. M. Junkin, 전위렴)이 순천 스테이션 설치를 주장한 바 있으며, 1909년 오웬이 죽은 뒤 프레스톤(J. F. Preston, 변요한)과 벨(Eugine Bell, 배유지)이 선교회에 순천 스테이션의 설치를 요청했다. 이들은 순천이야말로 남쪽 도서(島嶼)선교의 기지로 활용될 수 있는 적지라고 생각했다. 마침내 1910년 미국 남장로회에서는 순천에 스테이션을 설치하기로 결정하고 준비에 착수하여 기지를 물색하고 1912년 인원을 확정했다. 이에 따라 복음선교를 위해 프레스톤과 코이트(R. T. Coit), 의료선교를 위해 팀몬스(H. L. Timmons, 김로라)와 그리어(A. L. Greer, 기안나), 교육선교를 위해 크레인(J. C. Crane, 구례인)과 듀푸이(L. Dupuy, 두애란) 등이 선발되었다. 1913년에 주택이 완성되어 프레스톤과 코이트 가족이 먼저 이주했다.[1] 이 해 순천지역의 교세는 세례교인 581명, 총 교인 1,549명이었다.[2]

오늘 발표에서는 이 같은 순천 스테이션의 학교교육에 대해 살펴보고자 한다. 널리 알려진 대로 한국에 진출한 해외선교회의 선교 전략은 거점지역을 중심으로 복음선교·교육선교·의료선교를 펼치는 것이었으며 미국 남장로회의 순천선교 역시 예외가 아니었다. 그런데 남장로회의 선교에서 교육선교가 차지하는 비중은 결코 작지 않았다. 비록 1933~1934년의 사례이기는 하지만, 다음의 <표 1>을 보면 남장로회 예산총액 79,296원 중 남학교·여학교 예산이 32,378원으로 전체의 40.8%를 차지하고 있다(의료사업은 12.2%). 물론 선교

---

* 이 글은 2008년 제1회 인돈학술세미나에서 발표되었다.

1 김수진·한인수, 한국기독교회사: 호남편(범론사, 1980), .185~191; 순천시사: 『정치·사회편』(순천시, 1997), 704~705; 송현숙, 「호남지방 기독교 선교기지 형성과 확장에 관한 연구」, 『한국기독교와 역사』 19(한국기독교역사연구소, 2003), 249~251. 다음 기사도 참고된다: "순천스테순회 설립/ 1913년에 백미다양과 뚜부인과 기 간호원장과 변요한 목사 가족과 고라복 목사 가족이 와서 주택을 건축하는 중에 하층에서 림시로 생활하게 되니 그 생활의 불완전함과 참담함이 물론 말할 수 없엇을 것이다. 그러는 중에 불행이도 고라복 목사의 두 아기는 세상을 떠나게 되었다. 여러 선교사들 식구가 한집에 몰려 있어서 먼저 변목사 집과 고라복 목사의 집을 건축하게 되었고 그해 가을에 구례인 선교사 가족이 나오셨다(「기독신보」 1933.02.08 「조선예수교장로회 남장로파선교40년사(8)」)."

2 『순천시사: 정치·사회편』(순천시, 1997), 704~705.

사 봉급은 본국(미국)에서 책정 · 송금되었기 때문에 여기에 반영되지 않지만, 이 예산편성만 놓고 보면 교육선교(학교)>복음선교(교회)>의료선교(병원)라고 할 수 있다.

〈표 1〉 한국 내 미국 남장로회의 사업예산(1933~1934)[3]

	Chunju	Kunsan	Kwangju	Mokpo	Soonchun	P'yang	(Total)
Biblw Women	528	338	610	468	330⑤		2,274
Helpers	2,167	1,628	2,442	2,322	1,892④		10,451
Helpers N. T.	979		1,804				2,783
Itin.	1,320	478	1,430	840	728④		4,796
Classes	517	326	528	257	264⑤		1,892
Jun. B. School	451		534				985
Tracts	40			55	22③		117
Secty	605	154	957	400		561	2,677
Chauffeur	341	-	-	-			341
Boys' School	8,118	2,088	2,056	2,153	2,156②		16,571
Girls' School	2,640	2,088	6,756	2,563	1,760⑤		15,807
Count. Schools	2,503	649	1,870	822	1,296③		7,140
Medical	1,955	2,024	2,101	1,806	1,815④		9,701
Telephone	52	71	44	44	44③		255
Repairs	682	291	957	566	627③	22	3,145
Water		30	45	215		71	361
(Total)	22,898	10,165	22,134	12,511	10,934③	654	79,296

'미션스쿨'(mission school: 敎營學校)인 매산남 · 녀학교에 대한 연구는 몇 편의 논저에서 단편적으로 언급되고 있는 정도이다.[4] 선교

3 Minutes of the Forty-First Annual Meeting of the Southern Presbyterian Mission in Korea(Chiri-san, July, 1932), 31.

4 매산남·녀학교에 대해서는 다음 논저들이 참고된다: 김홍규, 「순천매산고등학교」, 『한국민족문화대백과사전⒀』(한국정신문화연구원, 1991); 순천시사편찬위원회, 『순천시사: 문화·예술편』(순천시, 1997) 1장4절2항 ② 순천매산학교 ③ 순천매산

회 회의록에서도 구체적인 서술을 찾기 힘들다. 그나마 「기독신보」나 「동아일보」·「조선일보」·「매일신보」 등에 실려 있는 기사가 큰 도움을 준다. 비록 편린(片鱗)과 같은 자료들이지만 이들을 바탕으로 일제강점기 매산남·녀학교 역사의 일부나마 밝혀내고자 한다. 그 때문에 다소 장황하더라도 이 기사들을 많이 인용하게 될 것이다. 질정을 바란다.

II. 은성학교의 설립과 폐교

매산남·녀학교의 전신은 은성학교(恩成學校)였다. 설립연도에 대해서는 이론(異論)이 있는데, 몇 가지를 소개하면 다음과 같다.

① 매산고등학교 홈페이지(http://maesan.hs.kr) 학교 연혁: 1910년 3월 미국 선교사 변요한, 고라복 목사가 순천시 금곡동 사숙(私塾)에서 개교하다./ 1911년 순천시 매곡동 신축 교사로 이전하다./ 1913년 9월 미국 남장로회 선교부가 경영하는 성경을 가르치는 기독교교육 기관으로 고라복(R. T. Coit) 선교사를 설립자 겸 초대 교장으로 하여 사립 은성학교를 설립하다./ 1916년 6월 당시 조선총독부에서 성경정과 교수를 불허하므로 자진 폐교하다./ 1921년 4월 15일 미국 남장로회 선교부 주선으로 성경을 정과(正科)로 하여 교육하는 학교로 인가를 받아 매산학교와 매산여학교가 개교되다.

② 매산여자고등학교 홈페이지(http://www.msgh.hs.kr) 학교 연혁:

여학교; 순천시사편찬위원회, 『순천시사: 정치·사회편』(순천시, 1997) 6장6절 매산학교의 신사참배 거부 투쟁.

1910년 4월 미국 선교사 변요한(John. F. Preston), 고라복(Robert coit) 목사에 의해 순천시 금곡동 사숙에서 개교/ 1911년 4월 15일 미국 남장로교 선교회에서 매산여학교를 설립하여 개교. 백미다(Miss. M. L Bigger) 선교사 초대 교장 취임.

③ 『순천시사: 문화예술편』: 호남지역의 선교는 남장로계 선교사들에 의해 이루어졌으며, 1910년 순천에 선교부를 개설하고 선교활동을 시작하였다. 이 지역에 최초로 파송된 선교사 변요한과 고라복 목사가 1910년 4월 금곡동 향교 근처에 한옥 한 채를 구입하여 예배당으로 사용하면서 30명 정도의 학생들에게 성경과 신학문을 가르치기 시작하였다. 1년 후인 1911년 학생 수가 점점 늘어나 매곡동 현 중학교 자리에 교사를 지어 이전하였고, 1913년 9월에 사립은성학교로 인가를 받아 설립되었다. 당시 설립자 겸 교장에 고라복 선교사가 취임하였다(92).

④ 『순천시사: 정치경제편』: 1913년 순천선교를 위하여 광주에서 내려온 크레인과 듀푸이 두 선교사는 1913년에 매산남학교, 1914년에 매산여학교를 각각 세웠다(처음에는 은성학교라 불렀다고 한다). 이들은 선교부에서 재정지원을 받아 매곡동 동산에 교사를 짓기 시작하였다(705쪽).

⑤ 『한국민족문화대백과사전』: 이 학교의 전신은 1910년 9월 미국 남장로회 한국선교회 선교사 변요한·고라복 목사가 성경을 중심으로 한 기독교교육을 실시하기 위하여 순천시 금곡동에서 수업연한 4년의 사숙으로 개교하였다. 1913년 9월 순천시 매곡동에 석조 건물로 교사를 신축, 이전하고 고라복을 설립자 겸 초대 교장으로 하여 교명을 사립 은성학교로 정하였다.

위의 내용을 정리하면, 프레스톤과 코이트가 1910년 3~4월경 금곡동의 사숙(私塾)에서 개교했고, 이듬해 매곡동에 새로 교사(校舍)를 지어 이전했다. 이 시기의 학교는 남학교와 여학교로 구분되어 있었으며, 아직은 '보조학교'(subsidiary academy)나 '문법학교'(grammar school) 정도의 수준이었다.[5] 그런데 과연 이 선교사들이 당시에 순천에서 어떻게 학교를 운영했을까 하는 점이 궁금하다. 아직 순천은 '스테이션'이 아니었기 때문에 선교사들 역시 '상주'(常駐)가 아닌 '순회'(巡廻)의 형태로 교회와 교인들을 지도했기 때문이다. 또 한국어가 서툰 이들이 학생들을 직접 가르쳤다고 생각하기도 힘들다. 그러므로 순천지역 교회의 청·장년들이 교사를 맡지 않았을까 짐작된다.

이후 당국의 인가를 받아 1913년 9월 정식으로 개교했고, 은성학교는 제법 인기를 끌었던 것 같다. 다음 기록을 살펴보자.

⑥ 이 학교가 처음 창셜할 때에는 은셩학교라는 일홈을 띄고 낫타낫섯다. 인가도 잇섯다. 그래서 생도수도 꽤 만하섯고 션생들도 열심으로토 가라친 고로 처음 몃해 동안은 예상외의 셩적을 가지고 발젼하엿섯다. 그런 고로 션교사들뿐 아니라 일반교회와 및지않난 사람들까지라도 이 학교에 대하여 만흔 긔대를 가지고 잇섯다. 그러케 할 동안 어느새에 경관의 날낸 시션은 이 학교로 향하게 된 후 그네들의 오해는 졈졈 깁허젓다. 그러케 되여셔 불과 2년이 못된 이 은셩학교난 폐교의 운명을 당하엿다. 그 후 5·6년간은 비애와 졀망의 검운 구름이 이 학교의

5 Minutes of the Twenty-Second Annual Meeting of the Southern Presbyterian Mission in Korea(Chunjun, August 21-September 1, 1913), 61. 그런데 은성학교의 설립이 1913년 9월의 일이라면, 앞의 회의록은 1913년 8월 21일~9월 1일의 것이므로 그 직전의 상황을 담고 있다고 여겨진다.

샹공을 가리우고 잇슬 뿐이엿다.[6]

교과목은 "성경을 비롯하여 역사, 기하, 한문, 공작(목공·놋쇠제조·토끼사육) 등이었다"[7]고 하지만 정확히 알 수 없다. 아마도 성경·한글과 더불어 실업 · 일어도 포함되었을 것이다. 그것은 1915년 "순천 남학교의 실업 및 일어 교사가 전주로 이전했다"[8]는 기록을 보아 짐작할 수 있다. 또 이미 1913년이면 남학교와 여학교가 별도로 설립되어 있었다.

하지만 불과 몇 년 사이에 은성학교는 위기를 맞게 되었다. 1915년 사립학교법의 제정으로, 당국의 인가를 받은 학교에서는 성경을 가르칠 수 없게 되었기 때문이다. 학교 측에서는 종교교육의 금지를 제외한 당국의 모든 요구를 기꺼이 받아들이겠다고 수차 요청했지만[9] 결국 은성학교는 1916년 6월 폐교의 비운을 맞게 되었다.

III. 매산학교의 설립과 운영

폐교되었던 은성학교가 매산학교라는 교명으로 다시 개교하게 된 것은 1921년 4월 15일의 일이었다. 이에 대한 다음 기록들을 살펴보자.

6 「기독신보」 1922.6.14 「教營學校彙報 순천매산학교(1)」.

7 『순천시사: 문화 · 예술편』, 92.

8 Minutes of the Twenty-Fourth Second Annual Meeting of the Southern Presbyterian Mission in Korea(Kwangju, October 29-November 11, 1915), 61.

9 위와 같음.

⑥ 순천군 야소교당 내에 在하던 고등학교는 魔風의 습격에 의하야 비참히 폐교한지 5·6星霜의 장세월을 신음 중이더니 天運이 循還하사 生命風이 吹來하야 學制가 개정된 결과 선교사의 열성하에 보통과及고등과의 학교를 如前히 부활키 위하야 今般 광주에 개최된 선교사회에서 此문제를 협의할 터인바 경비의 관계로 고등교는 의문이라는 선교사의 논의가 有함으로 지방교우 측에서 분기하야 경비 약간을 부담하고 기필코 고등학교를 설립키 위하야 교회대표로 목사 李基豊, 장로 吳永植, 유지 金良洙 三氏를 선발하야 광주선교사회에 파견야햐다더라.[10]

⑦ 순천야소교회 내에는 今般 보통학교及고등학교 설립허가원을 제출하얏는대 此에 대한 경비로는 조선교회 측에서는 매년 천원式을 담당하고 其餘는 미국선교사회에서 부담하기로 결정되얏다더라.[11]

⑧ 때난 일작년(주: 1920년) 봄이엿다. 정치샹 변동을 긔회로 삼아 미슌과 교회난 협력하여 이 학교를 사시 소생케 하기 위하여 만흔 힘을 썻섯다. 그 전 은셩학교쟝으로 현금 선교시무하난 구례인(具禮仁)씨를 셜립쟈로 하여 다시 인가신청을 하게 되어 그 결과난 작년(주: 1921년) 3월 말일경에 매산학교 명칭으로 인가가 되엿다. 이와갓치 하여셔 인가된 매산학교난 동 4월 15일에 개교식을 거행하고 그 후로 계쇽하여 교수를 개시하게 되엿다. 보통과와 고등과가 잇다. 현금 생도수난 고등과 33명 보통과 207명 가량이다. 물론 아즉 졸업생은 업다. 하여간 처음 시작된 학교로서난 어느 방면으로 보든지 꽤 셩황이라고 할 수가 잇다.[12]

---

10 「동아일보」 1920.06.28 「순천고교부활乎」.

11 「동아일보」 1920.08.16 「학교설립원제출」.

12 「기독신보」 1922.06.14 「敎營學校彙報 순천매산학교(1)」.

즉 1916년 자진 폐교했던 은성학교는 1920년 다시 인가를 신청하고 1921년 3월 인가를 받아 마침내 4월 15일 개교하게 된 것이다. 이때도 매산남학교와 매산여학교가 따로 설립되었다.[13] 남학교의 설립자 겸 교장은 크레인이었으며(⑧), 여학교의 설립자 겸 교장은 빅거(M. L. Bigger)였다. '정치상 변동'(⑧)이란 물론 3·1운동 이후 일제가 표방한 '문화정치'를 뜻한다. 1922년 6월 현재 남학교의 학생 수는 고등과 33명, 보통과 207명이었다(⑧). 비록 설립자 겸 교장은 선교사들이었고(⑧) 선교회에서 경비를 부담했지만(⑦), 매산학교의 개교에는 한국교인(⑥)[14]과 한국교회(⑦)의 노력도 컸다. 특히 선교사들이 경비 문제로 보통과만 설치하려 하자 이기풍 목사를 비롯한 교인들이 경비를 일부 부담하고 선교사들에게 고등과의 설치도 요구했다는 점은 시사하는 바 크다(⑥).

매산남 · 녀학교의 교육과정에 대해서는 자세히 할 수 없으나 1921년의 학적부 및 1930년대의 자료[15]가 남아 있어 크게 참고된다. 그 내용을 정리하면 다음과 같다.

---

13 "순천매산남녀학교 개교 15주년 기념식과 매산여학교 10주년 근속교원 오애택·박옥신과 시간교원으로 10주년이 된 변애니·구마리아·노마리아 이상 5씨의 표창식을 지난 15일 오전10시부터 성대히 거행하엿다 한다(「동아일보」 1936.04.19. 「매산학교 15주년 기념」)."

14 매산학교의 개교에는 이기풍 목사의 노력이 컸던 것 같다("[이기풍 목사는] 광주·순천·고흥·보성 등지에 잇는 대마나 유치원 야학 기타 교육방면에 불면불휴로 건설 혹은 협조로 많은 공노가 잇다," 「동아일보」 1933.05.27. 「이기풍 목사의 25주년 기념」).

15 染川覺太郎, 「順天郡之部」, 『全南事情誌』 下(全羅南道事情誌刊行會, 1930); 片岡議, 「順天郡之部」, 『麗水·順天·寶成·和順·光州·南平發展史』(1933): 『순천시사: 문화·예술편』, 92~97에서 재인용.

16 染川覺太郎, 「順天郡之部」: 『순천시사: 문화 · 예술편』, 97에서 재인용.

〈표 2〉 매산남 · 녀학교의 현황(1930)[16]

구분 \ 학교	수업연한		학급 수	학생 수			직원 수			
	초등과	중등과		초등과	중등과	계	한국인	미국인	일본인	계
매산남학교	6	2	7	108	24	132	7	1	-	8
매산여학교	6	2	7	113	12	125	6	4	2	12
계	12	4	14	221	36	257	13	5	2	20

〈매산남학교〉(1921)

보통과(6년 과정): 성경 · 수신 · 국어 · 조한(朝漢) · 수학 · 역사 · 지리 · 박물 · 국한(國漢) · 영어 · 도화 · 창가 · 실업 · 체조

고등과(2년 과정): 성경 · 수신 · 국어 · 조한(朝漢) · 수학 · 역사 · 지리 · 이과 · 국한(國漢) · 영어 · 도화 · 창가 · 직업 · 체조

〈매산여학교〉(1930)

보통과(6년 과정): 수신 · 성경 · 국어 · 선한문(鮮漢文) · 수학 · 지리 · 역사 · 이과 · 도화 · 체조 · 창가 · 생리 · 영어 · 재봉

고등과(2년 과정): 성경 · 수신 · 국어 · 선한문 · ·산술 · 역사 · 지리 · 이과 · 재봉 · 창가 · 체조 · 도화 · 영어 · 수공 · 직업

직원: 한국인 6명, 외국인 4명, 일본인 2명

학생: 보통과 113명, 고등과 12명 합 125명

〈매산여학교〉(1933)

학생: 보통과 6학급 250명, 고등과 1학급 70명, 기숙사 수용정원 80명

1920년대 전반 순천공립보통학교와 매산남 · 녀학교 보통과의 교

과목을 비교해 보면 매산남 · 녀학교가 성경 · 영어 등의 과목을 더 가르치고 있었다. 또 1930년대 후반 순천공립중학교와 매산남 · 녀학교 고등과의 교과목을 비교해 보면 매산남학교는 성경을 제외하면 같으나 매산여학교는 성경·재봉·수공 등의 과목을 더 가르쳤다고 한다.[17] 따라서 사립 미션스쿨인 매산남 · 녀학교는 순천의 공립학교들과 비교해서 절대 뒤떨어지지 않은 수준의 교육과정을 운영하고 있었다고 하겠다.

한편 1921년에는 매산 여학교의 '젊은 기혼여성'(young married women)을 위한 기숙사 건립예산 1,200엔이 선교회에서 승인되었다.[18] 이로 미루어 매산여학교는 기혼 · 미혼 여부를 따지지 않고 학생들을 받아들였던 것으로 보인다.

그런데 매산남 · 녀학교는 개교 당시부터 재정이 부족해 운영이 어려웠다. "원래 이 학교는 경비부족으로 유명한 학교인 고로 그 일정한 경비를 가지고난 고등과와 보통과를 겸영해 가기는 너무 부족하다. 아니 사실상 불가능이다"[19]라는 기사가 그 점을 단적으로 보여 준다.

물론 이것이 비단 매산남 · 녀학교만의 상황이었다고는 여겨지지 않는다. 하지만 다음의 <표 2>에서 보듯이 매산남 · 녀학교에 지원된 선교회 예산은 1920년대 후반~1930년대 전반만 놓고 보면 전라도에서 하위권이었다.[20]

---

17 『순천시사: 문화 · 예술편』, 97.

18 Minutes of the Thirtieth Annual Meeting of the Southern Presbyterian Mission in Korea(Chunju, June 18-28, 1921),24.

19 「기독신보」 1922.06.21 「教營學校彙報 순천매산학교(2)」.

20 물론 교사수 · 학생 수를 감안한 비교가 필요하다.

〈표 3〉 한국 내 미국 남장로회의 남녀학교 지원예산

	지역	남학교 지원금액	여학교 지원금액	합계
1927~1928[21]	전주	12,000엔	5,400엔	17,400엔
	군산	7,000엔	4,500엔	11,500엔
	광주	8,080엔	10,000엔	18,080엔
	목포	7,000엔	5,000엔	12,000엔
	순천	7,000엔③	4,500엔④	11,500엔④
1933~1934[22]	전주	8,118	2,640	10,758
	군산	2,088	2,088	4,176
	광주	2,056	6,756	8,812
	목포	2,153	2,563	4,716
	순천	2,156②	1,760⑤	3,916⑤

이 같은 재정난을 타개하기 위해 매산남·녀학교에서는 모두 실업교육이 중시되었다. 실업교육은 학교의 재정 확충과 더불어 학생의 학비 마련이라는 목적도 있었다. 다음 기사들을 살펴보자.

⑨ 보통과 6년 고등과 2년. 설비도 완전하나 校舍가 적어 곤난받던 중 교장 원가리의 활동으로 미국인 「와쓰」로부터 자금을 얻어 5월 2만3천원으로 교사건축 기공 석재3층양옥 총건평 270평의 건물건축, 10월 13일 준공하여 11월 3일 대강당에서 순천일반관민유지 다수가 참석하여 교장 원가리의 사회로 낙성식. 이어 3·4일 교사신축기념 육상경기대회. "지금 잇는 교장 원가리씨는 청년사업가로서 1925년에 이 학교 교장으로 취임한 후 자긔는 조선인의 장래가 무엇보다도 실업이 가장 필요하다고 생각하고 자긔학교학생에게도 과학을 가르치는 동시

21 Minutes of the Thirty-Fifth Annual Meeting of the Southern Presbyterian Mission in Korea(Kwangju, June, 1926).

22 Minutes of the Forty-First Annual Meeting of the Southern Presbyterian Mission in Korea(Chiri-san, July, 1932), .31.

에 한편으로 실업부를 두어 조선의 명물 유긔공장을 설치하야 오후 하학한 후 학생으로 하야금 유긔를 맨들어서 미국으로 수출을 시키며 또 한편으로는 양토원(養兎園)을 설치하야 미국에서 털(毛)로 아주 비싸고 잘 팔리는 진칠나(兎名)라는 톡기를 사드리어 학생으로 양토케 하는데 지금 성적이 아주 조타 하며 이 톡기가죽 한 장갑이 미국에서는 최하 5원으로 최상 16원까지 한다고 한다. 그럼으로 이 학교 학생이 학교를 졸업하고 나갈 때에 자긔집에서 양토를 하게 하야 그 피물(皮物)을 학교로 가저오면 미국으로 수출시킬 계획이라 한다."[23]

⑩ 어려운 살림 속에 불타는 거룩한 생활의식/내 손으로 버러서 공부하는 전남순천매산여학교 날염직물 장복달/ "양은 지금 그 학교(매산학교) 안에 잇는 노동부에서 일을 하며 1년간 번 돈으로 공부를 계속하는 것이라고 합니다."[24]

⑪ 매산학교의 양토와 또 가죽 다루기와 철공들은 실로 다른 곳에서 볼 수 없는 특징이 잇다고 하겟다. 고학하는 생도들을 위하야 그러한 설비를 하여놓고 학비를 보충하게 한다고 한다. 그 학교 교장 엉거 씨는 매우 활동적인 인물이면서도 퍽 침착한 인물이라고 한다. 학교를 맡아 하면서 신풍리에 잇는 나병원의 사무까지를 맡아본다고 한다. 그리고 그 다음으로 매산여학교야말로 특필하는 중에 특필할 만한 일이라고 하겟다. 이 학교는 보통과와 및 고등과 2학년을 두어 교육을 하여오는 중에 경비 문제로 여러 번 어려운 지경에 빠지게 되엇다. 그래서 그 학교 교장 백미다(M. L. Biggar) 양은 백방으로 주선하는 중에 자기의 사

---

23 「동아일보」 1930.11.09 「삼층양옥으로 매산교신축」.

24 「동아일보」 1933.10.01 「(初等手藝賞) 입상한 학생들을 찾어서」.

재까지도 기우려 수고하므로 이때까지 나려왓다 한다. 그런데 학교의 설비가 굉장하다거나 규모가 대규모가 된다는 것은 아니고 그 안에 특별한 설비와 규모가 잇음을 여러분에게 소개하고 싶다. 그것은 간단히 말하자면 밭에다 뽕나무를 심어서 누에를 기르며 고치를 따서 실을 맨들고 또는 베틀을 놓고 베를 짜서 옷감을 만들고 나가서는 옷까지 만드는 여러 가지 일을 제제창창한 설비가 잇다. 그러한 설비를 하여놓고 고학생을 위하야 공부하게 한다. 전문으로 하는 생도들은 하로동안을 다 하고 야학비를 얻으므로 놓앗다가 공부를 게속케도 하며 반일 동안에 일을 하여서 학비를 보충하게 한다. 그런데 그 옷감을 미리 주문하는 데가 퍽 많다 한다. 송도의 송고직이 그 송도에서 떠난 뒤로는 각 교회기관에 사용되는 옷감은 모두가 그리고 주문을 하게 되어 퍽 분주하다고 한다. 각색 문의도 놓고 염색도 하고 하는 그 모든 기게는 매우 염가이며 또는 퍽 간단해서 그 학교를 졸업을 한 뒤에는 각기 집에 돌아가서 단독으로 생활을 경영할 수 잇게 하엿다.[25]

⑫ 원가리는 아직도 순천지방 교육 기관이 부족한 것을 유감으로 생각하여 약 4천5백 원의 기지건물을 내어놓고 매년 2백 원의 경기를 자담하기로 하고 순천농업강습소를 설립하겠다고 지난 1월 24일부터 설치인가원을 제출하였든 바 지난 5월 24일부로 인가되어 불원간 개교하리라는 바 군내 일반인사들의 칭송이 자자.[26]

개교 당시 교장 크레인에 이어 1925년 교장을 맡은 엉거(J. K. Unger, 원가리)는 매산남학교의 재정을 확충하는 데 심혈을 쏟았다.[27] "일함

25 「기독신보」 1934.02.14 새별, 「새해 첫길의 그날 그날(4)」.

26 「조선중앙일보」 1935.06.05 「순천재주미국인이 농업강습소신설」; 『매일신보』 1935.06.19 「매산학교내에 농업강습소신설」에도 비슷한 내용이 실려 있다.

으로 말미암아 일할 줄 알게 되는 대로 일하라. 모든 것은 하느님의 영광을 위하여 일하라"[28]는 신조를 갖고 있던 그는 실업교육의 중요성을 강조하고 학교에 실업부를 두고 유기공장(鍮器工場)과 양토원(養免園)을 만들었으며, 미국에서 원조를 얻어 교사(校舍)를 신축했다(⑨). 매산여학교의 교장 빅거도 학교에 노동부를 두고(⑩) 사재까지 기울여 양잠(養蠶)과 양재(洋裁) 등의 시설을 갖추었다(⑪). 이 같은 시설에서 생산된 물품은 국내외로 팔려나가 학교 재정에 충당되었으며, 학생들은 실업부 · 노동부에서 일하며 스스로 학비를 마련했다(⑨⑩⑪). 특히 엉거는 순천에 농업강습소까지 설립하겠다고 나설 정도로 실업교육에 관심을 쏟았다(⑫). 즉 이들 학교에서는 재정확충 · 기술교육 · 학비 조달이라는 목적을 동시에 이루기 위해 실업교육을 강조했다고 할 수 있다.[29]

---

27 "엉거의 교육10주년기념식. 15일 밤 매산학교 강당. 각 단체에서 온 기념품이로 이채, 내빈의 축사와 잉거씨의 뜻깊은 답사. 1921년에 처음으로 조선에 와서 조선나환자구제에 헌신키로 목적하고 여수로 병원을 옴겨 현 여수양생원으로까지 확장한 것이며 현 매산학교장이 된 지 10년간에도 불비한 교세를 만회시켜 교사를 전부 새로 건축하엿고 한편으로 유기공장을 두어 무산학생으로 학비를 벌어 공부케 하여준 것 등 공로가 만타 한다(「동아일보」 1935.05.19 「엉거교장의 교육10주기념」)."

28 「동아일보」 1935.01.01 「전조선중등학교장 포부」.

29 이밖에도 매산남학교에서는 "제재소 · 주물실습공장, 그리고 토끼 · 돼지 · 소 · 양 등의 축산부를 설치하여 원하는 학생들에게 가르쳤다"고 한다(『순천시사: 문화 · 예술편』, 95). 한편 1930년 매산여학교를 방문한 박연서 목사는 다음과 같이 소감을 밝혔다: "매산학교에 가서 긔도회를 인도하고 녀학교로 갓더니 맛츰 교장이 업고 선생의 안내로 학교의 소속인 긔업장을 보앗다. 참으로 눈물겨우리 만큼 고마웟다. 그러케 일을 하야 배호는 학생들에게도 고맙지마는 그런 긔관을 설립하고 가르치는 선교회에 대하야 맘것 감사를 드리고 더욱더 노력하여주기를 소리업는 소래로 간절히 빌고 도라왓다(「기독신보」 1930.04.02 박연서, 「호남교회방문기(6)」)."

Ⅳ. 매산 학생들의 자치활동

매산남·녀학교 학생들은 자치활동에도 열심이었다. 미션스쿨이었던 만큼 하기방학 때는 덕육부(德育部)에서 순회 전도대를 조직하여 순천은 물론 구례·곡성·보성·광양 등 인근 군(郡)을 돌며 전도활동을 벌였다.[30] 이밖에 특기할 만한 자치활동으로는 체육활동과 웅변활동을 꼽을 수 있다.

먼저 체육활동으로는 정구·축구·농구 등에서 뛰어난 활약을 보였다. 정구를 보면 1921년 7월 2일 매산남학교와 여수공립수산학교의 정구 시합이 여수공립보통학교 운동장에서 열려 매산학교가 이겼다.[31] 1923년 5월 25일에는 스즈키[鈴木]면화공장 운동장에서 양교의 정구 시합이 열려 수산학교가 이겼고, 이어진 축구 시합은 무승부로 끝났다.[32] 1925년 10월 30~31일 매산학교학생청년회 주최로 매산학교 운동장에서 전남학생정구대회가 개최되어 매산남학교가 우승했다.[33]

축구를 보면 1924년 2월 21일에는 매산학교 운동장에서 매산학교 학생청년회 주최로 광양순천양군연합유년축구대회가 열렸다.[34] 1925년 10월 30~31일 매산학교 학생청년회 주최로 매산학교 운동장에서 전남학생축구대회가 열렸다.[35] 1929년 2월 11일 매산학교 운동장에서는 순천기독청년회 주최, 조선일보·동아일보 지국

---

30 「동아일보」 1922.06.28 「매산교생 휴가이용」.

31 「동아일보」 1921.07.08 「水産對梅校庭球戰」.

32 「동아일보」 1923.06.02 「梅山對水産정구회」.

33 「동아일보」 1925.11.04 「학생정구축구」; 「시대일보」 1925.11.04 「전남학생정·축구」.

34 「동아일보」 1924.02.03 「兩郡유년축구」.

35 「동아일보」 1925.11.04 「학생정구축구」; 「시대일보」 1925.11.04 「전남학생정·축구」.

후원으로 남선소년축구대회가 열렸다.[36] 1932년 11월 23~24일에는 매산학교 학생청년회 주최 동아일보 순천지국 후원으로 제1회 전남축구대회가 열렸다.[37] 이처럼 매산학교 운동장은 순천 및 전남 축구의 요람이었다.[38]

농구를 보면 1932년 11월 23~24일 매산학교 학생청년회 주최 동아일보 순천지국 후원으로 제1회 전남농구대회가 열렸다.[39] 1933년 4월 15일에는 매산남 · 녀학교의 기념식을 가진 뒤 동교 운동장에서 농구 시합과 축구 시합을 하여 공전의 성황을 이루었으며,[40] 1934년 11월에 열린 매산남 · 녀학교 대운동회 때는 무려 '3천여 명의 청중'이 모였다고 할 정도였다.[41] 이밖에 하기방학 때 운동부에서는 "야구 · 축구원정대를 조직하여 광주숭일학교와 시합하기로" 했다는 기사를 보면 야구부도 있었던 것 같다.[42]

다음 웅변활동을 살펴보자. 1925년 6월 27일에는 매산학교 학생청년회 주최 시대일보 · 조선일보 · 동아일보 순천지국 후원으로 순천공립보통학교에서 '순천소녀현상웅변대회'가 열렸다.[43] 이어 1925년 6월 30일에는 역시 매산학교 학생청년회 주최로 매산여학교 대강당에서 '소년소녀현상웅변대회'가 열려 "입추의 여지가 없는 대만

---

36 「동아일보」 1929.02.11 「남선소년축구대회」.

37 「동아일보」 1932.11.18 「광고」.

38 "순천축구의 경기 장소는 지금의 금곡동에 소재한 향교 뒤 묵정밭과 언제나 개방된 매산 운동장이었다. 당시 순천축구인으로는 상해에서 유학을 마치고 1922년 매산학교로 부임한 축구지도자 김원복과 평양숭실학교 유학생 박형렬 · 강철주 · 지용섭 등이 있었다(『순천시사: 문화 · 예술편』, 804)."

39 「동아일보」 1932.11.18 「광고」.

40 「조선중앙일보」 1933.04.19 「순천매산학교 12주년기념식성황」.

41 「기독신보」 1934.12.26 「매산학교소식」.

42 「동아일보」 1922.06.28 「매산교생 휴가이용」.

43 「동아일보」 1925.06.22 「광고」; 「시대일보」 1925.06.20 「소녀현상웅변」.

원"을 이루었다.[44]

한편 음악활동도 활발했던 것 같은데, 1923년 6월 22일에는 순천읍교회에서 매산학교 학생청년회 주최로 다음과 같은 자선음악회를 열었다. 이 청중은 3백여 명이었으며, 150원이 모금되었다.[45]

學生靑年會音樂會

全南順天私立梅山學生靑年會主催로去六月二十二日午後八時當地禮拜堂에서左記順序와가치音樂會를開催하얏는데聽衆이三百餘名에達하얏스며有志諸氏의義捐金이百五十圓에達하얏더라

一、風琴獨奏 金福順女史
二、二人合唱 崔英淳尹貴重兩君
三、獨唱 吳讚吉君
四、合唱 梅山學生讚揚隊
五、二人合唱 白信德李善愛兩孃
六、獨唱 朴泰善君
七、朝鮮俗曲 尹貴重君
八、風琴獨奏 白信德孃
九、四人合唱 梅山女子讚揚隊
十、獨唱 李淑德孃
十一、合唱 梅山男子讚揚隊
十二、獨唱 李賜鐸君
十三、四絃琴獨奏 金永弼君
十四、朝鮮俗曲 金鶴九君
(順天)

Ⅴ. 매산학교의 시련과 폐교

일제강점기에는 미션스쿨에서도 학생맹휴와 같은 학교 측과 마

44 「시대일보」 1925.07.06 「소년소녀의 현상설전회」. 이 날의 연사와 연제는 다음과 같다: 조선여자도 사람인가(매산여학생 강양순 양)/ 우리를 인도할 자는 누구?(광양소년단원 김영배 군)/ 우리는 ○이다(매산여학생 김경순 양)/ 나의 소망(매산남학생 임학수 군)/ 여성의 부르지즘(광양소년단원 이덕악 양)/ 조선의 농촌과 학생(매산남학생 박형렬 군)/ 우리의 최대결점은 무엇?(광양소년단원 이음전 양)/ 내가 누구며 내의 할 일이 무엇이나(매산남학생 박문수 군)/ 배울 수 업스니 이를 엇지할가요(매산여학생 김옥자 양)/ 소년들아 우리의 희망은 위대하다(광양소년단원 정우순 양)/할닐 만은 반도소년들에게(광양소년단원 신채련 군)/ 나의 하고싶흔 말(매산남학생 오재련 군)/ 金滿家에 고함(매산여학생 차은덕 양)/ 소년의 입지(순천보교생 윤태홍 군)/ 여자의 해방에 대하야(광양소년단원 우순정 양). 참가자 15명 중 매산학교」 학생이 8명(남 4명, 여 4명)이었다.

45 「동아일보」 1923.07.02 「학생청년회음악회」.

찰이 적지 않았다. 이것은 일제의 식민지교육에 대한 반발과는 다른 성격의 저항으로, 외국인 또는 한국인 경영진과 학생들의 갈등이었다. 미션스쿨에서도 이러한 충돌이 많았던 점은 다음 기사를 보아도 알 수 있다.

> ⑬ 근일 경향을 물론하고 각 학교 당사자 사이와 학생 사이에 분쟁이 이러나서 동맹휴학이니 뎡학이니 출학이니 여러 가지 상서롭지 못한 일이 많흠 … 그중에도 이와가튼 동요가 생기는 곳이 특별히 외국선교사의 경영하는 교회관계의 학교로 비교덕 저명하다는 곳에 특별히 만히 니러나는 것은 이상한 일이라. … 외국선교사들은 조선의 신문을 보지 아니하고 요사이 청년의 사상을 발표하는 잡지를 조지 아니하고 청년의 새로 부르지짐을 들을 긔회가 비교덕 적은 고로 조션사정을 모르는 것은 아니나 이러케 미묘한 뎜에 드러서는 조선사람과 가치 잘 알지 못하야 학교당국자로도 학도의 감정을 자세히 량해치 못하는 일이 잇슨즉 선교사들이 깁히 조선청년의 현재사상을 연구하야 그 량해 아래에 상당히 학교제도도 개선하야 주엇스면 이러한 일을 대부분 막을 수가 잇겟다 하는 동시에 학도들도 이 뎜에 대하야 특별히 로력하기를 바란다 하더라.[46]

이것은 반드시 서양인 교장과 한국인 학생 사이의 문제만이 아니었다. 예컨대 대표적인 기독교 민족운동가 이승훈이 설립한 평북 정주의 오산학교 학생 400여 명도 교사를 배척하는 진정서를 내고 이듬해에는 동맹휴학을 벌였을 정도였다.[47] 매산남 · 녀학교도 여기

46 「동아일보」 1920.06.28 「교회학교의 續發하는 맹휴」.

47 「조선일보」 1926.03.10. 1926년 조만식이 오산고보 교장에서 물러나자 평소 그를 존경하던 학생들이 불만을 품었고, 이어 교무 주임마저 그만두고 이승훈의 사위

에서 자유롭지 못했다. 다음 기사들을 살펴보자.

⑭ 매산학교 고등과 1학년 30여 명은 담임 은이갑이 사면한 것을 기회로 삼아 교원들의 교수가 불충분하야 배울 것이 없으니 교원 일동을 개선하여 달라는 조건으로 동맹휴학. 학교 측에서는 새학기부터 개선하기로 예정. 학생의 신분으로 경거망동을 했다 하여 그중 선동혐의자 두 명을 출학 처분, 그 외는 일주일 내로 회개하여 자복한 자는 통학을 허락. 학생들은 전학을 가든지 강의록으로 공부하겠다고. 등학하는 학생은 불과 7~8명.[48]

⑮ 매산여학교 5・6년생 9월 4일부터 동맹휴학하고 복교하지 않음. 久保라는 일본인 교사가 성의 없이 가르치고 자기의 조선말 연습에만 열심하는 것과 부인여학생에게 대하여 나즌말을 많이 사용하는 까닭.[49]

매산학교에서 처음 동맹휴학이 일어난 것은 엉거 교장이 부임하기 이전인 1922년 남학교에서였다. 학생들은 자질이 부족한 교사들을 '개선'해 달라고 요구했고 학교 측은 주동자 2명을 퇴학시켜 갈등을 빚었다(⑭). 1925년에는 여학교에서도 학생들이 일본인 교사의 태도에 불만을 품고 동맹휴학을 벌였다(⑮).

엉거가 매산남학교의 교장으로 부임한 1925년 동맹휴학은 절정을 이루었다. 다음과 같이 여러 기사가 실렸다.

가 그 자리를 맡게 되자 학생들이 이사회에 진정서를 냈으며 이듬해 학생 20여 명이 제적되는 큰 사태로 번졌다(한규무, 『기독교민족운동의 영원한 지도자 이승훈』), 역사공간, 2008, 178~179쪽.

48 「동아일보」 1922.03.03 「순천학생맹휴」.

49 「동아일보」 1925.09.10 「매산여교맹휴」.

⑯ 목수의 아들인 극히 빈곤한 학생을 기일에 월사금 안 낸다고 퇴학처분 / 순천매산학교의 박덕한 처사/ 5년생 지덕선에게 월사금 미납이란 이유로 퇴학처분. 지만영이란 목수의 아들. 가난하여 매월 70전의 월사금을 납부치 못하다가 몇 번 학교에 갔다가 쫓겨옴. 학교에 찾아가 자기의 사정을 말했으나 교장인 미인은 돈이 없으면 자식을 교육시킬 수 없다고 말했으므로 일반은 매산학교의 처리에 대하여 잔인박덕하다는 비난.[50]

⑰ 12월 7일부터 돌연히 동맹휴학. 교장 미국인 元佳理는 부임한 지 얼마 안 되는 동안 생도가 월사금을 제때 내지 못한다고 퇴학시키는 일이 '수차 잇섯는데' 금월 전교생에게 "금일부터는 누구든지 월사금을 매월 오일 안으로 가져오지 못하면 그 다음에는 엿샛날 가지고 온다 하여도 일학기 동안은 정학을 식히겟다" 돈없는 학생들이 수업료를 내지 못해 등교할 수 없게 되자 동맹휴학하고 교장의 사직을 요구. 그 조건은 1. 생략. 1. 교육에 무성의한 것. 1. 생도를 구타하는 일. 1. 조선사람을 멸시는 일. 교사들은 긴급회의를 열고 교장에게 질문한 결과 학무위원회에서 결의한 것이라 함으로 교사회에서는 학무위원이 그런 가혹한 결의를 했을 리 없다 하고 학무위원들에게 물어본 즉 그런 결의는 없고 다만 오일 내로 월사금을 불납하는 생도는 부형을 보증서를 제출케 하고 15일까지 가져오게 하되 만약 가져오지 않으면 납부하는 날까지 정학시키자고 함. 교사회에서는 더욱 분개하여 교장에게 반문한 즉 나는 조선말이 서툴러 잘못 들었다고 책임을 회피. 교사회에서는 교장이 실수한 이상 복교하여 달라고 생도들에게 교섭했으나 불응하며 교장이 사작히가 전에는 복교치 않기로 했다는데 10일에는 약 30명

50「동아일보」1925.10.16「基督愛를 壓伏하는 金力」.

의 학생들이 복교하였을 뿐이며 태도는 의연히 강경.[51]

⑱ 9일밤 시내학생의 학부형회 열엇다는데(대부분 기독교신자) 그 내용인즉 시내학생은 이전처럼 한 모양으로 등교하기로 하고 시외학생은 일주일로 정하여 각 학부형에게 통긔하회 만약에 출석치 않는 학생은 제명하기로 교장과 결의. 각 학부형은 별별 수단으로 권고하여 기독을 밋는 신자로는 그러한 … 를 가지지 않는다는 등 여러 가지말고 권유한 결과 부형의 명령에 할수없이 몇몇 학생이 등교. 교장 이하 교원들까지라도 아무말 없이 여전히 도로 교편을 보므로 그를 가증히 여기는 학생들은 교장의 너무나 무책임함을 더욱 분개하여 그날 출석한 학생도 다시 강경한 태도로 시내각처에서 등교하지 말라는 광고를 붙이고 철저히 대항한다 하며 일부의 여학생까지도 여론이 분분하다 하며 일반사회에서도 당국의 태도를 주의한다 함.[52]

⑲ 학부형들은 원만한 해결을 해야 하니 두말말고 등교하라 강권하여 맹휴생들은 11일에 일제히 등교. 하지만 원만한 해결은커녕 교장으로부터 학생들에게 다시는 동맹휴학을 안켔다는 서약과 자복서를 받으려 함으로 일동은 다시 분개하여 이튿날 12일부터 다시 동맹휴학. 그 형세가 더 험악.[53]

⑳ 전남 순천의 노동·농민·남녀청년 등 각 단체 대표자 20여명이 순천농민련합회관에 회집하여 조선을 악선전한 순천매산녀학교 미국인 및 순천전기회사에 대한 대책을 토의하고 다음 사항을 결의하다. 一. 순

51 「동아일보」 1925.12.13. 「미인교장배척으로 매산학교생맹휴」.
52 「동아일보」 1925.12.15. 「학무형권유도 수포」.
53 「동아일보」 1925.12.17. 「매산교생 재차맹휴」.

천매산녀학교에서 朝鮮人種的 侮辱標本을 조성하여 차를 해외에까지 수출함에 대하여는 12日 각 대표자가 일치출동하여 동교에 專往質問하는 동시 該 標本의 철폐를 요구할 일.[54]

㉑ 其妻를 방문한 其夫를 엽총으로 난타중상/ 순천사회단체 궐기/ 매산학교교장 원가리. 순천재봉회사분점사무원 김대인을 엽총으로 난타중상. 순천도립의원에 입원치료 중. 김대인은 전남 나주가 본적. 순천싱거재봉회사분점에 사무원으로 종사. 처 김망래와 6년 전부터 불화하여 별거. 원가리의 집에 雇用을 하면서 원가리의 지어준 수간 △△에서 홀로 생활. 지금 와서 다시 기처와 화합하여 내외간 피차에 왕래가 있음은 원가리도 잘 아는데 … 1월 31일 밤 김대인이 김망래에게 가서 이야기를 하고 있던 중 원가리가 찾아와 남의 집에 무얼하러 왓느냐고 하므로 자기 처의 집이니 자기가 왓다고 함에 총으로 겨누며 빨리 나가라 하며 발길로 밀어내고자 하므로 김대인은 총으로 사람을 쏠 것이냐며 총을 붙잡고 반문하는 동안 설왕설래 말다툼이 되자 원가리는 엽총을 들고 김대인을 난타하여 중상. 소위 선교사요 교장이란 자가 이가튼 폭행을 감행함은 묵과할 수 없다 하야 순천 각 단체대표 30수명이 2월 1일 순천행정노동회관에 모여 원가리사건토론회를 개최하고 결의/ 성명서를 발표하여 전조선에 배포할 일/ 진상조사와 성명서작성위원/ 성토강연회 개최.[55]

㉒ 지난 성탄절 밤에 상연한 연극내용문제로 남학생 21명이 지난 1월 10일 모 선생에게 일대폭행을 가한 사건. 사건을 책동한 수

54 「조선일보」 1926.03.16. 「전남순천의 노동·농민·남녀청년」.

55 「동아일보」 1928.02.06 「원가리폭행사건」.

모학생만 내세우면 나머지 생도는 관대한 처분을 하겠다는 학생 측의 언명을 일축하고 21명이 모두 각자창의에 의한 행동이라 하야 주모자를 내세우지 않고 처분을 당하면 다 같이 당하겠다고 완강한 태도. 분개한 학교 측에서는 21명 모두 무기정학 처분. 정학당한 학생들은 주모자로 4명을 내세워 그들만 무기정학을 받게 하고 17명은 18일부터 복교.[56]

사건의 발단은 엉거 교장이 어떤 가난한 학생에게 "월사금 안냈다고 퇴학 처분"을 내린 것이었다⑯. 이에 학생들은 이전에도 이런 일이 수차 있었다면서 교장의 사직을 요구했다⑰. 학부형들이 중재에 나섰지만, 사태는 오히려 악화되었다⑱⑲.

해를 넘겨 1926년에는 또 다른 사건이 매산여학교에서 터졌다. '조선인종적 모욕표본'을 만들어 이를 해외에 수출하려 했다는 것이다⑳. '인체표본(人體標本)'을 둘러싼 문제인 것 같은데, 순천의 청년 · 농민 · 노동단체들까지 연합하여 항의하고 나섰다. 1928년에는 엉거 교장이 엽총으로 사람을 '난타'했다는 소문이 나면서 사회적 문제로 비화되었으며㉑, 1933년에는 학생들이 교사를 집단폭행하는 불상사까지 일어났다㉒.

이들 사건의 정확한 진상을 밝혀내기는 쉽지 않지만, 미션스쿨인 매산남 · 녀학교의 역사에서 오점이 아닐 수 없다. 신문기사라고 해도 반드시 정확 · 공평한 것은 아니기 때문에 신중하게 접근해야 하지만,[57] 학생 측은 물론 학교 측의 태도에도 미션스쿨로서 문제는

56 「동아일보」 1933.02.20. 「무기정학생 17명 복교」.

57 예컨대 엉거 교장의 '엽총사건' 기사는 다음과 같은 회고에 비추어 볼 때 그에게 불리하게 왜곡된 것 같다: "매산학교 학생들은 대개 애국심이 강했다. 박민수 역시 부친의 영향으로 일찍부터 강한 민족의식을 갖고 있었다. 그러므로 학교의 어

없었는지 되돌아볼 일이다.

한편 이 같은 시련 속에서도 순천 스테이션에서는 매산남·녀학교 외에 강습회를 열어 '무산 아동'과 '문맹 부녀'를 가르치기도 했다. 다음의 기사들을 보자.

> ㉓ 전남 순천야소교회의 주최로 취학치 못한 당지 아동을 위하야 7월 21일부터 금월 25일까지 순천매산학교 내에서 강습회를 개최한다는데 과목은 보통과에 의하야 교수한다 하며 강사는 교회 내 留學生 9인이 분담하엿다고.[58]

> ㉔ 전남순천읍기독교회에서는 예년과 가티 去 8월 1일부터 하기아동강습회를 開하얏다는데 아동수 197인으로 열심교수하는 선생의 씨명은 다음과 갓다더라.[59]

> ㉕ 순천기독교청년회에서는 연령초과로 학교에 입학치 못한 아동과 문맹의 부녀들의 문맹을 타파하기 위하야 지난 봄에 당국에 학술강습소

느 선교사가 엽총으로 조선인을 쏘았다는 소문은 즉시 그의 민족의식을 폭발시켰다. 그것은 그가 만 15세이던 1927년에 일어난 일이다. 박민수는 많은 학생들 앞에서 그 선교사를 성토하자는 열변을 토했다. 선생들이 박민수와 학생들을 진정시키고 자세히 사건의 전말을 알아보았다. 내용인즉, 그 선교사 집에는 중년의 조선여성이 식모로 고용되어 있었는데, 불화 중인 남편이 찾아와 말싸움을 심하게 했단다. 선교사가 무슨 일인가 싶어 엽총을 들고 내려왔다가 남편을 보고는 나가라고 밀어붙이던 중 남편이 선교사의 엽총 개머리판에 머리를 부딪혀 상처가 생겼다고 한다. 그런데 이런 사실이 와전되어 '선교사가 조선인에게 총격을 가했다'고 소문이 퍼진 것이다(정애리시, 『잃어버린 이름을 찾아서』, 삶과꿈, 2003, 51)."

58 「동아일보」 1924.08.19. 「순천하기강습」.

59 「중외일보」 1927.08.11. 「하기아동강습」.

인가원을 제출한 것이 이번에 허가되어 지난 18일부터 와쓰기렴각에서 개원식을 거행하엿다 하며 학원장은 오례택씨요 야학교는 와쓰기렴각이어서 교사도 충분하고 교원도 다 이전 교육게 이력잇는 사람들이어서 비록 야학일지언정 상당히 계단적으로 교육하리라 하야 일반은 만흔 기대가 잇다고 한다.[60]

이처럼 순천의 교회들은 가난 때문에 학교에 다닐 수 없는 아동을 위해 매산학교 내에서 강습소를 열고 보통과 정도의 과목을 가르쳤다(㉓). 또 순천읍교회에서는 하기아동강습회를 열고 아동들을 깨우쳤으며(㉔), 순천기독교청년회에서는 문맹인 아동과 부녀를 위해 야학을 열기도 했다(㉕).

한편 매산남·녀학교는 1937년 일제의 신사참배 강요 때문에 존폐의 기로에 서게 되었다. 물론 이것은 한국의 모든 미션스쿨에게 닥친 시련이기도 했다. 매산남·녀학교가 폐교된 것은 그해 9월이었지만, 이미 이전부터 사정은 나빠지고 있었다. 「조선예수교장로회 순천로회 제21회 회록(1937.05)」을 보면 그해 보통과·고등과 신입생 모집이 중지되었고, 매산여학교 조직부가 4월에 폐지되었으며, 매산남학교 교사 김성일·최의숙과 매산여학교 교사 김관애·박창선이 사직했다.

이 무렵 '풀턴성명'에 반대하여 학교를 계속 운영하자는 한국인들의 시위도 있었지만, 선교회의 입장은 확고했다. 그리하여 9월이 되자 미국 남장로회 소속 10개 학교는 자진 폐교했으며, 4,787명의 학생들이 정든 교정을 떠나야 했다. 다음은 이에 대한 기사들이다.

60 「동아일보」 1938.07.21 「남녀야학병설」.

㉖ 지난 6일 전라남도당국에서는 예수교계통의 학교 광주수피아학교, 목포 숭일·영흥·정명 4개교에 대하야 폐교처분을 한 것은 기보와 같거니와 금번(27일부)에 순천매산학교·매산여학고, 담양 광덕학교 등 3개교의 자발적 신청에 의하야 당국에서는 폐교인가를 하엿다. 그리하야 역사깊은 전기 세 학교는 28일부터 폐교되엇고 당국에서는 매산·매산여학교의 생도들은 순천공립보통학교에 편입하고 광덕학교 생도들은 담양공립보통학교에 편입하야 각각 2부제 교수를 행하야 단 한 생도도 히생됨이 없이 수용할 예정이라 한다. 그리고 각 공립보통학교에 입학하고저 하는 생도는 오늘 10월 4일까지 원서를 제출시켜 7일에는 시험을 보이고, 9일에는 입학허가를 발표하고 10일에는 입학식을 행함과 동시에 직원들도 전직시키리라 한다.[61]

㉗ 누보와 같이 미국 장로교 선교사게 경영인 전선 학 학교 신사불참문제로 존폐문제가 일어난지 만1개년인 지난 6일 교육긔렴일에 신사불참배를 고집한 터로서 도당국은 매산학교장을 청하여 국민교육통제상 신사참배를 하여야겟든대 어떠켓느냐고 물은즉 영거-교장은 참배를 불긍하고 폐교신청을 제할한 것이라 한다. 도당국에서는 도시학(道視學)을 순천에 보내 선후책을 협의한 결과 27일 밤 8시에는 구군수(具郡守)로부터 군회의실로 지방유지와 학부형 제씨를 초청하여 매산학교 폐교에 대하야 당국으로서는 매산남녀학교 학생 5백여명은 전부 당지 순천보통학교에 편입하여 2부제로 교육케 하는 동시에 교원도 전부 촉탁교원으로 채용하겟다는 당국의 방침을 설명하엿다. 이로써 20여년간 만흔 인재를 양성한 순천매산학교도 이로써 최후를 고하고 말엇다.[62]

---

61 「동아일보」 1937.09.29 「전남의 삼교 又 폐지」.

㉘ 누보한 바와 같이 20여 년간 만흔 인재를 양성하여 조선의 유수한 교육가 실업가가 경향각처에서 활약케 한 순천매산남녀학교가 지난 28일로써 최후의 간판을 떼어버리게 되엇다. 당일 남학교의 학생들은 선납한 2학기 월사금 4분지3을 도로 찾아 손에 들고 최후의 발길을 참마 못옮기고 웅게웅게 서잇고 녀학교에선 오례택 선생이 교정에서 작별사겸 폐교선언이 끝낫다.[63]

이렇게 해서 매산남 · 녀학교는 1921년 다시 개교한 지 16년 만에 또다시 폐교의 운명을 맞았다.

Ⅵ. 맺음말

이상에서 거칠게나마 매산남 · 녀학교를 통해 미국 남장로회 순천 스테이션의 학교교육에 대해 알아보았다. 제대로 된 분석보다는 사료의 나열에 그치고 말았다. 다만, 쉽게 검색할 수 있는 기사들인데도 그동안 거의 활용되지 않았기에 자세히 살펴보고자 한 것이다.

매산남 · 녀학교가 남장로회에서 설립한 다른 미션스쿨들과 어떤 차별성을 갖는지는 아직 비교해 보지 못했다. 다만 1916년 6월 은성학교는 당국에서 종교교육을 금지시키자 자진 폐교했는데, 다른 남장로회 소속 미션스쿨들이 이때 모두 행동을 같이한 것은 아니었다. 왜 이런 차이가 나타났는지 생각해볼 일이다.

매산남 · 녀학교는 분명 자랑스러운 역사를 지녔다. 학교의 시설

62 「동아일보」 1937.09.30. 「폐쇠되는 매산양교 5백재학생은 구제」.

63 「동아일보」 1939.10.01. 「매산남녀교 폐교식거행」.

도 좋았고 교사들의 수준도 높았으며 학생들의 열의도 뜨거웠다. 실업교육에서 두각을 나타냈고 체육 · 웅변 · 음악 등의 활동은 단연 돋보였다. 매산남 · 녀학교가 순천은 물론 전남의 복음화 · 근대화에 크게 기여했음은 물론이다.

하지만, 1920~1930년대 겪었던 일련의 불미스러운 사건들은 진위여부를 떠나 그 역사에 오점을 남기기도 했다. 비록 그것이 부끄럽고 가슴 아픈 일이었다 해도 은폐 · 왜곡해서는 안 된다. 역사를 배우는 이유는 단지 자랑거리만을 찾기 위해서가 아니기 때문이다. 그런 것들도 나름대로 우리에게 소중한 교훈을 건네준다.

끝으로 남장로회 소속 학교의 폐교에 즈음하여 남장로회 선교사 브라운(G. T. Brown)이 밝힌 소감을 소개한다.

> ㉙ 그리하여 선교부의 교육사업은 끝났다. 38년 전 선교부는 전라 지방에 최초의 근대식 학교를 세웠다. 이제 학교의 교사(校舍)는 비게 되었다. 그러나 그것은 교회·정부·국가 전체에 대한 선교부의 타협 없는 신앙 확신을 여실히 말해주고 있는 것이다. … 모든 사람은 알고 있다. 기독교인은 유일하게 살아계신 하나님을 숭배하기 때문에 학교가 폐쇄된 것이라고.[64]

비록 한국인 중에는 당시에 신사참배를 해서라도 학교가 유지되기를 바라는 이들도 많았지만, 선교회의 입장은 단호했다. 그 결과 학교는 문을 닫았다. 하지만, 그랬기에 오늘날 이들 학교는 하나님과 역사 앞에 떳떳할 수 있다. "유일하게 살아계신 하나님을 숭배하기 때문에" 겪어야 하는 고난은 힘든 만큼 값지다. 결국 하나님은

64 G. T. Brown, 『Mission to Korea』(1962), 156.

우리 민족에게 해방을 주셨고 매산남·녀학교도 다시 문을 열어 발전을 거듭하며 오늘날까지 자랑스러운 역사를 이어오고 있다.

참고문헌

「기독신보」

「동아일보」

「매일신보」

「시대일보」

「조선일보」

「조선중앙일보」

「중외일보」

순천시사편찬위원회. 『순천시사: 문화·예술편』. 순천시, 1997.

Minutes of the Twenty-Second Annual Meeting of the Southern Presbyterian Mission in Korea. Chunjun, August 21-September 1, 1913.

Minutes of the Thirtieth Annual Meeting of the Southern Presbyterian Mission in Korea. Chunju, June 18-28, 1921.

Minutes of the Thirty-Fifth Annual Meeting of the Southern Presbyterian Mission in Korea. Kwangju, June, 1926.

Minutes of the Forty-First Annual Meeting of the Southern Presbyterian Mission in Korea. Chiri-san, July, 1932.

G. T. Brown. 『Mission to Korea』. 1962.

제3부

남장로회의 고등교육: 한남대학교

송현강
'미국 남장로교 한국선교부'의 고등교육

최영근
인돈(William A. Linton)의 교육선교

최영근
미국 남장로회 선교사 김기수의 한국선교
— 대전 스테이션 활동(1954~1965)을 중심으로

'미국 남장로교 한국선교부'의 고등교육*

송현강(인돈학술원 연구위원)

Ⅰ. 머리말

미국 남장로교 한국선교부(Korea Mission of the Presbyterian Church in the United States)가 한국에서 수행했던 다양한 선교사역 가운데 가장 빛나는 성취는 바로 한남대학의 설립이다.[1] 선교사들은 당시 한남대학의 영어 명칭이었던 "Taejon Presbyterian College"(TPC)를 가리켜 자신들이 한국인들에게 제공한 교육 프로그램의 "극치"(極致, the capstone)라고 표현했다.[2] 20세기 초반 한국의 남서부 지역 곳곳에 다발적으로 초·중등학교를 설립하면서 시작된 남장로교의 교육선교 사업은 20세기 중반 대전에 고등교육 기관을 세우는 것으로 절정에 달하였다. 선교부 내에서 대학 설립이 논의되기 시작한 지

* 이 글은 2012년 제5회 인돈학술세미나에서 발표되었다. 그 내용이 『미국 남장로교의 한국선교』(2018), 264-271에 포함되었다.

1 본문에서는 교명의 변천을 고려하지 않고 모두 '한남대학'으로 통일한다.

2 Lois F. Linton, "Wm. A. Linton-The War Years," *Annual Reports of Presbyterian Church U.S. in Korea Missionary* 1-6 (한국교회사문헌연구원, 1993), 9.

50여 년 만에 그들의 염원이 해소되는 순간이었다.

역사가 오래된 여타의 기독교대학들도 마찬가지겠지만 남장로교 선교부의 직영대학으로 출발한 한남대학의 탄생 과정 역시 나름의 사연과 내력을 갖고 있다. 그것은 남장로교 선교부의 전반적인 선교 정책의 수립 그리고 선교사역의 진행과 긴밀하게 연결되어 있다. 그러므로 한남대학의 역사를 이해하기 위해서는 먼저 충청과 호남 지역에 누적된 남장로교 선교부의 전체적인 활동을 머릿속에 그릴 필요가 있다. 특히 해방 이전 남장로교 선교부가 취했던 고등교육에 대한 적극적인 태도와 '연합기독교대학'(The Union Christian College in Pyeong Yang, 숭실)을 통해 선교부가 이미 대학 운영에 실질적으로 참여했다는 것을 꼭 기억해야 할 것이다.

또 하나 중요한 것이 있다. 그것은 한남대학의 설립 모형에 대한 광범위한 공감대가 선교사들 사이에 이미 오래전부터 형성되어 있었다는 사실이다. 이른바 "(한국의 남서부 지역에 기독교적인) 소규모 문리과대학을 설치 · 운영한다"라고 하는 1948년 선교부 연례회의의 결정은 그보다 훨씬 전인 초기 선교사들의 입국 때부터 이미 시작된 것이라고 보아야 한다.[3] 남장로교 선교사들의 상당수는 바로 그런 유형의 대학에서 공부한 사람들이기 때문이다. 그들은 미국의 남장로교회가 남북전쟁을 전후하여 등장한 신흥 중산층 가정을 겨냥하여 만들었던 기독교대학 출신들이었다. 한남대학의 창설에는 자신들이 학창 시절 경험한 캠퍼스의 모습을 한국의 선교 현장에서 유사하게 재현하겠다는 선교사들의 정서적인 표준이 개입되어 있다.

이 글은 남장로교의 교육사업의 일환으로 세워진 한남대학의 설

---

3 "Report of the Educational Committee," *Minutes of the Second Postwar Annual Meeting of the Korea Presbyterian Church of the U.S.*(이하 Minutes, 1948), 33.

립 배경과 설립 과정을 선교사(宣敎史)적인 차원에서 전체적으로 조망한다는 목적을 갖고 있다. 먼저 위에서 언급한 대로 이제까지 잘 알려지지 않았던 설립 배경에 대한 두 가지 사실을 2장과 3장에서 검토한 후에 다시 4장에서는 선교사들이 남긴 자료를 동원하여 한남대학 설립과 운영의 과정을 선교부의 시각으로 재구성하려고 한다. 개별 학교사(學校史)의 수준을 뛰어넘어 한남대학 설립이 갖는 다양한 선교적 · 역사적 함의가 이 논문을 통해 좀 더 자세하게 드러나기를 기대한다.

II. 미국 남장로교의 고등교육과 한국 선교사

1892년 11월 4일부터 1982년 1월 31일까지 90여 년 동안 한국에 선교사를 파견한 미국 남장로교는 1789년 필라델피아에서 조직된 미국 장로교 총회에 그 뿌리를 두고 있다.[4] 원래 미국 장로교회는 하나였다. 그런데 19세기 들어 분열의 조짐이 나타났다. 먼저 1837년의 총회에서 웨스트민스터 표준을 중심으로 스코틀랜드 정통주의를 수호하려는 구파(Old School)와 신학과 선교의 방법에서 변화를 적극적으로 수용한 신파(New School)로 갈라졌다.[5] 당시 남부의 교회들은 구파에 더 많이 분포하고 있었다.

그런데 구파와 신파로 나뉜 미국 장로교회의 분열은 여기서 그치지 않았다. 노예제도의 폐지를 둘러싼 남부와 북부의 첨예한 대립

---

4 George P. Hutchinson, *The History Behind the Reformed Presbyterian Church Evangelical Synod* (Cherry Hill, N. J: Mack Publishing Company, 1974), 124.

5 George P. Hutchinson, *The History Behind the Reformed Presbyterian Church Evangelical Synod*, 132-133.

은 교회에도 깊은 영향을 주었다. 1844년 침례교, 1845년 감리교가 양분된 데 이어 1857년 장로교의 신파 총회가 둘로 쪼개졌다. 이어서 남북전쟁이 발발하자 구파 총회도 남부와 북부로 분열되었다. 남북전쟁을 거치면서 미국 장로교회는 이렇게 모두 4개의 교단으로 분열되었던 것이다.[6]

그러나 전쟁이 끝난 후 미국 장로교회는 다시 2개의 교단으로 조정되었다. 1864년 남부의 장로교회들이 하나로 합쳐진 데 이어 1870년에는 북부의 교회들도 같은 길을 걷게 되었다. 19세기 말 호남과 충청 지역에 선교사를 파송한 미국의 남장로교는 바로 1864년 남부의 신 · 구파가 함께 세운 'the Presbyterian Church in the United States'(PCUS)를 가리키는 것이며, 이에 대하여 서울과 평양에서 선교한 북장로교(the Presbyterian Church in the United States of America/PCUSA)는 1870년 연합한 북부의 신 · 구파 교회들을 지칭하는 것이다. 그 후 이 두 교단은 1983년 통합될 때까지 100년 이상 독자적인 노선을 유지하게 된다.[7] 미국 장로교단이 분열하는 과정에서 남장로교는 스코틀랜드 장로교의 전통을 견지하고, 신학적-사회정치적으로 보수적인 입장을 취하는 사람들의 결집체로 등장했다. 결과적으로 그런 신학적 태도는 노예제도를 비롯하여 미국 남부지역의 인종주의적이고 전통적인 관습과 제도를 옹호하는 데 기여했다.

출범 당시 모두 13개의 대회(大會, synod: 장로교의 지방 조직으로 총회와 노회의 중간에 위치)에 80여만 명의 교인을 두고 있었던 남장로교는 처음부터 스스로 선교하는 교회라고 자임하고, 해외선교와 국내선교에 많은 힘을 쏟았다.[8] 해외선교와 관련해서는 남북전쟁 후

---

6 James Smylie, 김인수 역, 『간추린 미국 장로교회사』 (대한기독교서회, 1998), 158-159.

7 류대영, 『미국종교사』 (청년사, 2007), 310-311.

10년 이내에 중국, 이탈리아, 브라질, 멕시코, 그리스에 선교사를 파견했다. 미국 내에서는 남서부의 개척지와 해방된 노예 출신 아프리카계 주민들에 대한 선교에 집중했다. 1877년에는 아프리카계 목회자를 배출하기 위해서 앨라배마 터스칼루사(Tuscaloosa)에 신학교(지금의 Stillman College)를 설립하기도 했다.

선교와 아울러 남장로교가 강조한 것 가운데 하나는 기독교 고등교육이었다. 책임을 지는 지적인 기독교인을 중시하는 전통 때문이었다. 무엇보다도 남장로교는 일정한 정규교육을 받은 사람만 지도자로 세우는 식민지 시대부터의 전통을 견지했기 때문에 고등교육과 신학교육을 대단히 중요하게 생각했다. 신학교로는 남북으로 분열되기 이전인 1812년 버지니아의 햄던-시드니(Hampden-Sydney)대학에서 버지니아대회와 노스캐롤라이나대회가 연합하여 시작한 유니온신학교(Union Theological Seminary in Virginia), 1828년 사우스캐롤라이나에서 시작한 콜럼비아(Colombia)신학교가 있었다. 남북전쟁 후에는 켄터키 루이빌(Louisville)신학교와 텍사스의 오스틴(Austin)신학교가 신설되었다.[9]

일반대학으로는 분열 이전에 설립된 햄던-시드니(1775년), 데이비슨(Davidson/1837년), 메리볼드윈(여대, Mary Baldwin/1842년), 퀸스(여대, Queens/1857년), 남서장로교대학(SouthWestern Presbyterian College/1848년) 등이 남장로교 소속이 되었고, 분열 이후에도 킹(King/1867년), 켄터키의 센트럴(Central/1871년), 아칸사(Arkansas/1872년), 아그네스스콧(여대, Agnes Scott/1889년) 등을 19세기 동안 설립하였다.[10]

---

8 Walter L. Lingle and John W. Kuykendall, Presbyterians: *Their History and Beliefs* (Atlanta: John Knox Press, 1988), 83.

9 David F. Wells, 박용규 역,『남부개혁주의 전통과 신정통신학』(엠마오, 1992), 4.

10 James Smylie, 김인수 역,『간추린 미국 장로교회사』, 120-121.

한국에 온 남장로교 선교사들 대부분은 바로 이들 대학의 졸업생들이다.

위의 대학들은 미국 남부 지역의 장로교인들이 자기 자식을 믿고 맡길 수 있는 선택의 여지가 없는 훌륭한 학교들이었다. 한국에 온 남장로교 선교사들은 거의 예외 없이 성경을 읽으며 기도하는 가정에서 자라고 교회의 주일학교에서 신앙훈련을 받은 사람들이었다. 장성해서는 다시 그 교회와 긴밀한 관련을 맺고 있었던 기독교대학의 경건한 분위기 속에서 전통적 인격 교육을 받았다.

몇 가지 예를 든다면 먼저 남장로교 최초의 한국 선교사로서 일제강점기 내한 선교사 사회에서 가장 강력한 발언권을 갖고 있었던 레이놀즈(William D. Reynolds, 이눌서)가 있다. 지금 우리가 사용하고 있는 구약성경 거의 전부를 번역하기도 했던 레이놀즈의 전반부 인생은 모두가 19세기 미국 남부 장로교회의 기풍과 관련을 맺고 있다. 버지니아의 노포크(Norfolk)에서 노포크제2장로교회 장로의 아들로 태어난 레이놀즈는 1884년 햄던-시드니에 위치한 햄던-시드니대학에 입학했다. 프린스턴대학(당시 College of New Jersey) 출신들이 주도하여 버지니아의 장로교회가 1775년에 건립한 이 대학은 남부 최초의 사립대학으로 프린스턴대학을 모델로 한 엄격한 인문교육을 시키는 학교였다. 또 1780년대(제1차)와 1830년대(제2차) 미국 교회를 강타했던 부흥운동의 중심지이기도 했다.[11] 햄던-시드니는 기본적으로 레이놀즈에게 그의 탁월한 언어적인 재능을 다시 한번 확인시키고 강화하는 계기가 되었다. 그는 대학 시절을 거치면서 장래 고전언어 분야의 교수가 되기를 희망했다. 자신의 재능이 무엇이지를 알았던 것이다. 입

---

11 "Biographical Sketch of William Davis Reynolds Missionary-Statesman, Theologian, Translator," *Annual Reports of Presbyterian Church U.S. in Korea Missionary* 1-6, 157.

학 당시 그의 라틴어 실력은 학부 4학년 수준에 도달해 있었다. 그리고 미국 남부 기독교의 지성적 전통에 미친 햄던-시드니의 영향을 볼 때 레이놀즈의 대학 시절은 미국 남부 주류 기독교인으로서의 정체성을 더욱 강화시킨 계기가 되었던 것 같다. 그의 대학 시절은 경건한 장로교회 장로의 가정에서 자라난 유년기적 경험과 그 후 장로교 목사로서의 레이놀즈를 연결시키는 중요한 단계였다. 특히 대학 재학 시절 받았던 언어교육은 레이놀즈가 한국에서 성경번역 사업을 주도할 수 있게 하는 원동력이 되었다.[12]

지난 1837년 노스캐롤라이나의 장로교인들에 의해 세워진 데이비슨대학은 지금도 미국 내에서 유수의 명문대학으로 인정받고 있다.[13] 남장로교 한국 선교사들 가운데는 데이비슨 출신이 가장 많다. 그중에는 1902년부터 1940년까지 전주에서 활동한 루터 매커첸(Luther O. McCutchen, 마로덕)이 있다. 루터 맥커첸은 1894년 데이비슨대학 학부를 졸업한 뒤 다시 동 대학원에 들어가 1895년 석사학위(MA)를 취득하였다.[14] 그 후 유니온신학교를 거쳐 1902년 남장로교 한국 선교사로 파송된 그는 40여 년 동안 호남 지역에서 왕성한 선교 사업을 펼쳤다. 또 그는 평양신학교에서 오랫동안 학생들을 가르쳤으며, 전주남자성경학교의 교장으로 30년간 봉직하였다.[15] 한국인 학생들을 매료시켰던 그의 지적 수월성은 데이비슨에서 길러진 것이다.

---

12 류대영, "윌리엄 레이놀즈의 남장로교 배경과 성경번역 사업,"「한국기독교와 역사」 제33호 (한국기독교역사학회, 2012년), 10.

13 데이비슨대학 홈페이지. http://www.davidson.edu. "Traditions."

14 Biographical Information: McCutchen, Luther Oliver, *Annual Reports of Presbyterian Church U. S. in Korea Missionary* 1-1.

15 McCutchen, "Korean Presbyterian Theological Seminary," *The Missionary* (July 1910), 356.

메리볼드윈대학 출신으로는 군산 선교사 전킨(Willaim M. Junkin, 전위렴)의 부인인 레이번(Mary Leyburn)이 있다. 그녀의 아버지 에드워드 레이번(Edward T. Leyburn)은 버지니아주 렉싱턴(Lexington) 북쪽 마우리강(Maury Riv.) 부근의 큰 농장과 방앗간을 상속받은 지주였다. 또 그는 건축가로서 렉싱턴감리교회(the Episcopal Church at Lexington)와 인근의 프레드릭스버그장로교회(the Presbyterian Church at Fredericksburg)의 석조 주일학교 예배당을 지은 바 있다. 그의 집안은 목사와 선교사 그리고 교육자를 배출한 렉싱턴의 명문가였다.[16] 남장로교 계통 여성 교육 기관인 메리볼드윈대학에서 공부한 메리 레이번은 그녀의 고향이었던 렉싱턴 소재 워싱턴앤리대학(Washington and Lee University)에 다니고 있던 선교사 지망생 전킨과 결혼하여 한국에 올 수 있었다.

1842년 베일리(Rufus W. Bailley)에 의해 남장로교와 관계를 맺으며 아구스타여자신학교(Augusta Female Seminary)로 시작된 버지니아 스턴톤(Staunton) 소재 메리볼드윈대학은 1863년 그 학교의 1회 졸업생인 볼드윈(Mary J. Baldwin)이 학장으로 임명되면서 크게 발전하여, 1895년 메리볼드윈신학교로 이름을 바꾸었고, 다시 1923년 메리볼드윈대학이 되었다.[17] 이 학교는 미국에서 가장 오래된 여성교육 기관으로 당시 남장로교의 여성 지도력을 양성하는 산실이었다. 한국에 온 미국 남장로교의 여성 선교사들 가운데 이 학교 출신들이 적지 않은 이유가 바로 여기에 있다. 남부의 전형적인 유럽계 가정은 가족과 공동체를 지키기 위해 용맹스럽게 나서며 필요할 경우 처절하게 복수하는 것을 명예로 여기는 가부장적 남편과 가정, 교회

16 Luther O. McCutchen, In Memoriam Mary Reyburn Junkin, *Minutes* (1953), 41-42.
17 메리볼드윈대학 홈페이지. www.mbc.edu. “Our History.”

를 자신의 영역으로 여기고 남편에 대한 순종 · 순결 · 도덕성 등 빅토리아적 가치를 미덕으로 여겼던 아내가 만든 세상이었다.[18] 미국 남부의 중산층 가정의 딸로 태어나 남장로교의 여성 신학교인 메리볼드윈에서 공부한 메리 레이번의 이력을 볼 때 그녀가 19세기 후반 미국 남부 기독교 사회의 중요한 가치를 공유한 여성임에는 틀림이 없어 보인다. 메리 레이번은 후에 남편 전킨과 함께 한국선교 사역을 수행하며 군산에 자신의 모교 이름을 딴 멜볼딘여학교(현 군산영광여고)를 설립하는 등 일정한 업적을 남기게 된다.[19]

남장로교의 탁월한 문서운동가로서 1925년부터 1938년까지 조선예수교서회(현 대한기독교서회)의 편집인이자 경영자로 활약했던 클라크(William M. Clark, 강운림)는 1900년 테네시주 클락스빌(Clarksville)의 남서장로교대학(현재 멤피스의 로즈대학/Rhodes College)을 졸업했다. 역시 남장로교 목사였던 부친은 켄터키 · 테네시 · 앨라배마 일대의 영적인 지도자로 여러 권의 기독교 서적을 남긴 저술가였다. 테네시의 남장로교인들에게 남서장로교대학은 마땅히 입학해야 했던 적절한 고등교육 기관이었다. 클라크 또한 미국 남부의 주류 기독교인들이 세운 대학에 다니면서 경건한 분위기 속에 신앙훈련을 받았던 것이다. 남서장로교대학은 1923년 한국 선교사 클라크에게 신학박사 학위를 수여하기도 하였다.[20] 그 외에 군산과 광주 선교의 대부로 통했던 해리슨(William B. Harrison, 하위렴)과 벨(Eugene Bell, 배유지)은 켄터키주 리치몬드(Richmond)에 있는 센트럴

18 Jean E. Friedman, *The Enclosed Garden: Women and Community in the Evangelical South, 1830~1900* (Chapel Hill: University of North Carolina Press, 1985).

19 William F. Bull, "Rev. W. M. Junkin," *Annual Reports of Presbyterian Church U. S. in Korea Missionary* 1-7.

20 *Minutes* (1965), 78.

대학을 나란히 졸업했다. 해리슨은 1888년 화학과 졸업생이고, 유진 벨은 그 2년 뒤인 1891년 문학사 학위(BA)를 취득했다. 또 유진 벨의 딸로 후에 한남대학 설립자 대표인 린튼(William A. Linton, 인돈)과 결혼하는 샬롯(Charlotte W. Bell, 인사례)은 남장로교의 또 다른 여자대학인 아그네스스콧 출신(1921년 졸업)이었다.[21] 다음은 대표적인 남장로교 선교사들의 출신 대학을 도표로 정리한 것이다.

남장로교 선교사들의 출신 대학

학교명	해당 학교 출신 선교사(한국 이름, 활동 지역)	
데이비슨 대학 (30명)	L. K. Boggs(박수로, 전주)	K. E. Boyer(보계선, 대전)
	L. C. Brand(부란도, 광주)	G. T. Brown(부명광, 광주)
	A. H. Bridgman(광주)	H. A. Codington(고허번, 광주)
	R. T. Coit(고라복, 순천)	P. S. Crane(구바울, 전주)
	R. B. Drietrick(이철원, 광주	W. Hollister(하리시, 군산)
	B. Hopper(조요섭, 전주)	Z. Long(서울)
	J. McEachern(매요한, 군산)	J. M. McBryde(마요한, 광주)
	L. O. McCutchen(마로덕, 전주)	K. R. Morton(전주)
	L. T. Newland(남대리, 광주)	J. K. Parker(군산)
	W. P. Parker(박원림, 평양)	R. C. Patten(배의돈, 광주)
	R. D. Phillips(백빌익, 전주)	J. F. Preston. Jr(광주)
	J. I. Ritchie(이재풍, 광주)	J. M. Rogers(노재수, 순천)
	H. L. Timmons(김로라, 순천)	S. C. Topple(도성래, 여수)
	J. Wilson(군산)	J. K. Wilson(전주)
	G. Worth(서울)	L. Worth(서울)
아그네스스콧 대학(14명)	M. Brown(브라운 부인)	M. Codington(코딩턴 부인)
	S. Crane(크레인 부인)	A. Cumming(변애례, 커밍 부인)
	S. Cumming(대전)	A. Faucette(박애인, 전주)
	G. F. Hewson(허우선, 순천)	S. T. Joanne(전주)

21 Biographical Information: Linton, Charlotte Witherspoon Bell, *Annual Reports of Presbyterian Church U. S. in Korea Missionary* 1-1.

학교명	해당 학교 출신 선교사(한국 이름, 활동 지역)	
	L. O. Lathrop(라두리, 군산)	C. Linton(인사례, 대전)
	A. Preston(프레스톤 부인)	M. Preston(순천)
	C. Rankin(전주)	J. Smith(전주)
햄든-시드니 대학(12명)	W. F. Bull(부위렴, 군산)	A. D. Drew(유대모, 군산)
	F. M. Eversole(여부솔, 전주)	W. P. Gilmer(길마, 목포)
	P. B. Hill(길변하, 목포)	J. M. Moore(모요한, 대전)
	W. L. Moore(서울)	C. C. Owen(오기원, 광주)
	W. D. Reynolds(이눌서, 평양)	J. B. Reynolds(이보린, 순천)
	R. K. Robinson(라빈선, 대전)	T. B. Southall(서도열)
남서장로교 대학(10명)	C. L. Austin(오서돈, 전주)	W. M. Clark(강운림, 서울)
	J. C. Crane(구례인, 순천)	P. S. Crane(목포)
	J. C. Frist(전주)	M. A. McQueen(구애라, 광주)
	J. S. Nisbet(유서백, 목포)	J. V. N. Talmage(타마자, 광주)
	T. W. Taylor(전주)	J. K. Unger(원가리, 여수)
메리볼드윈 대학(8명)	C. Bell(유진벨 부인)	M. Bell(유진 벨의 딸)
	M. Brand(브랜드 부인)	E. Bull(불 부인)
	M. L. Junkin(전킨 부인, 전주)	M. L. Junkin(전킨 부인, 전주)
	I. Preston(전주)	C. Reynolds(순천)
	E. B. Woods(임혜인, 군산)	
퀸스대학 (5명)	S. A. Colton(공정순, 전주)	N. McEachern(매커첸 부인, 군산)
	M. Rogers(순천)	M. Rowan(전주)
	E. Wilson(광주)	
킹대학 (4명)	N. Daniel(순천)	C. H. Pratt(안채륜, 순천)
	D. E. Ross(오대원, 서울)	E. F.Ross(오성혜, 서울)
켄터키센트럴 대학(3명)	E. Bell(배유지, 광주)	W. B. Harrison(하위렴, 군산)
	J. Hopper(조하파, 목포)	
아칸사대학 (3명)	A. C. Murphy(목포)	J. I. Paisley(이아각, 광주)
	R. M. Wilson(우월손, 광주)	

출처: Biographical Information, *Annual Reports of Presbyterian Church U. S. inKorea Missionary* 1-1, 1-2(한국교회사문헌연구원, 1993).

남북전쟁 이후 산업화 과정에서 이전까지는 기독교적인 교육을 견지했던 많은 수의 대학들이 새로운 시장 경제적 방법을 취하고 있었다. 감리교 전통의 밴더빌트(Vanderbilt), 노스웨스턴(Northwestern), 보스턴(Boston), 남가주(Southern California) 대학 등이 바로 그런 예이다. 이 학교들은 지역적 교단 대학의 틀을 깨고 중산층 전체를 상대로 한 보편적 교육을 위해서 자신들의 전통을 바꾸었다는 공통점을 갖는다.[22] 하지만 남장로교 선교사들을 배출했던 소규모의 교단 대학들은 이와 같은 세속화 과정을 아직 크게 겪지 않은 채, 경건한 종교적 분위기를 유지하고 있었다. 그들의 대학 시절은 미국 남부 주류 기독교인으로서의 정체성을 강화시켰을 뿐만 아니라 졸업 이후 그들의 발걸음을 신학교로 인도하는 계기가 되었다. 이런 대학의 기독교적 환경은 학생들로 하여금 하나님 앞에서 자신들의 믿음을 항상 돌이켜 보도록 만들었다. 남장로교 선교사들은 그 대학들에 강한 자부심을 갖고 있었다. 또 그러한 정서는 후에 한국선교 현장에서도 지속되었다고 여겨진다.

III. 해방 이전 남장로교 한국선교부의 고등교육

남장로교 한국선교부가 고등교육 문제를 고민하기 시작한 것은 그들이 한국에서 활동하기 시작한 지 20년쯤 되는 1910년 무렵이었다. 이것은 남장로교 뿐만이 아니라 한국에 와서 활동한 미국 개신교 주류 교단 선교부 전체의 문제였다. 왜냐하면 한국교회의 신장세

22 류대영, 『초기 미국 선교사 연구 1884-1910』(한국기독교역사연구소, 2001), 54-55.

가 두드러졌기 때문이다. 1907년의 부흥운동 이후 수십 개의 중형교회(中型敎會)가 생겨났고, 그 교회들을 책임질 양질의 교육을 받은 다수의 한국인 목회자들이 필요하게 되었다. 또 선교부에서 운영했던 중등학교와 병원에서 일할 교육 · 의료인력 양성 문제도 제기되었다. 더욱이 선교부에서 세운 중등학교(Academy)에서 졸업생들이 배출되기 시작했다. 당연히 그들의 향후 진로 문제가 제기되었다.

1904년 9월 남장로교 선교부는 3명의 신학생을 그해 정식으로 개교한 조선장로회신학교(The Chosun Presbyterian Theological Seminary, 평양신학교)에 입학시킨 데 이어 레이놀즈를 그 학교의 교수 요원으로 파송하였다.[23] 4개의 장로교선교부(남장로교, 북장로교, 호주장로교, 캐나다장로교)가 연합하여 평양에 설치한 신학교 운영에 참여해서 신학교육 문제를 해결하고자 한 것이다. 이어서 남장로교 단독의 대학 설립이 추진되었다. 1908년 남장로교 선교부 연례회의는 1907년 미국의 그래함(C. E. Graham)이 희사한 1만 불(현재 20억원 가치)을 기금으로 전주에 대학을 세우기로 결정하고 전주 스테이션에 부지 매입을 맡겼다.[24] 선교부는 이미 본국의 파송지휘부에 2명의 교수 요원을 신청해 놓은 상태였다. 하지만 그 후 더 이상 남장로교 선교부의 대학 설립은 진척되지 않았다.

그 이유는 아마 대학 건축과 운영에 필요한 자금의 부족 때문인 것 같다. 남북전쟁 이후 20세기 초까지 미남장로교의 지역적 배경이었던 남부 미국은 심한 전쟁 후유증에 시달려야 했다. 전쟁 후 남부인들은 막대한 액수의 전쟁 배상금을 물어야 했고, 북부의 점령 관료들이 주도하는 구조 조정의 사회적 스트레스에 내몰렸다. 북부의

---

23 *Reports to The 13th Annual Meeting of the Southern Presbyterian Mission in Korea* (1904), 19; *Minutes* 1904, 18쪽.

24 *Minutes* (1908), 22.

교사들이 남부의 학교들을 접수했음은 물론이다. 남부의 일부 엘리트들이 북부의 등쌀에 못 이겨 남미에 이민 간 것도 이때의 일이다. 이런 가운데 교회의 상황도 좋을 리가 없었다. 미국 남장로교의 한국선교는 그리스의 내전으로 그곳의 선교가 중단되었기 때문에 어느 정도의 재정적 여력이 생겨 가능했던 것이다. 당시 남장로교 선교사들은 한국선교 현장에 투입되는 선교 물자의 규모를 비교하면서 "북장로교는 선박으로, 남장로교는 보따리로 물품이 들어왔다"라고 표현했다.[25]

이런 사정하에서 남장로교 선교부가 선택한 방법은 선교부 간 연합사업으로서 고등교육 기관 운영이었다. 선교부는 1910년 북장로교 선교부 등이 제안한 '연합기독교대학' 운영에 참여할 것을 진지하게 고려하기 시작했다.[26] 그리고 결국 1911년 자신들의 연례회의에 참석한 북장로교 선교사 마펫(Samuel A. Moffet, 마포삼열)의 의견을 청취한 후에 북장로교 등과 함께 그 대학 경영에 동참하기로 결정하였다. 1912년부터 연합기독교대학의 운영경비로 100불(현재 2,000만 원 가치)을 지원하고, 가능하면 빨리 대표 1명을 평양에 상주시킨다는 후속 조치가 뒤따랐다.[27] 또한 1913년부터는 남장로교의 의료 인력 양성 프로그램으로 미국 켄터키 루이빌의대를 졸업한 의사 오긍선을 연합의학교(The Union Medical College, 세브란스)에 파송하고, 그의 임금(연 600불)을 전액 지원하는 형식으로 의학교육에도 가담하였다.[28] 이로써 남장로교 선교부의 고등교육은 완전히 새로

25 Stephen W. Linton(인세반, 유진벨재단 회장)의 증언. 광주정율성국제학술세미나 기조발표 내용. 2006. 12. 12. 광주5 · 18 기념홀 대동홀.

26 *Minutes* (1910), 15.

27 *Minutes* (1911), 17.

28 *Minutes* (1913), 52; *Minutes* (1914), 51, 84; *Minutes* (1916), 42.

운 전기를 맞게 되었다.

일제강점기 '미국 남장로교 한국선교부'는 평양과 서울에 있던 위의 세 대학에 이사와 교수를 파송하는 한편 적지 않은 액수의 재정을 분담했다. 평양신학교의 레이놀즈와 연합기독교대학의 파커(William. P. Parker, 박원림),[29] 세브란스의 오긍선(의학부)과[30] 쉐핑(E. J. Shepping, 서서평/간호학부)은[31] 각각 그 대학의 상주(常駐) 남장로교 대리인으로 활동하며 그 기관의 운영에 실질적으로 참여했다.[32] 1912년 내한한 파커는 1917년 4월 1일부터 평양에 거주하며 수학과 교수로 사역하기 시작했다. 파커가 평양에 상주하게 되자 남장로교 선교부는 1917년 평양신학교 구내의 본관 뒤쪽 남장로교 부지에 두 동의 사택을 건축하였다. 또 선교부는 연합기독교대학의 과학관 신축을 위해 9,000엔의 기금을 내놓았다.[33]

1914년 남장로교 선교부는 레이놀즈를 연합기독교대학의 운영이사로 지명한 데 이어[34] 1916년에는 파커와 유진 벨을 연합기독교대학의 이사로 추가 파송하였다.[35] 또 그 대학에 지원하는 기금의 액수를 1916년에는 200불, 1917년에는 500불, 1920년에는 750불로 증액하였다. 그만큼 대학 운영에 차지하는 비중을 늘려갔다.[36] 해방 이전 남장로교 선교부는 이렇게 연합기독교대학의 운영에 참여하는 방식

---

29 *Minutes* (1913), 28.

30 *Minutes* (1915), 23.

31 *Minutes* (1917), 34.

32 G. T. Brown, *Mission to Korea* (Board of World Missions, Presbyterian Church U. S., 1962), 100-101.

33 *Minutes* (1920), 51, 64.

34 *Minutes* (1914), 30.

35 *Minutes* (1916), 45.

36 *Minutes* (1916), 82; *Minutes* (1917), 88; *Minutes* (1920), 51.

을 통하여 자신들에게 당면한 고등교육 문제를 해결해 나갔다.

IV. 남장로교의 한남대학 설립과 운영

남장로교 선교부의 직영 대학인 한남대학의 설립 논의가 시작된 것은 1946년 6월 미국의 남장로교총회 해외선교본부가 한국선교 재개를 위한 조사단(Survey Committee)을 파견하면서 비롯되었다.[37] 남장로교 선교사들의 재입국은 북장로교 등 다른 선교부들보다 신속하게 이루어졌다. 그런데 조사단에서 작성한 1947~1948 회계년도 남장로교한국선교부의 예산안에는 벌써 14만 불의 대학 설립 예산이 책정되어 있었다.[38] 그것은 미국 남장로교가 향후 5년간 한국선교부 복구를 위해 책정해 놓은 기금 70만 불의 일부였다. 본국 해외선교본부의 파송지휘부 스텝으로 일했던 린튼의 영향이 있었던 것으로 짐작된다. 후에 한남대학 부지 15만여 평을 매입하는 데 들어간 비용이 모두 2만 불 정도였다는 것을 염두에 둔다면 대학 설립 예산 14만 불은 적지 않은 액수라는 것을 알 수 있다.

린튼은 한남대학 설립 당시 역대의 남장로교 선교사들이 오랫동안 꿈꾸어 왔던 대학의 모습을 가장 잘 알고 있던 인물이었다. 조지아공대(Georgia Tech.)를 졸업하던 해인 1912년, 그는 22살의 나이에 군산에 도착했다. 남장로교가 운영하던 중등학교들의 공업교육을 위해 파송된 것이다.[39] 그때는 레이놀즈를 중심으로 남장로교 한국

37 *Minutes* (1946-48), 3.

38 *Minutes* (1946-48), 10.

39 Rev. W. B. Harrison, "Industrial Work at Mokpo, Korea," *The Missionary* (June 1910), 325.

선교부의 어떤 전통이 수립된 시점이었다. 그 전통 가운데는 언젠가는 세워질 선교부 직영대학의 원형이 포함되어 있었다. 1908년 선교부 서기였던 니스벳(John S. Nisbet, 유서백)은 한국선교부의 미션스쿨 상황을 미국의 후원자들에게 설명하면서 중등학교와 아울러 대학 설치를 계획하고 있음을 말하고 있다.[40] 자신들을 배출한 본국 교회가 그러했듯이 선교사들은 한국기독교인 가정 자녀들을 위한 고등교육 프로그램을 준비하고 있었다. 당시 선교사들은 19세기 미국 남부 지역에서 적지 않게 관찰되는 기독교 전통의 소규모 교단 대학을 한국선교 현장에도 설치하여, 교회 안의 한국인 지도력을 확보하고자 했던 것이다.

그리고 그 전통을 수립한 제1세대 선교사들이 사망·은퇴하기 시작한 1930년대 이후에도 그러한 남장로교 선교부의 정체성이 계속 유지될 수 있었던 것은 바로 1.5세대 선교사 린튼이 있었기 때문이다. 그는 레이놀즈, 유진벨, 테이트(Lewis. B. Tate, 최의덕) 등 1세대 선교사들과 20년 이상 나이 차이가 나지만 비교적 젊은 나이에 선교현장에 투입되어 그들과 경험을 공유할 수 있었다. 제1세대 선교사들의 선교 이상(理想)은 린튼에게 고스란히 전수되었다.

린튼이 두각을 나타내기 시작한 것은 1930년대 전주신흥학교의 교장으로서 역대 교장들의 숙원이었던 '지정학교'(일제 교육 당국이 요구했던 높은 수준의 학교) 문제를 해결하면서 보여준 능력 때문이었다. 그때는 제1세대 선교사들이 대거 은퇴하면서 남장로교 선교부의 새로운 지도력이 요청되던 시점이었다. 그의 장인 유진 벨의 후광도 있었던 것 같다. 린튼은 태평양전쟁으로 말미암아 일제에 의해 본국으로 강제 추방되었지만, 그 후에도 미국남장로교총회 해외선

---

40 "The Korean Mission-Notes from the Annual Meeting," *The Missionary* (1908), 1, 24.

교본부의 스텝으로 선교사 양성 분야에 계속 종사하였다. 남장로교의 파송지휘부에서 일한 이때의 경험은 그의 정치적 자산이 되어 해방 이후 남장로교의 한국선교 재개의 든든한 배경이 되었다. 그의 높아진 위상으로 선교비 조달과 선교 인력 배치가 한층 용이해졌기 때문이다.[41]

1948년 2월 25일 순천에서 열린 선교부 임시위원회(Ad Interim Committee)는 대전에 교육센터의 기능을 갖춘 스테이션(station: 선교거점) 개설을 연례회의에 상정하기로 결의하였다.[42] 대전에 선교부 직영의 신학교와 외국인학교를 건설하려는 복안이 있었던 것으로 보인다.[43] 해방 이전 남장로교의 선교사 자녀들은 주로 평양에 있었던 여러 선교부 공동 운영의 외국인학교에서 교육을 받았는데, 이제는 대전 인근에 남장로교 단독의 선교사 자녀교육 기관을 운영하고자 했던 것이다.[44] 그러나 이때까지 신설 대학의 위치로 대전을 염두에 둔 것 같지는 않다. 해방 이후 남장로교의 대전 스테이션 설치 시도는 이곳에 대학을 세우려는 것이 아니라 남장로교가 충남에 대한 기존의 연고권에 기반해서 대전을 중심으로 그 영역을 더욱 확장·북상시키겠다는 의도가 있었던 것으로 보인다.

그리고 1948년 5월 해방 이후 두 번째 선교부 연례회의가 27명의 선교사들이 참석한 가운데 전주 스테이션 구내 린튼의 집에서 개최되었다. 의장은 역시 린튼이었다. 회의 초반부터 대학 설립 문제가 중요한 주제로 떠올랐다. 먼저 전주와 순천에 대학을 유치하려는 그곳 목회자들의 발언이 이어졌다. 그리고 선교부 산하 교육위원회의

41 Lois F. Linton, "Wm. A. Linton-The War Years," 9.

42 *Minutes* (1948), 31.

43 *Minutes* (1949), 18.

44 G. T. Brown, *Mission to Korea,* 107.

보고가 있었다. 그 내용은 "우리는 장래의 목사들, 교사들 그리고 기독교 지도자들을 양성한다는 분명한 목적을 갖고 한국의 남서부에 문리과대학(the College of Liberal Arts & Scinces)을 세우고자 한다"라는 전제하에 대학 설립을 추진할 별도의 대학위원회(College Committee)를 구성하기로 했다. 위원으로는 낙스(Robert Knox, 로라복), 린튼, 하퍼(Joseph Hopper, 조하파), 크레인(John C. Crane, 구례인)을 추천하였다. 또 인사위원회는 신설 대학의 교수 요원 3명을 한국에 파송해 줄 것을 미국 본부에 요청하기로 하였다. 각 분과위의 보고를 받은 후 선교사들 전원이 참석한 총회는 대학 설립 사항에 관한 권한을 대학위원회에 부여하고 추가 위원으로 커밍(Daniel J. Cumming, 김아각) 선교사를 지명하였다. 또 대학 설립 후보지로 일단 광주를 1순위로 하되 여의치 않으면 전주를 후순위로 하기로 잠정 결정하였다. 이미 책정된 1차 예산 6만 불 외에 25,000불을 추가로 집행하는 것도 잊지 않았다.[45] 해방 이전 남장로교 선교사들의 꿈이었던 선교부 단독의 대학 설립이 가시화되는 순간이었다.

그와 병행하여 대전 스테이션 부지 매입도 본격적으로 진행되었다. 위의 1948년 연례회의에서 전도위원회는 기존 군산 스테이션 시설의 재산권 행사가 어렵고 또 그 위치가 기존의 전주 스테이션과 중복되는 점을 고려하여 군산 스테이션을 폐쇄하고 그 복구비로 책정된 126,000불을 새로운 대학 및 신학교에 투자하자고 제안하였다.[46] 그리고 1949년 2월 열린 임시위원회는 미국의 선교본부에 대전 스테이션 부지 매입을 위해 군산 복구 자금 1만 불 사용을 요청하였다. 린튼과 탈메이지(J. V. N. Talmage, 타마자)는 즉시 토지 구매를

45 *Minutes* (1948), 34-46.

46 *Minutes* (1948), 57.

협상하는 위원(Taejon Station Committee)으로 지명되었다.[47] 그 결과 린튼과 탈메이지는 그해 5월에 열린 선교부 연례회의에서 대전 스테이션의 위치와 스테이션 설치 계획의 전반을 보고할 수 있었다.[48] 오정리 선교지구는 1949년 여름에서 가을 사이에 집중적으로 매입된 것으로 보인다.[49] 1950년 2월에 열린 임시위원회는 대전 스테이션 부지 매매를 위해 수고한 탈메이지 선교사에게 감사를 표하였다. 오정리 토지 매입이 일단 완료된 것이다.[50] 이어서 임시위는 대전 스테이션위원회에 군산 스테이션의 남은 재산을 처리할 수 있는 권한을 부여하였다.[51] 대전 스테이션의 설치와 한남대학 설립은 원래 이렇게 별개의 사안으로 진행된 일이었다.

한국전쟁으로 중단되었던 대학 설립과 대전 스테이션 개설 사업은 대개 1952년부터 재개되었다. 그해 5월 선교부는 대전 스테이션을 위해 5,000불의 예산을 편성하는 한편 1953년에는 별도의 대전위원회(Taejon Committee)를 조직하여 당시 회덕면 중리에 건설 중이었던 '기독교연합봉사회'(The Union Christian Service)의 회원 교단으로서의 임무를 수행할 수 있도록 하였다.[52] 그리고 대전 스테이션의 상주 선교사로 린튼의 3남이었던 휴 린튼(Hugh Linton, 인휴)이 배치되었다.[53]

---

47 *Minutes* (1949), 37.

48 *Minutes* (1949), 1-2.

49 *Minutes* (1949), 33.

50 *Minutes* (1950), 35.

51 *Minutes* (1950), 36-38.

52 *Minutes* (1952), 9; *Minutes* (1953), 34. '기독교연합봉사회'는 북장로교, 남장로교, 미감리교, 캐나다연합교회, 구세군 등 5개 개신교 선교부가 연합하여 대전에 설치한 사회사업기관이었다. Harry A. Rhodes and Archibald Campbell, *History of the Korea Mission Presbyterian Church in the U.S.A.* 1935~1959(The Presbyterian Church of Korea Department of Education: Seoul, Korea, 1964), 139-140.

드디어 1954년 5월 6일부터 전주에서 제8회 선교부 연례회의가 개최되었다. 한국전쟁 이전인 1948년에 선교부의 새로운 대학을 잠정적으로 광주에 세운다고 결정한 바 있었지만, 그것이 큰 구속력을 갖고 있지는 않았던 것 같다. 그 후 대전 스테이션 개설 작업에 선교부의 에너지가 집중되면서 대학 위치 선정 문제는 수면 아래에 잠복하고 있었다. 하지만 이제 더 이상 미룰 수가 없었다. 선교부는 총 38명이 참석한 가운데 5월 10일부터 집중적인 토론에 들어갔다. 선교부의 대학을 어디에 세울 것인가. 결국 무기명 비밀 투표로 대전 · 전주 · 광주 · 순천 가운데 하나씩 두 개를 떨어뜨리기로 하였다. 그 결과 먼저 순천이 배제되었고 전주가 두 번째로 탈락했다. 이제 대전과 광주 가운데 하나를 선택해야만 했다. 두 곳 중 한 도시가 2/3를 획득할 때까지 투표를 계속하기로 하였다. 결국 5월 11일 오전 투표에서 대전이 새로운 대학의 입지로 최종 선정되었다.[54] 선교부는 즉시 5명의 선교사로 특별위원회를 구성하여 대학위원회(College Committee)를 조직하도록 하였다. 특별위원회는 린튼에게 대학 설립을 주도하도록 하고 린튼이 대학위원들을 지명하도록 부탁했다. 5월 13일 린튼은 각 스테이션에서 대표 1명씩을 추천하도록 하고, 나머지 1명은 의료위원회에서 선발하는 원칙을 제시했다. 그 결과 폴 크레인(Paul. S. Crane, 구바울/의료), 조셉 하퍼(Joseph. B. Hopper, 조요섭/전주), 서머빌(John. N. Somerville, 서의필/목포), 크림(Keith. R. Crim, 김기수/순천)이 대학위원으로 선정되었다.[55] 재정위원회는 그 회의에서 대전에 선교사 주택 3채에 3만 불, 대학에 8만 불의 예산을 배

---

53 *Minutes* (1953), 37.

54 *Minutes* (1954), 1.

55 *Minutes* (1954), 9-13.

정하였고, 대전위원회는 선교사 임시 주택 2채의 매입과 대학에서 사용할 트럭의 구매 허가를 요청했다. 대전에 대학 설립과 스테이션 건설 작업이 본격화된 것이다.[56]

1954년 9월 전주에서 열린 임시위원회는 대학위원회가 대전대학 건설을 위한 재산위원회의 기능을 함께 가진다고 결정하였다.[57] 목돈이 들어가는 캠퍼스 건설을 효율적으로 진행하기 위한 합당한 조치였다. 당시 대학위원 가운데 크림 선교사는 기독교연합봉사회의 남장로교 선교부 파송 이사로서 이미 대전에 상주하고 있었던 것으로 보인다.[58]

대전 스테이션은 1956년 1월 31일 공식적으로 개설되었다. 1948년 2월 설치 논의가 시작된 지 8년 만의 일이었다. 이제 대전 스테이션은 대학 개교 작업과 외국인학교 설립 사무 그리고 대전 충남 지역 전도 사업에 본격적으로 나서게 되었다. 먼저 대학은 시설의 부족으로 인해 1956년 4월 '대전기독학관'이라는 이름으로 시작되었다. 성문학과, 영문학과, 화학과의 총 신입생은 82명이었다. 그러나 선교부는 4년제 대학 인가를 목표로 곧 대학 본관 건물 공사에 착수하였다. 1956년 5월 1일 착공한 건물은 이듬해인 1957년 9월 30일 준공되었다.

대전기독학관으로 운영되던 선교부의 대학은 1958년 9월 문교부의 인가를 얻어 1959년 4년제의 "대전대학"으로 새롭게 출범하였다. 선교부는 기존의 린튼과 크림에 이어 무어(John V. Venable, 모요한)와 프린스(Clarence E. Prince, 박인성)를 각각 성문학과와 수물학과의 교

---

56 *Minutes* (1954), 30-31, 35.

57 *Minutes* (1954) 9, Ad Interim Committee, 1.

58 *Minutes* (1955), 16.

수 요원으로 임명하였다.[59] 또 대전 스테이션은 기존의 본관 건물에 더해 대전대학 시설 확충을 위하여 도서관 4만 불, 실험실 1만 불, 대학 행정동 2만 불의 예산을 지원해 줄 것을 선교부에 특별 요청하였다.[60]

1962년 6월 현재 한남(대전)대학은 모두 166명이 재학하고 있었다. 그중 4학년은 60명, 3학년은 33명, 2학년은 37명, 1학년은 36명이었고, 출신 지역은 전북 80명, 전남 57명, 충청 27명, 제주 1명, 기타 29명이었다. 그런데 그해 말 치러진 전국학사자격 국가고시에서 한남(대전)대학의 첫 졸업생들이 전원 합격하였다. 선교사들은 이 사실을 매우 만족스러워했다. 또 그사이 카메론(Joseph P. Cameron, 감요섭)과 허니컷(Melicent Huneycutt, 한미선)이 각각 대학의 교수 요원으로 합류하였다.[61]

또 1964년 대학 상황을 살펴보면 존 탈메이지(John E. Talmage, 학장), 무어(John V. Moore, 모요한, 성문학과/건물 신축 관리), 괴테(Robert L. Geotte, 화학과) 선교사가 교수로 사역했고, 허니컷 선교사는 전주와 대전을 오가며 영문학과 강의를 맡았다. 무어 부인은 도서관 운영을 맡았고, 괴테 부인과 존 탈메이지 부인은 신입생들에게 영어를 지도했다. 그 외에 대전외국인학교의 교사들이었던 커크패트릭(Ruth K. Kirrpatrick), 오크맨(Hilda Aukeman), 스테딩(Alma D. Steading, 서옥수)은 틈틈이 시간을 내서 대전대 학생들을 개별 지도(tutor)하였다. 남편이 주한미군이었던 모리스 부인(Mrs. James Morris)은 영문과에서 잠깐 가르쳤다. 성문학과의 크림과 수물학과의 프린

59 *Minutes* (1958), 24.

60 *Minutes* (1959), 21.

61 *Minutes* (1962), 55; *Minutes* (1963), 56.

스 선교사는 1964년 가을 안식년을 마치고 복귀하였다. 그해 가을에는 강당을 겸한 학생회관 신축공사가 마무리되어 공간의 숨통이 트였고, 신입생도 정원을 꽉 채운 80명이 입학하여 모두 180명의 학생들이 재학하고 있었다. 또 당시 문교부는 총 160명이었던 과학 계열 학과의 정원을 아무 조건 없이 240명으로 증원해 주었다.[62] 1966년까지 졸업한 한남대학의 졸업생 125명의 진로 상황을 보면 32명이 목회자(신학교 진학자 포함)로 진출했고, 14명이 남장로교가 운영하는 선교 기관(학교와 병원)에 취업했으며, 군 입대 24명, 중등학교 교사 23명, 대학원 5명, 기업체 13명, 기타 14명이었다.[63]

한남대학 경영의 위기는 1960년대 후반 시작되었다. 학교의 규모가 확장되면서 신임 교수 채용과 시설 확충에 적지 않은 재정이 소요되었지만, 선교본부는 오히려 재정지원을 줄여나가기 시작했다. 대학 운영자들은 재정난 타개의 일환으로 1966년 선교부에 비수세자(非受洗者) 입학 허용을 요청했지만, 당시 남장로교 주한선교사들의 투표 결과 42 대 15로 부결되고 말았다. 기독교대학의 정체성 유지에 대한 선교사들의 의지가 확고했던 것이다. 하지만 이 문제는 다시 여러 차례의 토의를 거쳐 그 3년 후인 1969년부터 점차 완화시키는 것으로 결론을 내렸다.[64] 그리고 결국 가중되는 재정 문제로 인해 한남대학은 1971년 숭실대학과의 합병 과정을 거쳐 "숭전대"(숭실+대전) 대전캠퍼스가 되었다.[65]

1960년대 후반 한남대학은 크림과 프린스가 사임하면서, 크라우스(Charles A. Krauth, 구창선)와 서머빌(John N. Somerville, 서의필) 선교

62 *Minutes* (1964), 40-41.

63 *Minutes* (1966), 37.

64 *Minutes* (1966), 38.

65 *Minutes* (1971), 7, 15.

사가 각각 화학과와 역사학 교수로 부임하였고, 또 시블리(William A. L. Sibley, 심우렴)와 마빈(Kellogg Marvin)은 대학의 경영관리 분야를 맡아 사역하였다.

남장로교 선교부는 1972년 숭전대 대전캠퍼스 상황에 대한 조사위원회를 구성하였다. 1971년 대전(한남)대학과 숭실대학의 합병 이후 숭전대학의 운영 과정에서 야기된 교내외의 여러 가지 문제를 조사하고 상황을 개선하려는 의도에서였다. 당시 전주 스테이션의 실(David J. Seel, 설대위), 대전 스테이션의 로빈슨(Robert K. Robinson, 라빈선), 광주 스테이션의 버튼(Suzanne M. Burton, 박선희)으로 구성된 위원회는 1973년 보고서를 통해 ① 대전캠퍼스의 구성원들은 아직도 합병을 정서적으로 수용하지 못하고 있으며, ② 서울과 대전캠퍼스 간의 의사소통이 부족하고, ③ 두 캠퍼스 간 학과 · 단과대학 편성에 균형 잡히지 못한 요소가 있음을 들어 이 문제의 해결을 촉구하였다.[66] 이는 당시 남장로교 선교사 사회 내부에서도 숭실과의 합병 그리고 이후의 서울 캠퍼스 중심 학교 운영에 대한 비판적인 여론이 흐르고 있었음을 나타내는 것이다.

V. 맺음말

1892년부터 90여 년간 한국의 호남과 충청 지역에 선교사를 파송한 미국 남장로교는 남북전쟁을 전후한 시기에 주로 노예 문제를 둘러싼 갈등의 과정을 겪으며 형성된 교단으로서 미국 남부지역의 장로교인들을 배경으로 하고 있다는 특징을 갖는다. 미국 남장로교

66 *Minutes* (1973), 68.

는 그 산하에 다수의 신학교와 대학을 운영하고 있었는데, 한국에 온 남장로교 선교사들 가운데 상당수는 바로 그 학교의 졸업생들이다. 남장로교 선교사들을 배출했던 소규모의 교단 대학들은 아직 세속화 과정을 크게 겪지 않은 채, 경건한 종교적 분위기를 유지하고 있었다. 그 선교사들의 대학 시절은 미국 남부 주류 기독교인으로서의 정체성을 강화시켰을 뿐만이 아니라 졸업 이후 그들의 발걸음을 신학교로 인도하는 계기가 되었다. 이런 대학의 기독교적 환경은 학생들로 하여금 하나님 앞에서 자신들의 믿음을 항상 돌이켜 보도록 만들었다. 남장로교 선교사들은 그 대학들에 강한 자부심을 갖고 있었다. 한남대학의 시작은 알게 모르게 바로 그 선교사들이 학창 시절 경험했던 캠퍼스 즉 기독교적 냄새가 물씬 풍기는 소규모의 문리과 대학/학부 교양 대학의 모습이 투영되어 있다. 그리고 선교사들의 그러한 대학 설립 비전은 시간이 흐른 후 린튼을 통해 구체화되었다.

일제강점기 남장로교 한국선교부의 고등교육 사업은 연합기독교대학 참여를 통해 이루어졌다. 처음에는 그들 단독의 대학 설립을 추진했지만, 역부족이었던 것 같다. 그 후 남장로교 선교부는 차례로 평양신학교와 연합기독교대학 그리고 연합의학교 운영에 동참하였다. 남장로교의 선교 구역이었던 호남 · 충청 지역에서 중등학교를 마친 학생들은 다시 선교부의 소개와 지원(支援)을 받아서 그 대학들에 진학할 수 있었다. 일제강점기 미국남장로교 한국선교부는 평양과 서울에 있던 위의 세 대학에 이사와 교수를 파송하는 한편 적지 않은 액수의 재정을 분담했다. 평양신학교의 레이놀즈와 연합기독교대학의 파커 그리고 세브란스의 오긍선(의학부)과 쉐핑(간호학부)은 각각 그 대학의 상주 남장로교 대리인으로 활동하며 기관의 운영에 실질적으로 참여했다.

해방 이후 미국남장로교 해외선교본부는 아예 한국에 단독의 대학을 세우기로 마음을 먹고 선교사들을 재입국시켰다. 사실 한남대학의 설립은 두 갈래로 진행되었다. 먼저 대전에 새로운 스테이션 건설 작업이 추진되었다. 기존의 군산 스테이션을 폐쇄하는 대신 대전에 스테이션을 신설하기로 한 것이다. 신학교와 외국인학교를 세우기 위함이었다. 새로운 대학의 위치 선정 문제는 1948년부터 큰 논란의 대상이 되었다. 유동적인 상황이 한동안 계속되었다. 결국 대전 스테이션 개설을 위해 1949년 가을 집중적으로 토지 매입이 이루어진 오정리 선교지구가 1954년의 선교부 연례회의에서 한남대학의 설립 장소로 최종 결정되었다. 선교부는 린튼을 대학 책임자로 결정하고 그로 하여금 대학위원회를 구성하도록 하는 한편 예산을 집중 배정하여 대전 스테이션의 건설과 대학캠퍼스 건설을 함께 진행하였다. 그때 선교사들은 한남대학을 가리켜 자신들이 한국인들에게 제공했던 교육 프로그램의 극치라고 묘사했다.

참고문헌

류대영. 『미국 종교사』. 청년사, 2007, 310-311.

_____. "윌리엄 레이놀즈의 남장로교 배경과 성경번역 사업." 「한국기독교와 역사」 제33호, 한국기독교역사학회, 2012년.

_____. 『초기 미국 선교사 연구 1884~1910』. 한국기독교역사연구소, 2001.

David F. Wells, 박용규 역. 『남부개혁주의 전통과 신정통신학』. 엠마오, 1992.

James Smylie, 김인수 역. 『간추린 미국 장로교회사』. 대한기독교서회, 1998.

Biographical Information: McCutchen, Luther Oliver. *Annual Reports of Presbyterian Church U. S. in Korea Missionary* 1-1.

"Biographical Sketch of William Davis Reynolds Missionary-Statesman, Theologian, Translator." *Annual Reports of Presbyterian Church U.S. in Korea Missionary 1-6.*

Minutes, 1910~1939.

The Missionary

George P. Hutchinson. *The History Behind the Reformed Presbyterian Church Evangelical Synod,* Cherry Hill, N. J: Mack Publishing Company, 1974.

Harry A. Rhodes and Archibald Campbell. *History of the Korea Mission Presbyterian Church in the U.S.A.* 1935-1959, The Presbyterian Church of Korea Department of Education: Seoul, Korea, 1964.

Jean E. Friedman. *The Enclosed Garden: Women and Community in the Evangelical South, 1830-1900,* Chapel Hill: University of North Carolina Press, 1985.

Walter L. Lingle and John W. Kuykendall, Presbyterians: T*heir History and Beliefs,* Atlanta: John Knox Press, 1988.

인돈(William A. Linton)의 교육선교*

최영근(한남대학교 인돈학술원장/기독교학과 교수)

Ⅰ. 들어가며

인돈(印敦, William Alderman Linton, 1891~1960)은 1912년에 대학을 졸업하자마자 그해 9월에 21세의 젊은 나이로 한국에 처음 들어와 1960년에 건강이 악화되어 미국으로 돌아갈 때까지 48년이라는 긴 세월을 한국에서 사역한 미국 남장로교 선교사이다.[1] 미국에 돌아간

* 이 연구는 2014년 12월에 개최된 제7회 한남대학교 인돈학술세미나에서 발표된 원고이며, 이 글을 일부 수정하여 「한국교회사학회지」 40집(2015년), 125-68에 게재하였음을 밝혀둔다.

1 1940년 11월 일제에 의해 강제 추방된 후 일제 패망 후인 1946년 6월에 다시 선교지로 복귀할 때까지 공백 기간이 있었고, 이 기간 인돈은 테네시주 내쉬빌의 남장로교 선교본부에서 1941년 9월경부터 한국에 복귀할 때까지 5년간 해외선교부 사무총장(Executive Secretary)을 도와 선교사 지원자 관리부(Candidate Department)에서 일하였다. 새로운 선교사를 선발하고 임명하는 일을 돕는 것이었고, 선교사 자원을 확보하여 선교의 역량을 강화시키는 일이었다. 이에 관하여, [Lois F. Linton], "William A. Linton: The War Years"(미간행 자료); 오승재·김조년·채진홍, 『인돈평전: 윌리엄 린턴의 삶과 선교 사역』(서울: 지식산업사, 2003), 127-35.

후 몇 달 지나지 않아 그해 8월 13일에 사망하였으니, 일생의 대부분을 한국에 바친 종신 선교사였다. 인돈은 남장로교 한국선교회에서 훌륭한 설교자요, 목회자요, 행정가요, 선교전략가요, 지도자로서 많은 기여를 하며 영향을 끼쳤지만, 무엇보다도 교육선교의 전문가로서 남장로교 한국선교회의 교육선교를 이끌어 나갔다. 군산영명학교와 전주신흥학교의 교장으로서 학교 발전에 지대한 공헌을 하였으며, 이들 학교가 교육 기관인 동시에 선교 기관으로서 교육을 통한 선교라는 선교회가 추구한 교육선교의 목적을 충실히 이루어 나갈 수 있도록 중심을 잡아 나갔다. 그의 교육선교의 백미(白眉)는 역시 해방 후 새로 설립된 대전 스테이션에 대학을 설립하고 "설립자요 학장"으로서 이 대학을 남장로교 선교회가 추구하는 교육목적을 이루어 나가는 기독교대학으로 발전시킨 공헌이라고 할 수 있다.[2]

그는 처음에는 조지아텍(Georgia Institute of Technology)에서 전기공학을 전공한 공학도로 들어왔다가 처음 발령받은 군산 스테이션의 영명학교에서 영어와 성경을 가르치면서 교육선교에 뛰어들었다. 그 후, 더 본격적인 교육선교를 감당하기 위하여 선교부의 특별한 허락을 받아 첫 번째 안식년(1919~1921) 동안 뉴욕 콜럼비아대학교의 티쳐스 칼리지(Teachers College, Columbia University)에서 교육학을 전공하였다. 그가 이후 줄곧 맡아 헌신하였던 영역이 교육선교였다. 1922년 2월 6일에 일제가 발표한 제2차 조선교육령 체제하에서 기독교교육을 제도적으로 보장받고 정규학교와 동등한 지위를 획득하기 위하여 선교회가 전주의 남학교(신흥학교)와 광주의 여학교(수

---

2 "Assignment of Workers," in *Minutes of the 1955 Annual Meeting of Korea Mission of the Presbyterian Church U. S.*, 43. 인돈은 전주에서 대전으로 이임하면서 그가 맡은 직책이 "대전대학의 설립자와 학장"(Founder and President of Taejon College)으로 명시되고 있다.

피아)를 총독부가 인정하는 지정학교로 인가받도록 모든 노력을 기울일 때, 그는 1926년에 전주신흥학교로 이임되어서 처음에는 임시 교장과 교무 주임으로, 나중에는 교장으로 일하며 신흥학교가 지정학교로 인가받는 일을 진두지휘하였다. 두 번째 안식년 기간(1928~1930)에는 신학교육의 필요성을 절감하고, 선교부의 특별한 허가를 받아서 조지아주 애틀랜타 인근 콜럼비아신학교(Columbia Theological Seminary)에서 신학을 전공하고, 메이콘 노회(Macon Presbytery)에서 목사 안수를 받아 한국으로 돌아왔다.[3] 뉴욕에서 교육학을 공부할 때, 그가 다녔던 성경신학교(Biblical Seminary)에서의 신학 수업이 콜럼비아신학교의 신학 수업을 단축할 수 있게 하였던 주된 요인이 되었다.[4] 공학도에서 교육자로, 이어서 목회자로의 변신은 극적인 변화임에는 틀림이 없었지만, 선교사로서 인돈의 선교를 포괄하는 핵심을 잘 요약한다고 볼 수 있다. 과학과 인문교육을 통해 교회와 사회를 이끌어 나갈 기독교 지도자를 양성하려는 그의 교육 비전에는 과학과 교육과 신학의 조화가 이루어지고 있으며, 그 비전의 실현은 한남대학교의 전신인 대전대학의 설립에서 절정을 이루었다.

3 "Biographical Information: Linton, William Alderman," in *Personal Reports of Southern Presbyterian Missionaries in Korea*.

4 뉴욕의 성경신학교는 귀납법적 성경연구로 알려진 윌버트 화이트(Wilbert W. White)의 성경교사대학(Bible Teacher's College)으로 시작되어 뉴욕 성경신학교(Biblical Seminary in New York)로 명칭이 바뀌고, 다시 뉴욕신학교(New York Theological Seminary)로 개칭되어 오늘에 이르고 있다. 이 신학교에는 남장로교 여선교사 쉐핑(Elizabeth J. Shepping)이 다니며 전도자 훈련을 받았고, 쉐핑은 1914년부터 1917년까지 군산스테이션에서 인돈과 함께 있었다. 뉴욕성경신학교와 쉐핑과 관련하여서는, 졸고, "미국 남장로교 여선교사 엘리자베스 쉐핑(Elizabeth J. Shepping, R. N.)의 통전적 선교 연구,"「한국기독교신학논총」 82집 (2012년 7월), 236-8 참조.

인돈의 생애에 관하여는 이미 여러 권의 전기들을 통해 자세히 소개된 바 있다. 그의 핵심적인 사역이었던 교육선교 역시 그의 생애를 조명하는 가운데 부분적으로 알려져 있다.[5] 따라서 이곳에서는 꼭 필요한 부분을 제외하고는 상세히 재론하지 않고, 인돈의 교육선교에 집중하여 인돈이 대변하는 남장로교 한국선교회의 교육선교의 신학과 정책을 살펴보고, 다른 선교부, 특히 북장로교와 감리교 선교회와의 비교를 통해 남장로교 교육선교의 특징을 살펴보고자 한다. 또한 인돈의 선교신학이 그가 맡은 학교들을 중심으로 하는 교육선교에 어떻게 발현되었는지를 살펴보고 그러한 신학적 특징이 인돈의 교육선교의 정점이라고 할 수 있는 한남대학교의 정체성과 교육목적과 교육과정 속에 어떻게 나타나 있는지 검토해 보고자 한다. 따라서 논문의 기술은 군산 시기(1913~1926), 전주 시기(1926~1940; 1946~1955), 대전 시기(1955~1960)로 구분하여 전개될 것이다.

인돈은 많은 글을 남기지 않았다. 정력적인 활동가요 여러 가지 책임을 맡은 행정가로서 많은 업무를 감당해야 했기에 글을 쓰는

---

5 인돈의 전기로는 단행본으로 오승재 · 김조년 · 채진홍, 『인돈평전』(2003); Sang Yoon Lee and Won Sul Lee, *An American's Vision for Korea in Action: Dr. William Alderman Linton, Founder of Hannam University* (Daejeon: Hannam University Press, 2006); 오승재, 『인돈: 지지 않은 태양』 (서울: 바울, 2012)이 있고, 미간행 전기로는 인돈의 부인 인사례가 쓴 Charlotte B. Linton, "Life of William A. Linton"과 저자 미상이나 며느리인 인애자가 쓴 것으로 보여지는 [Lois F. Linton], "William A. Linton: The War Years"가 있다. 이외에도 저자미상, 제목미상인 드래프트 형식의 미완성 전기(인돈의 생애를 하루의 시간에 비유하여, 새벽과 오전 중반으로 나누어 기술하고 있는데 끝까지 마치지 못했다)가 있고, 추모의 형식으로 인돈과 관련한 추억과 기억을 기술한 짧은 단편들 몇이 있다. 이러한 영문자료들은 인돈학술원에서 자료집으로 묶어낸 "인돈자료집"에 수록되어 있고, 원문들은 남장로교 선교사들의 서신과 기록들을 모아놓은 영인본, *Personal Reports of the Southern Presbyteiran Missionaries in Korea*에 담겨 있다.

시간이 충분히 허락되지 않았을 것으로 생각한다. 따라서 그의 교육선교 속에 나타난 신학과 사상을 추적해 나가기에는 어려움이 따른다. 다행히도 그가 쓴 편지들과 선교잡지 기고문이 일부 수집되어 있고, 특히 그의 아내 인사례(Charlotte Bell Linton)의 선교 편지와 인돈 전기 속에 인돈의 선교와 사상이 간접적으로 담겨 있다. 또 인돈을 추모하는 이들이 간직하고 있는 기억과 기록 속에서 인돈의 모습을 역추적해 갈 수 있다. 이러한 자료들을 수집하고 정리하고 편찬하는 데 수고하시는 인돈학술원에 감사를 표한다. 이러한 사료들을 중심으로 하여서 인돈의 교육선교를 살펴보고, 그 속에 나타난 교육선교신학과 정책들의 강조점과 특징들을 분석하고자 한다.

II. 선교사 입국과 초기 군산 시기 교육선교

1. 인돈의 선교사 지원과 군산선교

인돈의 선교사 지원은 크게 세 사람의 영향이 있었다. 어린 시절 그가 출석하던 장로교회 주일학교 선생이었던 맥클린(Cynthia McLean)과 조지아텍 재학 당시 그가 출석하던 애틀랜타의 노스애버뉴 장로교회의 교인이었던 외과의사 헐(M. M. Hull) 박사 그리고 한국 선교사로서 미국에 안식년(1911~1912) 중에 선교사를 모집하는 일을 하고 있었던 프레스톤(J. Fairman Preston, 변요한) 선교사였다.[6]

6 Charlotte B. Linton, "Life of William A. Linton," no. 3-6. 인사례의 미간행 인돈 전기는 플래쉬 카드에 일련번호를 매기고 타자기로 쳐서 기록되어 있다. 따라서 이 글의 인용은 페이지 표시가 아닌 카드번호로 한다. 또한 이에 관하여, 오승재 외, 『인돈평전』, 35-9; Sang Yoon Lee and Won Sul Lee, *An American's Vision*, 22-34 참조.

인돈은 네 형제자매 가운데 셋째로 태어났는데, 위의 누나와 형은 그가 아주 어릴 때 죽었고, 그의 여동생 칼리(Callie)도 인돈이 일곱 살 되던 해에 죽었다. 인돈이 열 살 되던 해에 부모는 의견 차이로 인하여 사실상 이혼하게 되었고, 그는 어머니(Amanda Alderman)와 이모(Callie McIntyre)와 함께 살았다. 주일학교 선생이었던 신시아는 수년 동안 그를 지도하면서 닫혀 있는 인돈의 마음을 열었고, 그에게 믿음의 씨앗을 심어주고 복음에 대한 소명 의식을 키워주었다고 한다. 인돈이 조지아텍에서 공부하고 있던 1908년에 그의 어머니 아만다 마저 세상을 떠나게 되었다. 그가 심적으로 어려워하였을 때, 헐 박사는 그를 자기 집에 머물게 하였고, 조지아텍 마지막 2년을 헐의 가족과 함께 살면서 많은 영향을 받으며 선교에 대한 소명을 굳혔다. 한국 선교사로의 부름은 변요한 선교사와의 만남이 결정적이었다. 헐과 프레스톤은 친분이 있었는데, 선교사 모집차 애틀랜타에 와서 인돈과 선교사 인터뷰를 하였다. 프레스톤은 인돈에게 선교를 무엇이라 생각하는가 라고 질문하였고, 인돈은 이렇게 대답하였다고 한다.

> 성경의 진리를 사람들에게 가르쳐서 그들을 지도자로 자라날 수 있도록 하고, 그들이 사람들을 하나님이 이끄시는 방향으로 인도하게 하는 것입니다. 나는 그것을 뭐라고 부를지는 잘 모르겠습니만, 나는 기도할 때 그것을 "예수운동"이라고 부릅니다.[7]

인돈은 남장로교 선교부에 1912년 3월 12일에 선교사 지원서를

7 Sang Yoon Lee and Won Sul Lee, *An American's Vision*, 32. 인터뷰 가운데 실제로 이러한 문답이 오고 갔는지는 사료를 통해 확인되지 않는다. 위에서 참고한 인돈의 영문전기에서 출처를 밝히지 않기 때문이다. 우리말 번역은 필자의 것이다.

냈고, 4월 9일에 임명을 받았으며, 프레스톤 선교사가 안식년 후 선교지로 복귀할 때, 인돈도 그와 함께 한국으로 향하고 있었다. 인돈은 미국 남장로교 선교부가 "이제까지 임명해왔던 선교사들 가운데 가장 어린 선교사"였다.[8] 프레스톤은 인돈이 한국에 선교사로 들어온 것은 교육선교를 위한 것이었다고 회고하였다. 그는 6월 12일에 조지아텍을 우등졸업하였고, GE사에 입사가 보장되었지만, 그것을 포기했다. 이모의 간곡한 만류를 뒤로 하고, 샌프란시스코항에서 8월 23일에 한국으로 향하는 배에 올랐던 것이다.[9]

9월 20일에 목포에 도착한 인돈은 곧 군산 스테이션에 임명되었고, 한국 생활에 적응하면서 어학 선생 고성모에게 우리말을 배웠다. 어학 선생과 함께 생활하고 활동하면서 언어를 익혔다. 여러 선교사들이 공통적으로 기억하는 증언에 따르면, 인돈은 어학에 천부적인 재능을 가졌던 것으로 보인다.[10] 그러나 어학 선생 고성모와 끈끈한 관계와 생활 속에서 언어를 배워나가는 그의 노력이 그를 언어에 뛰어난 재능을 갖게 한 주요한 원인 가운데 하나라는 점을 지적해야 할 것이다.[11] 어학 선생 고성모의 회고에 따르면 언어를 배우기 시작한 지 일 년 만에 한국어로 의사를 전달할 수 있게 되었다고 한다.[12]

---

8 J. Fairman Preston to Mrs. Linton[Charlotte B. Linton], July 4, 1967.

9 Charlotte B. Linton, "Life of William A. Linton," no. 5; "Biographical Information: Linton, William Alderman."

10 Preston to Mrs. Linton, July 4, 1967; Esther Cummings to Mrs. Linton, January 24, 1964; H. Petrie Mitchell, "Reminiscences on the Life of Dr. William A. Linton"; Mary L. Dodson, "Memories of William Alderman Linton." 특히 도슨은 인돈이 내한 선교사들 가운데 가장 뛰어난 언어학자였다고 평하였다.

11 오승재 외, 『인돈평전』, 46; 저자 미상, "The Dawn" (미간행 인돈 전기 드래프트), "인돈자료집" (미간행 자료집, 한남대학교 인돈학술원), 285.

12 Ko Sung-mo, "An Outline of the Late Rev. Linton's Career" (미간행 회고록, 1965

군산에서 인돈은 영명학교에서 교육선교를 시작하였다. 미국에서 그가 전공한 전기공학은 이 학교에서 가르치기에 적합한 과목이 아니었다. 그래서 그는 우리말로 성경을 가르치기 시작하였다. 1917년에 영명학교 교장을 맡고 있던 베너블(William Anderson Venable, 위위렴) 선교사가 선교사를 사임하고 한국을 떠나게 되었을 때 인돈은 영명학교 교장직을 맡게 되었다.[13]

2. "개정사립학교규칙"(1915)과 재한 선교회들의 반응: 인돈의 교육사상 비교검토

이 시기에 교육선교와 관련하여 남장로교 선교회를 비롯한 여러 선교회가 어려움을 겪고 있었던 문제는 일제의 교육정책과의 마찰이었다. 조선총독부는 1911년 8월 23일에 "조선교육령"을 공포하고 10월 20일에는 "사립학교규칙"을 공포하면서 천황제 이데올로기를 중심으로 "충량한 국민 육성"을 목표로 동화와 우민화를 추진하였고 사립학교에 대한 감독과 통제를 강화하고자 하였다. 보통학교, 고등보통학교, 전문학교의 학제를 만들고, 수업연한을 축소시키고, 대학설치를 불허하며, 인가를 받은 정규학교와 비정규학교로 구별을 함으로써 교육을 국가가 지배하는 체제를 갖추었다.[14]

1915년 3월 24일에는 "개정사립학교규칙"을 공포하면서 사립학교에 대한 통제를 더욱 강화하고자 하였는데, 특히 제6조의 2의 조항에 따르면 "사립학교의 교과과정은 보통학교규칙, 고등보통학교

년 2월 11일), "인돈자료집," 336.

13 "The Dawn," "인돈자료집," 285-6.

14 최재건, 『언더우드의 대학 설립: 그 이상과 실현』(서울: 연세대학교 출판문화원, 2012), 106-7.

규칙, 여자고등보통학교규칙, 실업학교규칙 또는 전문학교규칙에 준하여 이를 정해야" 하고, "규칙에 규정한 이외 교과과정을 부가할 수 없음"이라고 명시함으로써 사립학교가 자율적으로 교과과정을 정하는 것을 금하여 결과적으로 기독교계 학교가 성경교육과 채플과 같은 종교의식을 시행할 수 없도록 제도화하였다.[15] 또한 제10조의 2에서는 "사립학교의 교원은 국어(일본어)에 통달하고 또 해당 학교의 정도에 응할 학력을 가진 자"로 규정함으로써 일제에 의해 길러진 사람에 의해서만 교육을 맡기겠다는 의도를 밝히고 있었다.[16]

조선총독부는 "개정사립학교규칙"을 설명하면서 "관공립학교는 물론, 법령으로 일반적인 학과과정을 규정한 학교에서도 종교교육을 실시하거나 그 의식을 행하는 것을 허락하지 않음을 선명하게 한다"라고 밝힘으로써 종교와 교육의 분리를 명확히 하였고, 조선교육의 목적이 "충량한 신민을 육성하는 데" 있으므로 교원의 국어 통달은 필수라고 못 박았다.[17] 이러한 교육과 종교의 분리와 제국주의 교육정책은 기독교계 학교의 교육을 통한 선교와 선교로서의 교육이라는 목적과 정면으로 충돌하여 기독교학교의 존립 근거를 위협하였다.

이 규정은 부칙에서 그 시행을 1925년 3월 31일까지 10년간 유예기간을 두었고, 이 기간에 여러 선교회들은 교육선교에 대한 이해에 따라 다양한 반응을 보였다. 우선 1911년 6월에 6개의 재한 선교회

15 "개정사립학교규칙," 『조선총독부관보』 제789호 (1915년 3월 24일), 325; 김승태 편역, 『일제강점기 종교정책사 자료집: 기독교편, 1910~1945』 (서울: 한국기독교역사연구소, 1996), 87-8.

16 위의 책.

17 "조선총독부훈령 제16호," 『조선총독부관보』 제789호 (1915년 3월 24일); 박용권, 『국가주의에 굴복한 1930년대 조선예수교장로회의 역사』 (서울: 그리심, 2008), 357.

들이 교육사업의 연합을 위해 선교사연합공의회 안에 조직된 "교육평의회"(Educational Senate)를 중심으로 정부를 상대로 한 협상이었다. 교육평의회는 선교회들이 교육정책과 관련하여 조선총독부에 한 목소리를 내고 서로 협력할 수 있는 좋은 제도적 장치였다. 그러나 교육평의회는 개정사립학교규칙에 대해 문제제기를 하면서 협상을 시작하였으나 총독부의 교육과 종교의 분리에 대한 완강한 입장에 가로막히게 되었고, 오히려 이 문제로 인하여 교육평의회가 분열하고 마침내 1917년 11월에 와해되는 상황에 이르게 되었다. 북감리교는 총독부의 교육정책을 따르는 길이 최상의 선택이라 여기고 1916년에 먼저 평의회를 탈퇴하였고, 곧이어 캐나다 연합교회와 남감리교가 총독부 정책에 따라 인가를 추진하였다. 북장로교, 남장로교, 호주장로교는 10년의 유예기간 동안 상황의 변화를 기대하며 기다리자는 입장을 고수하였다.[18] 남장로교의 경우 전주, 군산, 목포, 광주의 학교들은 그 이전에 정부로부터 지정학교 인가를 받아 교육이 계속 허용되었지만, 순천은 새로운 법에 바로 영향을 받았다. 남장로회 선교회는 이 상황에서 추이를 지켜보면서도 필요하다면 폐교를 각오하고라도 교육선교의 본질을 지키겠다는 입장을 분명히 하고 있었다.[19]

이러한 상황은 기독교 선교, 특히 교육선교에 있어서 심각한 위기였고, 선교회들은 신앙교육을 통한 기독교 지도자 양성이라는 교

18 Harry A. Rhodes, *History of the Korea Mission Presbyterian Church U.S.A.*, vol.1: 1884~1934, 최재건 역, 『미국 북장로교 한국선교회사』(서울: 연세대학교출판부, 2009), 405; G. Thompson Brown, *Mission to Korea*, 천사무엘 · 김균태 · 오승재 역, 『한국선교 이야기: 미국 남장로교 한국선교역사, 1892-1962』(서울: 동연, 2010), 141-2.

19 G. Thompson Brown, 『한국선교 이야기』, 142-3.

육선교의 본질을 지키기 위한 저항과 일제의 법적 테두리 안에서 학교를 지속시켜 나가기 위한 제도적 순응 사이에서 갈등할 수밖에 없었다. 이에 대하여는 선교회 간 교육선교에 대한 입장과 신학에 차이가 있었고 그에 따른 대응 양식에도 차이가 있었다. 북장로교와 남장로교 선교회들은 교육선교에 대하여 복음전도적이며 보수적인 입장을 취하였다. 북장로교 선교회는 "학교 사업의 목적이 '교육을 위한 교육이 아니라 교회와 교회의 지도자를 훈련하는 것'"이라는 입장을 지니고 있었다.[20] 다시 말해 학교는 교회의 연장이고, 교육은 전도의 일환이라는 점을 분명히 하고 있었던 것이다. 북장로교에서는 이러한 입장을 베어드(William M. Baird)가 잘 반영하고 있었다. 베어드는 북장로교 선교부가 추구해야 할 교육정책에 대하여 "Our Educational Policy"(우리의 교육정책)이라는 글에서 기존에 북장로교 선교회가 채택하고 있는 교육선교의 두 가지 기본이념, 곧 "학교의 기본이념은 유용한 지식을 교수하여 학생들이 실생활 여러 부분에서 책임 있는 일꾼이 되도록 한다"와 "학교가 해야 할 중요한 일은 학생들에게 종교적이고 영적인 영향을 함양시키는 것이다"는 원칙에 교육의 목적에 관련한 세 번째 원칙, "선교학교의 주요 목적은 적극적인 전도활동을 할 수 있는 교회의 육성과 그 지도자의 양성이다"를 첨가하고자 하였다. 그러면서 베어드는 이렇게 덧붙였다.

> 이상적인 학교는 현지교회와 기독교인 학생들을 훈련시키기 위해 설립된 학교이다. 이 학생들은 학교의 원리들에 의해 충실히 교육받는다면 그들이 어떤 직업을 가지든지 모두 다 적극적인 복음 설교자들이 될 것이다, 선교사 교사들은 우선적으로 복음전도자를 양성하는 사람들이 되어

---

20 류대영, "윌리엄 베어드의 교육사업,"「한국기독교와 역사」 제32호 (2010년 3월), 137.

야 하며, 이것에 실패한다면, 그들은 교육자로서 성공할지는 몰라도 선교사 교사로서는 실패하는 것이다.[21]

남장로교 선교회의 교육목적도 북장로교와 크게 다르지 않았다. 남장로교 선교회는 기독교학교의 목적을 기독교 가정 출신의 자녀들을 교육하여 기독교 지도자를 양성하는 것에 두었다. 그래서 "불신자에게는 전도를, 신자에게는 교육을"이라는 구호를 자주 사용하였다.[22] 기독교교육의 목적은 우선적으로 신자들을 교육시켜서 그들을 한국교회의 책임 있고 훈련된 지도자로 양성하는 것이었고, 또한 신실한 그리스도인이 되게 하는 교육이었다. 인돈은 이러한 남장로교 선교회의 교육선교의 입장을 잘 반영하였다. 인돈은 "Educational Work in Korea"라는 글에서 남장로교 한국선교회의 교육선교의 목적과 필요와 방법에 대하여 논하였다. 그는 선교가 진척될수록 교육선교의 역할이 중요해진다고 보았다. 선교 초기에는 선교사들이 직접 전도를 하게 되지만, 시간이 지날수록 전도의 역할은 현지인들에게로 넘겨지고, 선교사들은 이러한 현지인 사역자들을 가르치는 일에 주력하게 되고 교육선교가 가장 효과적인 선교사역이 된다고 보았다. 따라서 인돈은 교육선교의 중요한 목적을 교회 지도자 양성으로 보고 있다. 이를 위해 "기독교인 가정의 자녀들을 어릴 때부터 받아서 이들을 고등학교 과정까지 받아서, 신실한 기독교인 교사들에 의해, 기독교적인 환경에서 교육함"으로써 그리스도를 위한 사람과 교회의 지도자로 길러내야 한다고 강조하였다. "기독교인 학생, 기독교인 교사, 기독교적 환경," 이 세 가지가 바람직한 기독교학교

21 [Richard H. Baird], "William M. Baird of Korea: A Profile" (미간행 자료집, California: Oakland, 1968), 116.

22 G. Thompson Brown, 『한국선교 이야기』, 100.

의 구성요소가 된다는 신념을 가지고 있었다. 이러한 교육선교의 신념은 군산, 전주 시기를 거쳐 대전대학의 설립에 이르기까지 줄곧 이어지던 기본신념이었다.

> 우리는 우리에게 찾아오는 소년과 소녀들, 그들 대부분은 기독교 가정 출신인 이들로부터 시작하여 그들을 가르쳐서, 살아가되 그리스도를 위해 살아가도록 가르쳐야 합니다. … 만약 우리가 한국인 소년과 소녀들을 우리의 학교에서 지도자로 길러내지 않는다면 우리의 지도자들을 정부 학교에 의탁해야 합니다. 기억해야 할 것은 한국인들을 위한 일본의 교육 목적은 오로지 일본제국의 충성스러운 시민들을 만들어내는 것이며 일본 천황의 독실한 숭배자를 길러내는 것뿐입니다. 우리가 오늘날 한국을 위해 할 수 있는 가장 위대한 봉사는 기독교학교들에서 한국의 자녀들을 교육하는 특권을 갖도록 하는 것입니다. 남녀 학생들을 좋은 시설이 갖추어진 기독교학교에서 교육할 수 있도록 모든 노력을 기울입시다. 그래서 한국교회의 지도자들이 우리가 그들에게 줄 수 있는 가장 훌륭한 교육을 받을 수 있도록 합시다.[23]

북장로교와 남장로교의 교육선교의 공통점은 교육을 복음전도의 연장선에서 보고 있다는 점과 교육을 통한 교회지도자 양성이라는 것이고, 미세한 차이점은 북장로교가 적극적인 복음전도자 양성에 있다면, 남장로교는 교회를 이끌어 나갈 지도자 양성에 있다고 할 것이다. 이러한 교육선교의 목적과 신념을 가지고 있었기 때문에, 보수적인 장로교 선교회들은 정규교과로서 성경교육을 금하고

---

23 William A. Linton, "Educational Work in Korea," *The Presbyterian Survey* (June 1925), 371.

예배를 제한함으로써 기독교학교의 "기독교적 환경"을 훼손하고, "기독교인 교사"의 존립을 어렵게 하는 "개정사립학교규칙"은 받아들일 수 없는 요구였고, 이에 끊임없이 문제 제기하면서 그들의 선교원칙을 지켜나가고자 하였다. 이러한 입장은 일제 말기 신사참배 요구 때에도 학교 폐쇄를 단행하고서라도 교육선교의 목적과 기독교의 정체성을 끝까지 지키고자 했던 것에서도 다시 확인된다. 선교학교에서 액센트는 선교에 있었고 교육은 선교의 효과적 수단이었던 것이다.

장로교가 네비우스 선교 정책으로 대변되는 복음전도 중심의 "복음화"(evangelization)의 선교 방법론을 추구하였고 이에 따라 교육선교의 방향도 복음전도와 교회지도자 양성에 초점이 맞추어져 있었다면, 감리교는 복음전도와 더불어 학교와 의료와 다양한 기독교 기관들을 통한 사회의 "기독교화"(Christianization)에 집중하였고, 이에 따라 교육선교의 방향도 기독교인을 주요 대상으로 하는 교회지도자 양성에서 국한되지 않고 교육의 대상과 범위를 확대하여 교육을 통한 기독교적 영향력의 사회 침투와 확산에 초점을 맞추고 있었다.[24] 장로교가 교회의 지도자 양성이라는 구심력적 교육선교에 집중하였다면 감리교는 기독교적 교육을 통한 사회의 지도자 양성이라는 원심력적 교육선교를 지향하였다고 할 수 있다. 개정사립학교규칙에 대하여 감리교 안에서도 의견의 차이가 존재하였지만, 대체적으로 총독부의 규정을 준수하는 것에 찬성하는 경향을 보였다. 교육에 특별한 중점을 두고 있었고, 교육이 선교사역의 매우 핵

24 Charles D. Stokes, *History of Methodist Missions in Korea, 1885~1930,* 장지철 · 김흥수 역, 『미국감리교회의 한국선교 역사, 1885~1930』 (서울: 한국기독교역사연구소, 2010), 269-70; 안종철, "베커(Arthur L. Becker)의 교육선교활동과 '연합기독교대학' 설립," 「한국기독교와 역사」 제34호 (2011년 3월), 253-4.

심적인 부분을 차지하고 있었으므로, 교육의 중단이나 지체는 피해야 했고, 또한 이러한 규정 가운데서도 간접적으로나 여러 다른 방식으로 교육선교를 해 나갈 수 있는 여지가 있다고 판단하여 발 빠르게 학교 인가를 추진하였다. 북감리교 선교회는 1916년 초에 배재학당에 대한 인가 요청을 하여 승인을 받았고, 남감리교 선교회도 1917년 4월에 송도의 한영학교의 인가 추진을 승인하였다.[25] 이러한 감리교의 대체적인 입장은 일제 말기 기독교학교에 대한 신사참배 강제의 상황 속에서, 장로교가 신사참배를 반대하며 폐교를 단행했던 것과는 달리, 국가 의례 차원에서 수용하고 학교 존속을 결정한 점에서도 찾아볼 수 있다. 감리교의 경우 선교학교에서 선교와 학교는 등호 관계였다. 학교가 없다면 선교의 기회도 사라지는 것을 의미하였다.

이러한 교육선교의 입장 차이는 일제의 교육 정책과의 관계뿐만 아니라 평양의 연합기독교대학(Union Christian College, 숭실전문)의 운영에서 1915년에 감리교가 전격적으로 탈퇴하여 언더우드와 북장로교 서울 스테이션이 설립을 추진하던 서울의 조선기독교대학(Chosen Christian College, 연희전문)에 참여한 문제와도 관련되어 있다. 북장로교 대다수를 비롯한 장로교 선교회들은 평양의 연합기독교대학에 남았고, 북장로교 소수와 감리교, 캐나다 연합교회는 서울의 조선기독교대학에 참여하였다. 분열의 계기는 언더우드가 서울에 대학 설립을 추진하면서 북장로교 선교부 내에서 반대와 갈등이 있었고, 또한 이 시기에 감리교가 장감연합의 숭실전문에서 탈퇴하여 언더우드가 추진하고 있는 서울의 대학에 합류하는 과정에서 비롯되었다. 감리교는 평양의 연합대학이 장로교 중심으로 운영되고

25 Stokes, 『미국감리교회의 한국선교 역사』, 237-8.

있으며 교육목적이 주로 기독교인을 선발하여 교회 지도자를 양성하는 데 집중되어 있어서 더 이상 이 학교에서 연합사업이 어렵다고 판단하였고, 모든 역량과 자원이 집중되어 있는 한국의 수도 서울에서 한국 사회를 이끌어갈 지도자를 양성하기 위한 폭넓은 교육을 지향하는 새로운 연합대학을 열어야 한다고 주장하였다. 이러한 연희전문의 대학 설립의 전개 과정에서 북장로교 선교부 내의 갈등(마펫을 필두로 한 평양 스테이션과 언더우드를 필두로 한 서울 스테이션의 대립과 갈등), 북장로교 한국선교회와 해외선교본부의 갈등, 장로교 선교회와 감리교 선교회의 갈등으로 비화된 대학 문제(College Question)가 일어났다.[26]

총독부의 교육정책과 이에 따른 인가추진에 대한 선교회들의 반응, 그리고 대학 설립 문제와 관련된 입장과 이견들은 이 시기 재한 선교회들의 교육선교의 이념과 목적을 파악하는 데 유용한 해석의 관점을 준다. 이러한 입장들 이면에는 교파적 특성, 선교사 개인의 선교신학적 신념, 서울과 평양이라는 지역과 연관한 이해관계가 복잡한 변수로 상호작용하고 있었다.

3. 삼일운동과 제2차 조선교육령: 안식년 복귀 후 군산선교

1919년에 일어난 삼일운동은 일제강점기 한국에 많은 변화를 초래하였다. 이러한 변화 가운데 하나가 강경했던 일제의 교육정책의 유화적 변화였다. 물론 이것은 기존의 차별적 정책을 그대로 두고 제한적인 자유를 줌으로써 결국엔 체제에 순응시키고자 하였던 일제의 진화된 통제 방식이었다. 삼일운동 당시 인돈이 교장으로 있던

26 최재건, 『언더우드의 대학 설립』, 209-317 참조.

영명학교 학생들과 교사들은 그 지역 독립운동의 중심에 있었다.[27] 인돈은 삼일운동 즈음에 첫 번째 안식년을 맞아 미국으로 돌아갔다. 인돈은 애틀랜타에서 열린 평신도 대회에 참석하여서 한국의 실상을 알리는 증언을 하였고, 이것이 지역신문에 보도되기도 하였다. 인돈은 "한국의 운명은 동맹국에 달려 있다"라고 호소하면서, 한국은 민주주의를 추구하면서 한국의 언어와 민족을 말살하려고 하는 일본에 맞서 "비폭력 저항"을 일으키면서, "완전히 차분하고 평화적이고 무력한 저항이라는 방법으로 그 나라의 곤궁을 세계에 알리고자 했다"라고 말했다.[28] 인돈은 삼일운동의 정당성을 인정하였고, 한국인들의 곤궁에 깊은 공감을 하면서 어려움을 당한 한국에 도움의 손길을 주고자 했다. 그가 주고자 했던 도움은 정치적, 군사적, 외교적인 방법이 아니었다. 그는 "한국에 줄 수 있는 가장 위대한 봉사"는 "기독교학교에서 한국의 자녀들을 교육하는 것"이라고 보았다. "일본 제국주의에 충성하고 일본 천황을 떠받드는 충량한 신민"을 만드는 식민지 제국주의 교육이 아닌 기독교학교에서 교회와 사회를 이끌어 나갈 지도자를 길러내는 교육을 한국에 주고자 했다.[29]

본격적인 교육선교를 위하여 인돈은 안식년 동안 선교부의 허락을 얻어 2년간 뉴욕에 머물며 컬럼비아대학교 티처스 칼리지(Teachers College)에서 교육학을 공부하며 석사과정을 졸업하였고,

---

27 오승재 외, 『인돈평전』, 52-3.

28 "Atlantian Tells How Koreans Are Seeking Liberty: William A. Linton, Tech Graduate Attending Laymen's Convention, Confirms Stories of Atrocities (1919)," Collection of William A. Linton's Letters (대전, 한남대학교 인돈학술원); 오승재 외, 『인돈평전』, 55-7.

29 William A. Linton, "Educational Work in Korea," 371.

같은 기간에 뉴욕 성서신학교(Biblical Seminary)에서 신학을 공부하였다. 안식년을 마치고 한국으로 돌아갈 준비를 하고 있을 때, 그의 평생의 배필 벨(Charlotte Witherspoon Bell, 인사례)과 결혼을 약속하였다.[30] 두 사람의 결혼은 인돈을 한국선교지로 이끌었던 프레스톤 선교사의 공이 컸다. 프레스톤은 인돈과 함께 안식년 중이었는데 몬트리트(Montreat, NC)와 디케이터(Decatur, GA)에서 인돈과 여러 차례 만나면서 인돈과 샬롯 사이를 연결해 주었다. 프레스톤은 샬롯의 아버지인 재한 선교사 유진 벨의 오랜 동역자였으며, 특히 프레스톤의 막내 여동생이 디케이터에 있는 장로교 여자대학인 아그네스 스캇 대학(Agnes Scott College)에 샬롯과 함께 다니고 있었다. 프레스톤은 인돈을 한국으로 이끌었을 뿐만 아니라 한국선교지에서 어머니를 여읜 뒤 아버지와 떨어져 미국에서 홀로 생활하고 있었던 샬롯을 인돈과 연결하였다.[31] 두 사람의 결혼식은 다음 해인 1922년 6월에 일본에서 있었다.[32]

인사례(Charlotte B. Linton)의 1924년 10월 25일 자 선교 편지는 당시 군산영명학교의 일면을 보여주고 있다. 1924년 당시 영명학교(군산남학교)는 1학년부터 고등학교 과정까지 약 300명의 학생이 있었고, 8명의 한국인 교사가 있었다. 인돈은 교장으로서 성경과 영어를 가르치고 있었다. 교육과정은 미국 학교와 거의 같았고, 여기에 일본어, 한자, 성경이 포함되어 있었다. 또한 체육이 매우 활성화되어 학생들이 야구, 축구, 테니스를 하였고, 운동회는 학교의 큰 행사였다고 한다. 인사례는 학교의 시설이 열악하여 많은 학생들이 정부

30 Charlotte B. Linton, "Life of William A. Linton," no. 8-9.

31 Preston to Mrs. Linton, July 4, 1967.

32 "Biographical Information: Linton, William Alderman."

학교로 옮겨가려고 한다는 점을 아쉬워하였다. 총독부의 변화된 교육정책을 언급하면서 지정학교로 인가를 받는다면 정규교과로 성경을 가르치는 일이 허용되고, 졸업생들의 상급학교 진학과 취업에 불이익을 당하지 않게 되리라 전망하고 있었다.[33]

인사례가 위에서 언급한 지정학교에 관한 논의는 몇 가지 단계를 거쳐 발전된 일제 교육 정책의 변화였다. 조선총독부는 1920년 3월에 기존의 사립학교규칙을 일부 완화하여 "교과과정을 추가할 수 없다"라는 문구를 "교과목 중 수신과 국어(일본어)를 뺄 수 없다"라고 개정함으로써 사립학교에 일종의 자율권을 부여하였다.[34] 교사의 자격도 수신, 일본어, 역사, 지리, 체조 이외의 교과목을 가르치는 교사 이외에는 일본어에 능통하지 않아도 되도록 하였다. 이에 따라 기존의 사립학교규칙이 본격적으로 시행되는 1925년부터는 종교교육이 구조적으로 불가능하게 되었던 기독교계 학교에 숨통이 트였다. 곧이어 총독부는 1922년 2월 6일에 제2차 조선교육령을 발표하였다. 핵심은 조선과 일본의 학제를 형식적으로 일치시키기는 것이었다. 이에 따라 수업연한이 상향조정되었고, 사립고등보통학교의 설립요건을 강화하여 학교 부지와 시설 및 교사의 자격 등 일정 수준의 요건을 갖추어야 설립 인가를 받을 수 있게 하였다. 인가를 받은 학교는 한국은 물론 일본의 상급학교(전문학교와 대학) 진학에 동일한 자격을 주었다. 형식은 차별을 없앤 것이었지만 내용에 있어서는 차별을 강화한 것이었다. 다시 말해 요건을 갖추어 인가를 받으면 이러한 혜택을 받을 수 있지만, 그 요건이 매우 까다로워 제한적일 수밖에 없고, 현실적으로 인가를 받지 못하거나 포기하는 많은

33 Charlotte B. Linton to folks, October 25, 1924.

34 "사립학교 규칙," 「조선총독부관보」 제2263호 (1920년 3월 1일); 박용권, 『국가주의에 굴복한 1930년대 조선예수교장로회의 역사』, 370에서 재인용.

비정규학교(각종학교)는 구조적인 차별을 받게 되어 결국 존폐위기에 처하기 때문이었다.[35]

이러한 교육 환경의 변화는 한국인들 사이에 교육에 대한 열풍을 가져왔고, 학생들은 상급학교 진학과 사회진출에서 불이익을 당하지 않기 위하여 학교 측에 인가를 받은 정규학교로의 승격을 강력하게 요구하는 상황에 이르게 되었다. 기독교학교의 입장에서 문제는 인가를 받기 위한 요건과 절차가 매우 까다롭다는 것과 인가를 받으면 교육에 있어서 일제의 통제를 받게 되어 기독교의 정체성을 유지하기가 어려워진다는 데 있었다. 또 다른 문제는 만약 인가를 받지 않는다면 비정규학교에 대한 철저한 차별로 인하여 한국인들 사이에서 외면을 당하고 결국 학교의 존립마저 위태롭게 될 수 있다는 것이었다.[36] 이러한 상황에서 1923년 4월에 지정학교에 관한 규정이 기독교 사립학교에 적용됨으로써, 지정학교로 인가를 받으면 비록 비정규학교라도 정규학교의 학력을 인정받을 수 있는 길이 열리게 되었다. 이것의 의미는 기독교학교로서 종교교육을 시행하면서도 정규학교와 동등한 자격을 갖게 된다는 뜻이었다. 지정학교 제도는 정규학교와 비정규학교 사이에 끼어 있는 학력 인정 비정규학교의 형식이었다.[37] 정규학교가 갖는 국가의 통제로부터는 상대적으로 자유로웠지만, 지정학교 인가과정에서 통제와 간섭을 아주 피할 수는 없었다. 남은 문제는 지정학교 인가에 필요한 요건을 갖추기 위해서 막대한 선교자금이 지출되어야 한다는 점이었다.

남장로교 선교회는 다섯 개 스테이션의 10개 학교 모두를 지정학

---

35 비정규학교에 대한 차별적 구조에 관하여, 김경미, "일제하 사립중등학교의 위계적 배치," 「한국교육사학」 26권 2호 (2004년 10월), 31-48 참조.

36 최재건, 『언더우드의 대학 설립』, 109-111.

37 박용권, 『국가주의에 굴복한 1930년대 조선예수교장로회의 역사』, 375-6.

교로 인가받도록 추진하는 것은 재정과 인력 면에서 어렵다고 판단하였다. 따라서 1923년 선교회 연례회의에서 남자학교 한 곳과 여자학교 한 곳을 지정학교로 추진하기로 결정하였다. 남학교는 전주의 신흥학교였고, 여학교는 광주의 수피아였다. 지정학교 추진을 위해 시설, 건물, 교사 확보에 투자해야 했고 선교부 예산을 신흥학교와 수피아여학교에 집중하면서, 다른 지역 학교들의 고등과정 2개 학년(고등과정)을 폐쇄하는 조치를 단행하였다.[38] 아래의 표에서 보는 것과 같이 전주의 남학교와 광주의 여학교의 예산은 다른 학교들의 예산과 비교하여 2~3배를 상회하고 있는 것을 확인할 수 있다.

〈표〉 남장로교 한국선교회 교육 예산안

단위: 엔(Yen)

회계연도	구분	전주	군산	광주	목포	순천
1926~1927	남학교	10,500	5,600	6,000	5,400	5,600
	여학교	5,400	4,000	7,500	5,370	3,652
1927~1928	남학교	13,566	4,500	4,186	4,500	4,500
	여학교	5,400	4,000	9,033	5,370	3,700
1929~1930	남학교	15,566	4,500	4,300	4,500	4,500
	여학교	5,400	4,000	11,700	5,370	3,700

※ 출전: *Minutes of the Thirty-Fifth Annual Meeting of the Southern Presbyterian Mission in Korea* (1926), 38; *Minutes of the Thirty-Six Annual Meeting (1927), 49; Minutes of the Thirty-Eighth Annual Meeting* (1929), 30.
※ 엔화 표시의 소수점 이하는 버림

38 G. Thompson Brown, 『한국선교 이야기』, 174-6.

III. 전주신흥학교와 인돈의 교육선교

인돈은 1926년 신흥학교 교장을 맡고 있던 에버솔(Finley Monwell Eversole, 여부솔)이 안식년으로 비우게 되었을 때 전주로 이임되어 임시 교장을 맡도록 조치되었다. 에베솔이 돌아오면 인돈은 교무 주임(supervisor of instruction)과 영어과장을 맡기로 하였다.[39]

인돈이 전주로 옮기게 된 주요한 목적은 신흥학교를 지정학교로 인가받는 일을 추진하는 것이었다. 1927년 3월 8일 자 서신에는 교육선교의 목적과 원리, 일제의 교육 환경 속에서 기독교학교가 겪는 위기의 현실과 문제, 지정학교 추진의 배경과 필요에 대하여 일목요연하게 정리하고 있다. 인돈은 한국에서 선교사들이 주로 힘을 쏟고 있는 사역이 교육이라고 주장하면서 몇 년 동안 계속하여 교육의 책임을 갈수록 더 느끼고 있다고 하였다. 인돈은 기독교교육의 목적이 "기독교 가정의 자녀들을 교육하여 그들이 성장하는 한국교회를 책임질 철저하게 훈련된 지도자가 되도록 하는 것"이라고 보았다. 교육이 기독교적 정체성을 가지려면 세 가지 원리가 충족되어야 하는데, 우선 "교사들 모두가 지적이고 살아 움직이는 기독교인이어야 하며, 둘째로 학생들의 대부분이 기독교 가정의 자녀들이어야 하고, 셋째로 모든 교과목을 배울 때 학생들이 만물의 창조주가 하나님이라는 사실을 기억하게 해야 한다"라고 보았다. 실력과 삶에 모범이

---

39 *Minutes of the Thirty-Fifth Annual Meeting of the Southern Presbyterian Mission in Korea* (1926), 27.『인돈평전』과 인사례의 인돈전기에서 인돈이 여부솔 선교사와 공동 교장으로 있었다고 말한 것은 엄밀한 의미에서 잘못된 표현이다. 선교사 연례회의에서 인돈은 여부솔이 복귀할 때까지 임시 교장으로 일하고, 여부솔의 복귀 후 교무 주임을 하는 것으로 명시하고 있다. 인돈 스스로도 1927년 3월 8일 자 서신에서 자신을 임시 교장(acting principal)이라고 칭하고 있다.

되는 신실한 기독교인 교사, 기독교인 학생이 주류가 되는 학생들, 기독교적 세계관과 정신을 함양하는 교육이 기독교학교가 제 기능을 하기 위한 요소라고 보았다.

그런데 인돈은 지금 한국에서 선교회 학교들이 처한 현실이 매우 위태롭다고 진단하고 있다. 일제의 교육정책과 당시의 교육 환경이 교사와 학생과 교육이 "기독교적"일 수 없도록 몰아가고 있었기 때문이다. 일제가 법과 제도를 앞세워 힘으로 압박하고, 또한 돈과 시설에 있어서 우월한 위치에 있는 공립학교와 정규학교를 내세워 이들과 철저히 차별함으로써 기독교학교의 존립 근거와 기반을 위태롭게 하고 있었다. 인돈은 선교회가 학교를 잃어버리고, 한국교회를 이끌어 나갈 미래의 지도자들이 기독교학교들이 아닌 "물질주의적인 정부학교"에서 배출될지 모르는 상황에 처해 있다고 우려하였다.[40]

인돈은 선교회 학교의 목숨이 총독부의 "지정"에 달려 있다고 지적하였다. 총독부가 지정학교 인가 요건으로서 시설과 교수진, 학생들의 능력에 대하여 매우 높은 수준을 요구하면서 사립학교가 공립학교의 수준에 이르거나 그보다 이상일 때만 인가를 준다는 것이다. 지정학교가 아닌 학교들은 대학이나 상급학교에 진학할 기회조차 주어지지 않고 불이익을 당하는 구조 속에서 기독교학교들은 철저히 외면을 당하고 있으며, 심지어 기독교인 가정들도 자녀들을 기독교학교가 아닌 공립학교로 보내는 상황이라고 하였다. 학생들도 기회와 여건만 된다면 언제든지 공립학교로 옮기려고 하고 있으며, 그래서 점차 교회의 지도자가 될만한 실력 있는 학생들이 줄어들고,

40 William A. Linton to Friends[the Board of Foreign Mission], Nashville, Tennessee, March 8, 1927.

공립학교에 가지 못하는 학생들만 남아 있는 상황이라고 보았다. 이러한 결과로서 "한국교회를 책임져 나갈 훈련 받은 지도자 양성"이라는 교육선교의 목적이 심각하게 위협을 받고 있다고 우려하면서, 지정학교 인가에 필요한 재정을 확보하여서 선교회 학교에서 "믿음으로 잘 닦여진 한국교회의 지도자"를 길러내야 한다고 역설하였다.[41]

지정학교 제도와 관련된 문제점과 일제의 교육정책에 대한 인돈의 분석과 평가는 "Our Korean Educational Situation"에 잘 나타나 있다. 인돈은 한국에서 교육선교의 문제점을 이렇게 정리하고 있다.

> 한국에서 우리의 교육사업은 일본의 교육령에 의해 통제받고 규제되고 있어서 일본의 학교 제도를 조금 아는 것이 한국에서 현재 우리 학교의 문제를 이해하는 데 꼭 필요합니다. 우리는 일본의 교육 목적에 동의하지 않고 그들의 제도에도 동의하지 않지만 우리 학교가 그 제도에 의해 규제되고 있어서 우리가 한국에서 학교들을 이끌어 나가려면 그들의 기준에 순응해야만 합니다.[42]

이 글은 제국주의 국가에 의한 교육의 지배와 통제에 직면하여 저항과 순응 사이에서 갈등하면서 교육선교의 목적과 방향에 대하여 고민하고 있던 선교회의 상황을 잘 설명하고 있다. 기독교의 정체성을 지키기 위해서는 저항해야 하지만 제국주의 국가체제 속에서 학교를 유지하기 위해서 법과 제도에 순응하지 않을 수 없는 양면성을 토로한 것이다. 동의할 수 없지만 순응하지 않을 수 없는 상

41 위의 글.

42 William A. Linton, "Our Educational Situation," *The Presbyterian Survey* (November 1928), 696.

황이 선교회의 교육사업의 위기였던 것이다. 일제는 제도권 밖에 있는 자율의 영역까지 철저하게 침입하여 제도권 안으로 편입시키거나 그렇지 않다면 철저한 차별을 통해 압사시키려고 하였다. 인돈은 기존의 인가제가 학교들을 심각하게 차별하여 비정규학교 출신 학생들은 대학입시 자격과 공무원 시험에 응시할 자격조차 허용되지 않는다고 설명하였다.

인돈은 지금까지 한국선교회 학교들이 인가를 받지 못한 이유에 관하여는 정부가 요구하는 기준에 미치지 못한 것과 1923년까지는 인가학교는 정규학교만을 의미했고 정규학교에서는 종교교육을 금하고 있었기 때문에 선교회는 그러한 법에 동의할 수 없어서 인가추진을 하지 않았다고 말하였다. 그러나 1923년에 들어서서 상황이 변화되어 인가제도가 도입되어서 총독부가 지정하는 비정규학교는 반드시 정부의 교과과정을 따를 필요는 없고 성경과 종교교육도 가능해져서 지정학교로 인가를 추진하게 되었다고 하였다. 지정학교는 기독교학교의 정체성 유지라는 이상과 일제의 교육 환경과 제도에 순응이라는 현실 사이에서 선교회 학교들이 취할 수 있는 불가피한 절충점이 되었고 인돈은 지정학교 승격이 현재의 위기 상황을 돌파할 기회라고 보았다. 결국 지정학교 인가의 관건은 학교 시설 투자와 자격 있는 교사의 확충이었다. 인돈은 말한다. “정부는 학생들이 시설이 잘 갖춰진, 자격 있는 교사들이 확보된 학교에서 교육을 받지 않는다면 공립학교 졸업생들과 동등한 자격을 가질 수 없다고 말합니다. 우리는 그 말에 동의하지 않을 수 없습니다.”[43] 일제가 요구하는 지정학교의 요건을 갖추어 인가를 받으려면 시설과 교사 확보를 위해 많은 재정을 투입하지 않으면 안 되었다. 인돈은 지정

43 위의 글.

학교 승격은 현 체제 속에서 기독교학교의 존속과 발전을 위해 피할 수 없는 선택이라고 강조하였다.

> 이 학교들[전주신흥학교와 광주수피아여학교]이 시설을 확충하여 지정을 얻지 못하면 우리 한국교회의 훌륭한 남녀 학생들이 기독교교육을 잃어버리게 되고 오늘날 세상을 어지럽히는 각종 주의들이 침투해 있는 물질주의적인 정부학교들로 가야만 합니다. 한국교회는 기독교 지도자를 얻기 위하여 이 정부학교들에 의존해야 할 것입니다. 한국의 교육상황은 계속하여 우리를 강력하게 도전하고 있습니다. 우리는 어떻게 응답해야 할까요?[44]

지정학교 승격을 위해 많은 예산이 투입되었지만, 선교부 예산은 턱없이 부족하였고, 지정학교 인가에 요구되는 수준을 맞추기 위해서는 충분하지 못하였다. 적극적인 모금 활동을 통하여 선교부 예산 외에도 선교헌금이 속속 들어왔는데, 광주수피아여학교는 남장로교 여성조력회가 지원하여 윈스보로홀(Winsborough Hall)을 건립하였고, 전주신흥학교의 경우에는 노스캐롤라이나 그린스보로의 리처드슨 부인의 후원으로 리처드슨홀(Richardson Hall)이 지어질 수 있었다.[45]

전주신흥학교의 지정학교 인가를 추진하는 사이 1928년 7월부터 두 번째 안식년을 맞은 인돈은 가족과 함께 미국으로 건너갔고, 선교부의 특별한 허락을 받아서 2년간 체재하며 애틀랜타 인근의 디케이터에 위치한 콜럼비아신학교에서 신학을 전공하였다.[46] 인돈은

---

44 위의 글, 697.

45 *Minutes of the Thirty-Seventh Annual Meeting* (1928), 32-3; G. Thompson Brown, 『한국선교 이야기』, 175-6.

자신이 성직에 부르심을 받았으며 그래서 신학을 해야만 한다는 결정을 내렸던 것이다. 인돈에게 있어서 학교 교육이 교회의 지도자를 양성하는 데 초점이 맞추어져 있었기 때문에 그가 신학을 하여 목사가 되는 것은 그가 지향하는 교육선교의 목적과 부합한, 꼭 필요한 일이었을 것이다. 인사레는 인돈이 안식년을 오기 전에 전주에서 사역하면서 설교를 자주 하였고 예배를 인도하는 일도 많았다고 회고하였다.[47] 그는 교육자로서도 또한 전도자와 설교자로서도 신학 훈련의 필요를 절실히 느낀 것 같다. 인돈의 어학 선생이자 일생의 친구였던 고성모 목사는 인돈이 자신에게 "학교 선생으로 남기보다는 신학교에서 공부한 후 목사가 되어 한국에 들어와야겠다"라는 결심을 밝혔고 이에 대하여 고성모 역시 "당신이 신학을 하기에는 아직 늦지 않았고 목사로서 선교하는 것이 좋겠다"라고 권면하였다고 한다.[48]

인돈은 첫 안식년 때 뉴욕에서 2년간 교육학 석사과정을 공부하면서 뉴욕성서신학교(the Biblical Seminary in New York)에서 신학과정을 공부하였기 때문에 콜럼비아신학교 과정을 2년 만에 마칠 수 있었다.

인돈이 애틀랜타에서 신학 수업을 마칠 즈음에 전주신흥학교의 여부솔 교장이 사임을 하고 떠나게 되면서, 인돈이 후임으로 내정되었다.[49] 선교지로 복귀하기 직전인 1930년 5월에 인돈은 그의 고향

46 *Minutes of the Thirty-Eighth Annual Meeting* (1929), 20. 선교회는 전보를 통하여 인돈의 신학수업을 위해 안식년을 1년 더 연장하는 것을 승인하였고, 다음 해인 1930년 선교회 연례회의 때까지는 현장에 복귀하도록 권면하였다.

47 Charlotte B. Linton, "Life of William A. Linton," no. 16.

48 Ko Sung-mo, "An Outline of the Late Rev. Linton's Career".

49 Charlotte B. Linton, "Life of William A. Linton," no. 18.

인 토마스빌교회에서 목사안수식을 거행하였고, 메이콘 노회에서 안수를 받았다.[50] 1930년 7월에 선교지로 복귀하자마자 인돈은 신흥학교 교장으로 임명되었다.[51] 인사례는 신흥학교 교장으로서 보낸 8년의 시간이 두 부부가 함께 한 "가장 긴 사역의 여정"이었다고 소회를 밝혔다.[52] 인돈이 미국에서 안식년을 보내면서 선교잡지에 기고한 신흥학교와 관련한 교육선교의 글에서는 남장로교 선교회가 지향하는 교육의 목적과 원칙에 대한 신념이 다시 한번 강조되고 있다. 인돈은 "교회의 지도자는 반드시 기독교학교에서 길러져야 한다"라는 신념을 밝히고 있다. 그러면서 "한국에 있는 선교학교의 목표는 기독교 지도자를 길러내는 것이며 이 목적의 실현을 방해하는 그 무엇도 용납될 수 없다"라고 강조하였다. 그 원리에 대해서 인돈은 이렇게 말하였다.

> 진실한 그리스도인이 아닌 교사는 그 자신이 그리스도를 필요로 하기 때문에 그는 그리스도를 다른 사람에게 가르칠 수 있는 입장에 있지 않습니다. 그런 사람은 빠져야 합니다. 학생 가운데 20% 이상이 비기독교인 가정 출신이라면 다루기 힘들고 지도하기가 어렵습니다. 우리가 비록 비기독교인 가정의 자녀들을 더 많이 받아들인다고 하더라도 우리 학교의 목적을 모든 학생들에게 분명히 인지시켜야 하고 동의하지 않는 사람은 모두 학교에 나오지 못하게 해야 합니다. **우리 선교회의 방법은 비기독교인에게는 전도하고 기독교인에게는 교육하는 것입니다.**[53]

---

50 위의 글; "Biographical Information: Linton, William Alderman."

51 *Minutes of the Thirty-Ninth Annual Meeting* (1930), 24.

52 Charlotte B. Linton, "Life of William A. Linton," no. 19.

53 William A. Linton, "The Place of the Industrial Department Korea Mission Boys' School," *The Presbyterian Survey*(June 1929), 361. 번역과 강조는 모두 필자의 것이다.

기존에 여러 차례 밝힌 바 있는 기독교학교의 정체성에 있어서 기독교인 교사와 기독교인 학생의 중요성에 대하여 인돈은 더욱 강력한 어조로 강조하고 있었다. 위의 인용에서 강조한 어구, 곧 "evangelization for the non-Christian and education for the Christian"은 비기독교인에게 전도의 기회로 삼는 것도 중요하지만 일차적으로 기독교학교는 기독교인 학생들을 기독교 지도자로 길러내는 데 있다는 남장로교 선교회의 교육 목적을 상기시켜준다.

이 글에서 인돈은 기독교학교에서 직업교육의 중요성에 대하여 강조하면서 기독교학교에서 배출되어야 할 기독교 지도자 상에 대하여 상술하고 있다. 신흥학교에서 시행하는 직업교육의 목적을 인돈은 세 가지로 들고 있는데, 첫 번째는 가난한 기독교인 가정에서 오는 유능한 학생들이 스스로 학비를 벌어 공부할 수 있도록 돕는 것이었다. 그렇게 공부해서 그들이 "목사와 조사와 교사와 의사"가 될 수 있다고 보았다. 인돈은 학교가 배출한 가장 훌륭한 기독교 지도자들은 대개 학비를 댈 수 없을 만큼 가난한 집안에서 온 학생들이었다고 한다. 그래서 이러한 "유능한 학생들이 일하면서 공부할 수 있도록" 학교가 배려하는 것이 중요하다고 강조하였다. 이러한 생각은 이후 대전대학 설립 후 마련한 근로장학생 제도와 연결되었다. 직업교육의 두 번째 목적은 얼마의 학생들에게 직업훈련을 하여 졸업 후에도 계속 직업으로 삼아가게 하는 것이었다. 인돈은 "어떤 학생들은 신학교육이나 전문교육 또는 의학수업 등이 불가능할 수 있기 때문에 목공이나 정비, 놋세공이나 재단일을 배우게 하여 사회생활에 적응하게 하는 것"도 중요하다고 보았다. 세 번째는 모든 학생들에게 기술교육을 받게 하는 것이었다. 그래서 "학생들이 어떤 직업을 가지든지 연장의 사용 방법과 재료들의 가치와 일상의 노고의 가치와 현대인의 삶에 유용한 것들을 배우게 하는 것"이었다. 인돈은 이러한 목적은 결국 하나의 목적으로 귀결되는데 그것은 곧 "그가 목사건, 의사건, 교사건, 농부건 간에 하나님이 그에게 능히 감당하게 하시는 삶의 자리에 적합한 사람이 되게 하는 것"이었다. 이러한 교육이 더욱 필요한 이유는 한국이 이제 농업국가에서 산업국가로 빠르게 전환되고 있으며 산업사회에 적응하지 못하여 많은 빈곤과 고통을 겪고 있기 때문에 현대사회에서 스스로의 삶을 개척해 나갈 수 있는 실용적 기술을 연마하여 가난에 허덕이는 가족을 돌보고 빈궁한 교회를 섬기며 고통받는 이웃을 섬기는 일이 중요하다고 보았기 때문이다.[54] 인돈이 생각하는 기독교 지도자는 하나님이 세우신 각자의 자리에서 복음을 전하며 지역사회에서 가난과 고통으로 어려움을 당하는 이웃들을 섬기면서 교회를 이끌어 나갈 수 있는 책임 있는 일꾼이었다. 가난하고 열악한 가정환경에서 자라 기독교학교에 찾아오는 학생들을 이러한 책임 있는 기독교 지도자로 잘 길러내는 것이 인돈의 교육비전이었다. 그 사람이 목사든지 교사든지 의사든지 농부든지 기술자든지 관계없었다. 인돈은 말한다. "오로지 기독교학교들만이 이러한 학생들에게 열려 있고, 오로지 기독교학교들만이 그들을 이러한 일에 적합한 사람들로 길러낼 수 있습니다."[55]

인돈은 신흥학교 교장을 맡아 지정학교 인가를 받기 위해 전심전력하였다. 가장 커다란 문제는 예산 부족이었다. 대공황의 여파로 인하여 선교비의 예산도 심각하게 삭감되었다. 1931은 "예산삭감의 해"로서 인사례의 편지에 의하면 40%까지 삭감이 될 것이라는 말이

54 위의 글, 362.

55 위의 글.

돌기도 하였다.[56] 실제로 1930년과 1934년 사이 선교회 일 년 예산은 60,000불에서 19,000불로 떨어졌다.[57] 인돈은 1931년 10월호 「The Prebyterian Survery」에 기고한 글에서 신흥학교의 역사를 개관하면서 학교의 현황과 전망에 대하여 분석하고 있다. 선교부 예산이 턱없이 부족하고 심지어는 삭감되어 1923년에 지정학교 인가를 추진하기로 결의하였지만 1931년이 지나도록 인가를 받지 못하고 있는 상황이라고 아쉬움을 토로하였다. 당시 신흥학교는 8명의 교사와 한 사람의 성경 가르치는 목사가 있었다. 교사들은 훌륭한 기독교인들로서 학교 일과 교회 일에 모두 관심을 가지고 적극적으로 참여하는 사람들이었고 하나님 나라 확장에 뜨거운 관심을 가진 사람들이었다고 소개하였다. 또한 그들은 기독교의 근본적인 가르침들을 믿는 보수적인 신앙인들이고, 세례받은 실질적인 교인들이며, 정부에 의해 자격을 인정받은 실력을 갖춘 교사들이었다. 인돈은 학교에 그러한 교사들만 있으며 그러한 교사를 구하는 것이 쉬운 일은 아니지만 계속 확보해 나갈 것이라고 밝히고 있다. 학생들은 250명 정도 있으며 많은 학생들이 목회자와 장로 자녀들이라고 말하였다. 이 학생들이 학교의 분위기를 주도하고 있다고 말하였다. 또한 YMCA활동이 활성화되어 있어서 모든 학생들이 회원이고, 학생들이 주일 오후 주일학교를 열거나 여름성경학교를 비롯한 다양한 활동들을 하고 있다고 기록하였다.[58]

여러 가지 열악한 상황 속에서도 각고의 노력 끝에 신흥학교는

56 Charlotte B. Linton to folks[the Board of Foreign Mission], Nashville, Tennessee, February 17, 1931.

57 G. Thompson Brown, 『한국선교 이야기』, 198-9.

58 WIlliam A. Linton, "A Brief History of Central School for Boys, Chunju, Korea," *The Presbyterian Survey* (October 1931), 611.

마침내 1933년 4월에 지정학교로 인가를 받았다.[59] 지정학교 인가에 대하여 선교회는 총독부에 선교회 이름으로 공식적으로 감사를 표하기로 결의하였다.[60] 그리고 1935년 3월에는 지정학교 인가 후 첫 졸업생 25명의 졸업식을 가졌다. 그러나 함께 지정학교 인가를 추진하던 광주수피아여학교는 실패하였다. 절반의 성공이었던 셈이다.

지정학교 인가의 기쁨도 잠시였다. 기독교학교에 대한 신사참배 강요 문제로 남장로교 선교회 학교들이 1937년 9월에 결국 폐교를 단행하게 되면서 그동안의 모든 노력이 일시에 무너지는 상황에 이르게 되었다. 지정학교 인가추진과 신사참배 거부에 따른 폐교 조치는 일제의 교육정책에 대한 대응 방식의 차이를 보여주었다. 전자는 기독교학교로서의 정체성, 곧 성경교육과 예배의 자유를 보장받는 범위 안에서 지정학교로 인가를 받음으로써 일제의 교육체제에 순응하는 입장을 취하였다고 한다면, 후자는 신사참배 강요로 기독교의 정체성이 전적으로 훼손당하는 상황에서 더 이상 학교를 유지할 수 없다고 판단하고 일제의 교육체제와 정책에 저항하는 입장을 취하였다고 할 수 있다. 그러나 이 저항은 매우 신사적이고 소극적인 것이었다. 일제에 대하여 그동안의 호의에 감사하면서 조용히 물러나는 형식을 취하였기 때문이다.[61] 그러면서도 기독교의 원리가 훼

---

59 『인돈평전』, 103에서는 지정학교 인가가 1935년 4월이라고 잘못 기술하고 있다. 첫 졸업생의 배출이 1935년 3월이었다. 이에 관하여, Charlotte B. Linton to folks[the Board of Foreign Mission], Nashville, Tennessee, June 27, 1935; 전주신흥중고등학교, 『신흥 90년사』(전주: 전주신흥중고등학교, 1988), 104.

60 *Minutes of the Forty-Second Annual Meeting* (1933), 3.

61 "Policy Regarding Schools in Korea," in *Minutes Ad Interiam Committee* (Chunju, November 4-5, 1936), 43-6. 특히 6번 조항 참조. "6. 이러한 조치를 취하면서 정부가 우리 학교들에 요구한 사항들을 반박하거나, 이렇게 혹은 저렇게 논쟁하는 것은 우리의 목적이 아니며, 단지 이와 같은 상황들 가운데 일반교육의 장에서 순순히 물러나려고 하는 우리의 의도를 알리고자 하는 것이다." 9번 조항 역시 논조가

손되는 것에 대한 어떠한 타협도 불허하는 매우 단호하고 결연한 저항이었다.[62]

신사참배와 관련하여서는 이미 1933년에 남장로교 한국선교회의 교육위원회 안에 조사위원회가 꾸려졌었다. 인돈, 레이놀즈(William D. Reynolds, Jr., 이눌서), 웅거(James K. Unger, 원가리), 루트(Florence E. Root, 유화례)가 조사위원이었다.[63] 이러한 반응은 전남 광주 지역 기독교학교에 대하여도 당국이 신도의식 참여를 요구한 데서 비롯된 것으로 보인다.[64] 인돈은 신사참배 문제를 상의하기 위하여 서울에 자주 올라가 당국자들과 협상하기도 하였다.[65] 신사참배에 대하여 총독부는 국가 의례라는 면을 강조하며 학생들의 참여를 요구하였고, 선교사들은 신사참배의 종교적 성격을 지적하며 불허를 주장하였다. 물론 선교회들과 선교사들 개인에 따라 신사참배를 국가 의례의 정치적 성격으로 볼 것인가 아니면 종교적 성격을 가지는 우상

비슷하다. "9. 청산 기간 학교들은 종전과 같이 선량한 시민정신을 도모하고, 깊은 나라 사랑을 북돋우며, 법과 권위에 대한 존중을 가르치고, 충성심과 애국심의 최고의 원리들을 함양할 것을 규정한다."

62 위의 글. 신사참배 강요에 대한 학교폐쇄는 이러한 상황 속에서 변경되거나 취소할 수 없는 선교회의 확고한 입장이라는 사실을 위의 정책은 강조하고 있다. 위의 정책 결정의 핵심인 4번과 특히 마지막 13번 조항 참조. "4. 그럼에도 불구하고 기독교의 원리를 손상시키지 않고는 우리 학교를 계속 이어나가는 것이 불가능한 것으로 인식하게 하는 최근의 상황 전개들을 고려할 때 이로써 우리는 어쩔 수 없이 우리 선교회로 하여금 정당한 법절차를 따라 학교들을 폐쇄하는 적절한 조치를 취할 것을 지시한다." "13. 한국에서 일반교육을 그만두려는 우리의 결정은 우리 학교가 현재의 요구 조건들에 종속하는 한 분명하며 확고하다 (이하생략)."

63 "Complete Report of the Educational Committee," in *Minutes of the Forty-Second Annual Meeting* (1933), 20.

64 김승태, "일제 하 주한 선교사들의 '신사문제'에 대한 인식과 대응,"『한국기독교의 역사적 반성』(서울: 다산글방, 1994), 67.

65 Charlotte B. Linton, "Life of William A. Linton," no. 20.

숭배를 의미하는가의 입장이 갈렸다. 전자는 "현실적 타협론"이었고, 후자는 "비타협적 원칙론"이었다. 천주교를 비롯한 감리교 선교회 그리고 북장로교의 소수파와 캐나다장로교 선교회들은 전자의 입장에 서서 학교와 교육선교의 지속을 주장하였고, 북장로교 대다수와 호주장로교 및 남장로교 선교회는 후자의 입장에 서서 더 이상의 교육선교는 불가능하다고 판단하여 학교 폐쇄를 단행함으로써 기독교 신앙과 원칙을 지키고자 하였다.[66] 앞서 지적하였던 것처럼 교육선교에서 교육과 복음전도를 동일시하는 "복음화에 집중하는 구심력적 교육선교신학"을 추구하는 그룹은 신사참배가 교육의 목적과 기독교 원리를 훼손한다고 거부하며 학교 폐쇄를 단행하였고, 복음전도에서 확장하여 "사회의 기독교화를 추구하는 원심력적 교육선교신학"을 견지하였던 그룹은 신사참배를 국가 의례라고 수용하고 학교 유지를 선택하였다.

신사참배에 대하여 총독부와 재한 선교회들 사이에서 복잡한 논의가 진행되고 있을 때, 1936년 11월 4일부터 5일까지 전주에 있는 윈(Samuel D. Winn, 위인사) 선교사의 집에서 모인 남장로교 선교회 임시위원회에서는 신사참배 요구에 불응하여 학교 폐쇄를 결정하였다. 이 회의 참석자는 전주의 인돈과 보이어(Elmer T. Boyer, 보이열), 군산의 더피(Lavalette Dupuy, 두애란)와 불(William F. Bull, 부위렴), 광주의 루트(Florence E. Root, 유화례)와 뉴랜드(LeRoy Tate Newland, 남대리), 목포의 커밍(Bruce A. Cumming, 김아열)과 하퍼(Joseph Hopper)와 니스벳(John S. Nisbet, 유서백) 선교사였다. 대체로 선교학교 책임자들이었다. 이 회의에는 전주경찰서에서 파견한 5명의 대표자도 동석하였다는 점에서 회의의 분위기와 상황을 짐작케 한다.[67] 이 회의에

66 위의 책, 53-82; G. Thompson Brown, 『한국선교 이야기』, 208-12.

서 채택된 남장로교 선교회의 최종 결정안은 이러하였다.

결의안

우리는 한국인들을 고양시키기 위한 우리들의 노력에 학무국이 보내온 많은 호의와 지속적인 회담들에 대하여 총독에게 감사의 뜻을 전하고 싶다. 우리는 이러한 우호적이며 유용한 관계가 지속될 것이라 믿는다. 우리가 일반교육의 영역에서 과거에 해온 것과 같이 우리의 사업을 계속 진행해 나가는 것이 불가능하다고 보는 상황들로 인하여 우리는 이 분야의 선교사업에서 철수하는 것이 불가피하다고 생각한다. 우리는 이것이 매우 심각한 조치라는 사실을 충분히 알고 있으며, 진심으로 유감스럽게 여기면서도 다른 도리가 없다고 생각하면서 이를 실행에 옮긴다.[68]

이러한 결의에 따라 전권위원회를 구성하여 모든 선교 스테이션과 연락하며 이 정책을 실행해 옮긴다는 결정이 이루어졌고, 전권위원회의 위원장으로 인돈이 선임되었다. 남장로교 선교회의 지정학교 인가 추진도 인돈이 책임자였고, 이제 인가된 지정학교를 포함하여 남장로교 선교회의 학교들을 폐쇄하는 책임도 인돈이 짊어지게 되었다. 위원에는 인돈을 한국에 데려온 프레스톤이 포함되어 있었고, 녹스(Robert Knox, 로라복), 클라크(William M. Clark, 강운림), 커밍(Daniel J. Cumming, 김아각), 베일(John B. Vail, 배요한), 루트, 비거(Meta

---

67 *Minutes Ad Interiam Committee* (Chunju, November 4-5, 1936). 톰슨 브라운의 『한국선교 이야기』에서는 남장로교 선교회의 학교폐쇄를 결정한 임시위원회를 1935년 11월로 잘못 기술하고 있다. 이에 관하여, G. Thompson Brown, 『한국선교 이야기』, 214.

68 *Minutes Ad Interiam Committee* (Chunju, November 4-5, 1936), 36-7.

L. Bigger, 백미다) 선교사가 각각 지명되었다. 전권위원회의 권한은 절대적이어서, "선교 스테이션이 이 위원회의 재가 없이 다른 어떤 조치를 취해서는 안 된다"라는 단서가 달려 있었다.[69] 남장로교 선교회가 인돈을 전면에 내세워, 한국인들이나 외부인은 물론이고 선교회 내부에서 있을 수 있는 이견에 영향을 받지 않고, 일사불란하게 학교 폐쇄 절차를 단칼에 실행하고자 하는 의지와 결단이 여기에 표명되고 있었다.

학교 폐쇄를 실행에 옮기는 과정에서 이에 대한 반대와 갈등은 만만치 않았다. 특히 학생들의 반대는 극심하였다. 학교 폐쇄와 관련한 갈등이 고조에 이르자 남장로교 해외선교부 총무인 풀턴(C. Darby Fulton)이 1937년 2월에 내한하여 총독부 당국과 최종협상을 시도하였고, 아무런 성과나 진척이 없자, 한국선교회의 기존 결정을 최종적으로 승인하고 지지하였다.[70] 그리고 이러한 입장을 담은 성명서를 발표하고 자신의 이름과 서명을 날인함으로써 이 결정에 대한 최종적인 책임을 지고자 하였다. 풀턴의 성명서, "Policy Regarding Schools in Korea"는 총 13개 조항으로 되어 있는데, 그 기조는 일제에 대한 강력한 저항이나 식민지 정책에 대한 비판이 아닌, 조용하고 신사적인 교육사업에서의 철수이지만, 핵심은 기독교 정신과 원리를 손상시키면서까지 교육사업을 계속 이어갈 수 없고 차라리 폐교하는 것이 옳다는 비타협적 입장을 표현하고 있었다. 성명서는 학교 폐쇄로 인하여 교육사업에 일생을 바친 선교사들과 교사들이 겪는 고통과 학교 폐쇄로 인하여 많은 가정이 교육의 기회를 잃어버린다는 애석함에 대한 깊은 회한을 담고 있다. 따라서 학교 폐쇄는 최후의 선택

69 위의 책, 37.

70 G. Thompson Brown, 『한국선교 이야기』, 214-15; Charlotte B. Linton, "Life of William A. Linton," no. 21.

이었고, 가장 피하고 싶은 결정이라는 점을 강조하면서도, 현 상황이 변화되지 않는다면 이 결정을 되돌리는 것은 불가능하다는 결론을 내리고 있다. 또한 향후 학교 재산처분에 관하여서도 기독교 원리와 신앙을 따르지 않는 어떤 단체나 개인에게도 팔거나 세를 주거나 사용을 승인하지 않겠다고 결정하였다.[71] 이 풀턴의 성명서는 남장로교 한국선교회의 최종적이며 종합적인 입장으로 볼 수 있다. 한국선교회는 풀턴의 지지와 결정에 힘을 얻었으며, 자신들의 결정이 옳은 것이었다는 확신을 가질 수 있었다. 이에 임시위원회는 한국선교회에 대한 풀턴의 노고를 치하하는 결의안을 채택하였다. "그의 분명한 생각과 바르고 용기 있는 판단은 우리의 믿음에 큰 힘이 되었다. 그는 사심 없이 이 상황에 대한 가장 무거운 책임을 자기 자신이 감당했다."[72]

신흥학교는 1937년 9월에 폐교하였다. 2월에 성명서가 발표되었지만, 학교는 그때까지 정상적으로 운영되고 있었다. 성명서에서 밝히고 있는 바와 같이 기본입장은 신입생을 받지 않고 기존의 학생들이 졸업할 때까지 학교를 존속시키겠지만, 당국이 학생들에게 신사참배를 강제한다면 지체 없이 폐교하고, 재학생은 전학을 보낼 것이라고 밝혔기 때문이다. 그러나 1937년에 일제가 중일전쟁을 기점으로 신사참배를 전면적으로 강제하면서 선교회의 전격적인 폐교 조치가 이루어진 것이었다. 인돈은 1937년 6월에 신흥학교의 사무실을 정리하고, 집으로 사무실을 옮긴 후 그 이후로는 사람들을 심방

71 "Policy Regarding Schools in Korea," in *Minutes Ad Interiam Committee* (Chunju, November 4-5, 1936), 44-6. 특히 5번, 11번, 13번 조항 참조. 풀턴의 성명서는 1937년 2월에 발표되었고, 그 성명서 내용은 남장로교 한국선교회 제45차 연례회의록(1936년) 끝에 첨부되어 있는 임시위원회 회의록 안에 담겨 있다.

72 위의 책, 42.

하고 전도하고 설교를 하는 등 복음전도에 힘썼고, 1938년에는 세 번째 안식년을 맞아 미국으로 건너갔다. 1939년에 다시 한국으로 복귀하였다가 1940년 11월에 일제에 의해 강제로 추방당하여 다시 미국으로 건너감으로써 해방 이전의 선교를 마무리 짓게 되었다.[73]

Ⅳ. 대전대학의 설립과 인돈의 교육사상

인돈은 한국에서 철수하여 미국에서 머물렀던 기간인 1941년 9월부터 다시 한국에 복귀하였던 1946년 6월 1일 전까지 테네시주 내쉬빌 선교본부에서 일하였다. 처음에는 Candidate Department(선교사 지원자 관리부)에서 새로운 선교사를 선발하고 임명하는 일을 맡아서 수행하면서 전쟁으로 인한 "선교사 축소의 시기"(a time of missionary contraction)에 훌륭한 선교자원을 확보하여 20년 후 남장로교 선교부 역사상 가장 훌륭한 남녀 선교사들이라고 평가받는 사람들을 임명하였다. 한국 복귀 전 1년 동안은 Definite Objects Department (한정목적부)에서 교회나 개인의 후원을 얻어 해외 선교지에서 선교사나 특별한 프로젝트를 개별적으로 후원하도록 연결시키는 일을 하였다. 해마다 해외 선교지에 지출되는 예산의 1/3이 이 부서에 나올 만큼 해외선교를 움직이는 중요한 부서였다.[74] 인돈은 선교의 축소 시기에 사람과 물질을 연결하여 선교의 자원을 확보하고 선교를 활성화시키는 작업을 하였다.

---

73 Charlotte B. Linton, "Life of William A. Linton," no. 21-24.

74 [Lois F. Linton], "William A. Linton: The War Years"(미간행 자료); 오승재 외, 『인돈평전』, 127-31.

해방 후 남장로교 해외선교부는 한국의 상황을 조사하는 위원회를 조직하였는데, 위원으로는 인돈과 함께 크레인, 커밍, 하퍼, 윌슨이 임명되었다. 제일 먼저 윌슨이 군용기 편으로 들어와 광주와 순천의 병원과 선교 스테이션의 상황을 점검하였다. 인돈과 커밍은 샌프란시스코항에서 6월 1일에 배로 출항하여 7월 1일에 인천에 도착하였고, 인돈은 전주를 중심으로 전북의 상황을, 커밍은 광주와 목포를 중심으로 전남의 상황을 점검하였다.[75] 한국에 도착하여 상황을 점검하던 인돈은 한국인 교인들의 열렬한 환영을 받았고, 무엇보다도 교육사업의 재개에 대한 강력한 요청을 받았다. 학교가 폐쇄되기 이전의 교육목적을 회복하고 인돈이 남학교(신흥학교)와 여학교(기전여학교)의 교장이 되어 당장 개교해야 할 것을 요청하였다.[76] 그리하여 신흥학교와 기전여학교는 1946년 11월에 개교하였다.[77] 폐교된 남장로교 선교학교들은 1945년 이후 속속 개교되고 있었다. 선교사들의 본격적인 복귀는 1947년부터 시작되었다.

해방 이후 한국에서는 대학 설립에 대한 요청이 꾸준히 있었고 남장로교 한국선교회도 이에 대한 논의가 있었다. 남장로교 선교회 지역의 기독교학교에서 배출된 학생들을 교육하기 위한 대학이 필요성이 요청되었던 것이다. 해방 이전에는 숭실전문이나 세브란스 의전의 운영에 참여하여 고등교육을 해왔다면, 해방 이후에는 독립적인 대학의 필요성을 느끼게 되어 설립을 추진하게 된 것이다.[78]

---

75 [Lois F. Linton], "William A. Linton: The War Years"(미간행 자료); G. Thompson Brown, 『한국선교 이야기』, 240-42.

76 Charlotte B. Linton to Folks, August 2, 1946.

77 G. Thompson Brown, 『한국선교 이야기』, 252-3..

78 남장로교 선교회가 1915년에 연희전문 운영에 참여하였다는 『한남대학교 40년사』의 기술은 오류이다. 대학 설립 문제로 갈등하면서, 북장로교 대부분 선교사들과 남장로교와 호주장로교 선교회들은 평양의 숭실전문(Union Christian

추측컨대 남장로고 선교회가 공동으로 운영하였던 장로교연합대학인 숭실전문이 평양에 존재하였고, 해방 후 기능을 회복하기 어려운 상태에서 독자적인 대학 설립의 필요성이 제기된 것으로 보인다. 남장로교 선교회가 고려하는 대학은 그들이 길러낸 학생들을 교육하는데 필요한 소규모의 대학이면 충분하였다. 이에 1948년 2월 24일~25일에 순천에서 열린 임시위원회에서는 한국에서 고등교육을 위하여 3명의 선교사를 충원해 줄 것을 해외선교본부 실행위원회에 청원하였고, 남장로교 선교회의 교육센터로 활용하기 위해 대전에 새로운 선교 스테이션을 설치할 타당성에 대해 논의하자는 동의안이 통과되었고, 한국 장로교총회에 남장로교 선교회가 고등교육의 문제를 고려하고 있다는 사실을 정식으로 알리자는 동의안이 통과되었다.[79] 이로써 남장로교 선교회의 대학 설립안이 본격화되기 시작하였다.

해방 후 제2차 선교사 연례모임은 같은 해 5월 27일~6월 4일에 전주에 있는 인돈의 집에서 열렸는데, 인돈이 의장으로 선임되었다. 이 회의에서는 여러 가지 문제들 외에도 대학 설립에 관한 문제가 집중적으로 다루어졌다. 5월 28일 오전 회의에서는 정기환 목사가 장로교대학 설립의 문제를 제기하였고, 그가 대변하는 전북노회는 선교회가 전북노회와 협력하여 전주에 기독교대학을 설립해 줄 것을 제안하였다. 또한 순천노회의 대표들인 김상권, 나덕환, 김형모

College)을 지지하며 연희전문에 참여하지 않았고, 언더우드와 에비슨을 비롯한 북장로교 서울 스테이션 선교사들과 감리교 선교회들, 캐나다장로교 선교회가 연희전문(Chosen Christian College)에 참여하였다. 이에 대하여, 한남대학교40년사편찬위원회, 『한남대학교 40년사』(대전: 한남대학교 출판부, 1996), 39-40.

79 "Ad Interim Committee Meetings, Sunchon, February 24-25, 1948," *Minutes of Korea Mission, 1946-1948*, 30.

목사가 선교회에 인사하였고, 김상권 목사는 순천에 대학을 설립해 줄 것을 요청하였다. 5월 29일 오전 모임에서는 증경총회장 배은희 목사가 다른 요청사항들과 함께 대학 설립을 요청을 하였다. 6월 3일 오전 모임에는 네 명의 전남노회 대표들이 인사하면서 광주에 대학을 세워달라는 청원을 하였다.[80] 대학 설립과 관련하여 남장로교 선교회 산하 교육위원회는 다음의 사항들을 청원하였다.

— 우리는 인문과학대학(College of Liberal Arts)을 한국의 서남부에 설립할 것을 청원하며, 그 대학의 분명한 목적은 기독교 지도자와 교사와 미래의 목사(preacher)를 길러내는 것이다.
— 우리는 녹스 박사, 린튼, 하퍼 박사, 크레인 박사로 구성된 위원회를 설립하여 위의 청원을 실행하게 할 것을 청원한다.
— 우리는 다섯 노회에서 파송한 위원회의 제안에 따라 당분간 대학의 감독권을 선교회가 보유하도록 하지만, 우리 선교회의 실행위원회는 관계된 노회에서 온 대표위원과 협의하도록 지시할 것을 청원한다.[81]

이러한 교육위원회의 청원을 채택하면서 선교회는 몇 가지 내용을 추구하였다. 위에서 언급한 실행위원회를 대학위원회(the Committee on the College 또는 the College Committee)라고 부르면서, 이 위원

80 *Minutes of the Second Postwar Annual Meeting of the Korea Presbyterian Church of the U.S. in Minutes of Korea Mission, 1946~1948*, 33-41.

81 "Report of the Educational Committee," 위의 책, 46. 번역은 필자의 것이다. 『인돈평전』과 『한남대학교 40년사』는 여기서 인용한 일차자료의 내용을 각색하여 그것을 원자료인 것처럼 잘못 표시하고 있다. 대학의 설립목적과 관련하여 『인돈평전』과 『한남대학교 40년사』가 언급한 "미국에 있는 기독교대학을 모델로"라는 언급은 원자료에는 없는 각색이다. 『인돈평전』이 『한남대학교 40년사』를 차용하면서 같은 문제가 반복된 것으로 보인다. 『인돈평전』, 159-60; 『한남대학교 40년사』, 41-2.

회가 해외선교본부 실행위원회와 대학 설립 예산안을 논의할 권한을 위임하였다. 대학위원회에 커밍 박사가 추가되었고, 광주로 부임하게 하며, 커밍이 오기 전까지 광주 스테이션의 루트가 대학위원회에서 일하도록 하였다. 대학 설립을 위한 예산($25,000)이 추가되었고, 대학 설립의 위치는 광주에 만족할 만한 장소가 있다면 광주로 하고, 그렇지 않을 경우 전주에 설치하기로 의견을 모았다.[82] 초기에 대학 설립의 장소로 대전은 전혀 고려의 대상이 아니었음을 확인할 수 있다. 또한 대학 설립의 목적에 있어서 기존의 인돈의 강조해왔던 남장로교의 교육목적이 그대로 계승되고 있음을 확인할 수 있다. 대학의 목적은 기독교 지도자의 양성인데 단지 목사와 교역자만을 길러내는 데 목적이 있지 않았고, 인문학과 순수과학을 포괄하는 인문과학(liberal arts)을 전공한 지도자를 의미하는 것으로 이해할 수 있다.

인돈은 1948년 7월에 암 치료차 미국 버지니아 리치몬드에 다녀와야 했다.[83] 다시 복귀한 인돈은 대전에 새로운 선교 스테이션을 마련하기 위한 일을 맡아 추진하였다. 대전에 거점을 마련하기 위한 토지 매입 비용은 군산선교 스테이션의 재건기금에서 사용하기로 승인되었고 토지 매입의 책임을 인돈과 탈메이지(John Van Neste Talmage, 타마자)가 지게 되었다. 이렇게 하여 1949년경에 토지 매입이 이루어졌다.[84] 그러나 대전선교 스테이션의 설립이 추진되려는 순간에 한국전쟁이 발발하면서, 대전 스테이션과 대학 설립은 그 후로 미루어졌다.

전쟁 후 1954년 5월 6일~15일에 전주에서 열린 제8차 연례회의에

---

82 위의 책, 41.

83 Charlotte B. Linton to Friends(the Board of Foreign Mission), Nashville, Tennessee, November 7, 1948.

84 『인돈평전』, 162-3.

서 인돈은 다시 의장으로 선임되었고 이 회의에서 대학 설립에 관한 중요한 문제들이 확정되었다.[85] 5월 10일 저녁 회의에서 대학의 설립 위치로 대전, 광주, 전주, 순천을 놓고 진지한 토론 후에 비밀 투표를 진행하여 두 개의 지역만을 남기고 탈락하였다. 순천이 먼저 탈락하였고, 이어 전주가 탈락하였다. 서의필의 회고에 따르면 사실 전주는 인돈이 대학 설립을 원하던 지역이었다. 그가 오랫동안 사역하였던 곳이기도 하지만, 신흥학교를 중심으로 남장로교 교육선교가 깊게 뿌리내린 곳이었고, 병원과의 연관성까지 생각해본다면 대학 설립 장소로 적합하다고 여겼다.[86] 대학 설립의 최종 후보지는 광주와 대전 사이에서 결정되어야 했다. 5월 11일 오전에 속개된 회의에서 비밀 투표가 시행되었고, 대전이 대학 설립지로 최종 결정되었다. 오후 회의에서는 대학 설립을 추진해 나갈 인력을 연구할 위원회가 구성되었다. 위원으로는 인돈과 루트와 하퍼(Joseph B. Hopper, 조요섭)를 비롯한 총 6인이 선임되었다. 5월 12일 오후 회의에서 이 위원회의 보고에 따라 선교회는 인돈이 대전에 설립할 기독교대학을 이끌어 나가야 하며 그가 선교회로부터 위원회를 구성하여 대학 설립을 추진할 것을 박수로 승인하였다. 5월 14일 오전 회의에서 다음과 같이 대학위원회 위원이 결정되었다: 폴 크레인(의료), 조셉 하퍼(전주), 플로렌스 루트(광주), 존 서머빌(목포), 키스 크림(Keith R. Crim, 순천), 단 보이어의 복귀 전까지만.[87]

토지 매입과 선교사 사택 건축을 시작으로 본격적으로 대학 설립과 대전 스테이션 개척이 시작되었고 학교 건축설계와 교과과정 작

---

85 *The Minutes of the Eighth Annual Post War Meeting of the Korea Mission*. 이 회의록에는 페이지수가 생략되어 표시할 수가 없다.

86 『인돈평전』, 194-5에서 재인용.

87 *The Minutes of the Eighth Annual Post War Meeting of the Korea Mission*.

업, 교수 요원 청원 등의 작업을 계속하였다. 1955년 11월에는 인돈이 전주에서 대전으로 옮겨왔고, 대학 설립 인가신청을 하였다. 그러나 시설 미흡 등을 이유로 4년제 대학보다는 정규대학에 준하는 대전기독학관으로 먼저 시작하고 건축 중인 학교 건물이 완성되면 그 이후에 대학 설립 인가를 곧바로 추진하기로 하였다. 그리하여 1956년 2월 5일에 성문과, 영문과, 화학과의 3개 학과로 대전기독학관 설립 인가 신청을 하였고 3월 13일 인가를 받았다. 그리하여 4월 10일에 대전기독학관이 개교하였다.[88]

인돈과 김기수(Keith R. Crim)이 학교의 설립과 운영에 주도적인 역할을 하고 있었다. 신입생 81명과 전임교수 6명으로 시작된 작은 대학이었다. 학생 모두는 세례교인이었고 날마다 경건의 시간으로 일과가 시작되었다. 교수와 강사들이 인도하는 묵상과 간증의 시간이었다. 목요일에는 목사가 인도하는 예배로 드려졌다.[89] 뿐만 아니라 학생들은 학교 인근지역에 주일학교를 열어서 전도하고, 교회를 개척하기도 하였다. 인사례는 대전대학의 특징에 대하여 비록 학생 수와 교수 수는 적지만 끈끈한 관계와 협력의 훌륭한 정신이 있는 학교이며 성경과 과학과 수학의 좋은 과목들이 있는 작은 기독교 인문과학대학으로서 한국 사회에 기여할 것이라고 설명하였다.[90]

대전기독학관이 개교한 지 얼마 되지 않은 1956년 12월 23일에 성문과, 영문과, 화학과, 수물학과 네 개 학과의 입학정원 480명의 4년제 정규대학 인가신청서를 제출하였지만, 시설 미비를 이유로 인가가 불허되었다. 그러나 인돈은 불굴의 의지로 대학발전 자금을

---

88 『인돈평전』, 202-8.

89 『한남대학교 40년사』, 68-75.

90 Charlotte B. Linton to Friends, Nashville, Tennessee, April 23, 1958.

모금하고 시설 확충과 교수확보의 노력에 힘을 쏟으며 대학 인가를 받기 위한 노력을 기울여 마침내 1959년 2월 26일에 대전대학 설립 인가를 받았다.[91]

1959년 4월 15일에 대전대학 개교와 인돈의 학장 취임식이 열렸다. 이날 총회장 노진현 목사는 축사를 하며 이렇게 설교하였다고 인돈은 회상하였다.

> 나는 이 대학의 미래가 매우 밝다고 굳게 확신합니다. 하나님이 주신 말씀 위에 세워졌고, 오직 기독학생들만 받아들이고, 오직 신실한 기독교인 교사들만 채용하니, 졸업생들은 교회와 나라에 대단한 기여를 하지 않을 수 없습니다.[92]

이것은 인돈의 교육사상과 일치하였고, 따라서 인돈과 동료 선교사들은 그의 말이 옳다고 깊게 공감하였다. 인돈이 지향하는 대학은 작은 기독교 인문과학대학으로서, 교육의 원리와 목적이 복음에 기초하고 있는 대학이었다. 한국교회에서 자라난 기독교인 학생들이 이 대학에 입학하여, 명목적인 기독교인이 아니라 실력 있고 신앙심 깊은 교수들에 의해 교육을 받아, 신앙에 있어서나 인격에 있어서 그리고 전문분야의 지식에 있어서 탁월한 지도자로 훈련되어 교회와 사회를 위해 공헌하는 것이 이 대학의 사명이요 가치였다.

인돈은 특히 과학교육을 강조하였다. 과학의 시대에 지도자가 되려면 과학의 지식은 필수였고, 또한 이 과학의 지식은 인문학적 소양과 연결되어야 했고, 과학과 인문학의 정신은 기독교 세계관과

---

91 『한남대학교 40년사』, 82-9.

92 William A. Linton, Taejon Prebyterian College, Taejon, Korea to Friends, Nashville, Tennessee, May 18, 1959.

어우러져야 했다. 그 속에서 훌륭한 목회자, 훌륭한 교사, 훌륭한 과학자, 훌륭한 기술자가 나올 수 있다고 보았다. 이것이 인돈이 꿈꾸는 작은 기독교 인문과학대학의 이상이었다. 이 가치와 목적의식을 지켜나가려면 교수와 학생과 학교의 분위기가 "기독교적"이어야 하고, 그래서 크지 않고, 작고 알찬 대학이어야 한다고 생각하였다. 이것은 이미 오래전부터 그가 교육선교를 통해 견지해오던 원칙을 대전대학에서 다시 구현하고자 했던 것이다. 이러한 대전대학에 대한 인돈의 비전과 가치는 대전대학 학칙 1조에 반영되고 있었다.

> 본 대학은 한국의 기독교 청년 남녀에게 대학 과정의 교육을 시킴을 이념으로 하고, 그 중심원리는 기독교 복음이요, 이학과 문학에 관하여 심오한 이론과 광범 정치한 응용 방법을 교수 연구하고, 아울러 국가와 한국교회와 사회에 유능하고도 봉사할 수 있는 지도적 인물을 양성함을 목적으로 한다.[93]

V. 맺는 말

인돈은 여러 차례 수술을 받은 암(직장암)으로 인해 건강이 악화되어 1960년 6월 9일에 학장직을 사임하고 미국으로 돌아갔다. 6월 30일에 미국에 도착하여 병세를 돌보다 8월 13일 테네시주 녹스빌에서 사망하였다.[94] 그가 미국으로 떠나기 전에 마지막으로 남긴 "Emphases at Taejon Presbyterian College"는 그가 설립하고 이끌어

93 『한남대학교 40년사』, 81.

94 『인돈평전』, 232-3.

온 대학에 대한 인돈의 유훈으로 받아들여지고 있다. 수업과 교육에 대한 철저함과 책임감을 교수와 학생들에게 다짐시키면서 마지막으로 그는 "Christian Atmosphere"(기독교적 분위기)라는 말로 마무리 하였다.[95]

여기서 기독교적 분위기는 무엇을 의미하는가? 교육이 기독교적이 되어야 하고, 대학이 기독교적이어야 한다는 그의 교육사상의 핵심을 요약하고 있다. 기독교적 분위기는 어떻게 만들어지는가? 인돈은 학생들의 다수가 기독교인이어야 하고, 그래서 그들이 학생들을 주도해 나가야 한다고 강조하였다. 또한 모든 교수들은 실력을 갖춘 신실한 그리스도인이어야 하며, 가르치는 내용이 기독교 신앙의 진리와 가치를 상기시켜주어서 지식과 삶을 이어주는 것이어야 한다는 점을 여러 차례 강조하였다. 만약 교육에 있어서 "기독교적 분위기"가 유지될 수 없을 때, 예를 들어 일제의 신사참배에 의하여 기독교 신앙의 정체성과 기독교학교의 교육원리가 훼손되고 무너질 때, 그는 가차 없이 학교 폐교를 단행할 만큼 이 점에 대하여는 조금도 타협하거나 양보하지 않았다. 그래서 그가 대전에 대학을 세울 때 기독교적 가치를 올곧게 지켜나가기 위해서 작은 대학을 선호했을 것이다.

인돈이 꿈꾸는 기독교 지도자들은 바로 이러한 기독교적 분위기 속에서 훈련되고 배출될 수 있다고 보았다. 신앙과 인격과 학문에 있어서 바르게 훈련받고, 자신의 삶을 건강하고 바르게 세워나가며, 또한 그의 가정과 지역사회 공동체를 돌보고 섬기며, 또한 교회를 책임 있게 이끌어 나가는 영향력 있고 실력 있는 신앙인이 그가 키워내고자 하였던 인재상이었다. 나아가 하나님 나라를 이 나라와 사

95 Sang Yoon Lee and Won Sul Lee, *An American's Vision*, 169의 사진 참조.

람들 가운데 구현해 나가는 봉사하는 지도자가 인돈이 바라는 지도자상이었다. 인돈 자신도 공학자, 교육자, 신학자였던 것처럼 인문학과 과학과 신학(성경교육)의 소양이 잘 어우러지는 교육, 학교와 실생활의 현장이 실용적으로 이어지는 교육을 통하여 이러한 섬기는 지도자가 양성될 수 있다고 생각하였다.

오늘 인돈의 유산 아래 있는 한남대학교에 이러한 교육사상과 지도자상이 이어지고 있는지, 기독교대학에 기독교적 정체성과 분위기가 유지되고 있는지 반성적으로 돌아보면서, 오늘 우리의 삶의 자리에서 그의 신앙과 정신을 어떻게 구현할 수 있을지 깊이 고민해 보아야 한다.

참고문헌

1차 자료

인돈학술원 편역. "인돈자료집." 미간행 자료. 대전: 한남대학교 인돈학술원.

"개정사립학교규칙."『조선총독부관보』제789호 (1915년 3월 24일), 325.

Cummings, Esther to Mrs. Linton, January 24, 1964.

Dodson, Mary L. "Memories of William Alderman Linton." Special Collections of William A. Linton, 미간행 자료. 한남대학교 인돈학술원.

Linton, Charlotte B. "Life of William A. Linton." Special Collections of William A. Linton.

______. to Folks[the Board of Foreign Mission], Nashville, Tennessee, February 17, 1931.

______. to Folks[the Board of Foreign Mission], Nashville, Tennessee, June 27, 1935.

______. to Folks, August 2, 1946.

[Linton, Lois F.]. "William A. Linton: The War Years." Special Collections of William A. Linton.

Linton, William A. "Educational Work in Korea," *The Presbyterian Survey* (June 1925), 371.

______. to Friends[the Board of Foreign Mission], Nashville, Tennessee, March 8, 1927.

______. "Our Korean Educational Situation." *The Presbyterian Survey* (November 1928), 696-7.

______. "The Place of the Industrial Department Korea Mission Boys' School." *The Presbyterian Survey* (June 1929), 361-2.

______. "A Brief History of Central School for Boys, Chunju, Korea." *The Presbyterian Survey* (October 1931), 611-2.

______. Taejon Prebyterian College, Taejon, Korea, to Friends, Nashville, Tennessee, May 18, 1959.

Mitchell, H. Petrie. "Reminiscences on the Life of Dr. William A. Linton." Special Collections of William A. Linton.

Preston, J. Fairman to Mrs. Linton[Charlotte B. Linton], July 4, 1967.

"Ad Interim Committee Meetings, Sunchon, February 24-25, 1948." In *Minutes of Korea Mission, 1946~1948*, 30.

"Atlantian Tells How Koreans Are Seeking Liberty: William A. Linton, Tech Graduate Attending Laymen's Convention, Confirms Stories of Atrocities (1919)." Special Collections of William A. Linton.

"Biographical Information: Linton, William Alderman." *Personal Reports of Southern Presbyterian Missionaries in Korea*. 한남대학교 인돈학술원.

"Complete Report of the Educational Committee." In *Minutes of the Forty-Second Annual Meeting*, 1933,

"Policy Regarding Schools in Korea." In *Minutes Ad Interiam Committee*. Chunju, November 4-5, 1936.

The Minutes of the Annual Meeting of the Southern Presbyterian Mission in Korea, 1912-1940.

T*he Minutes of the Second Postwar Annual Meeting of the Korea Presbyterian Church of the U.S.* In *Minutes of Korea Mission, 1946~1948.*

The Minutes of the Eighth Annual Post War Meeting of the Korea Mission, 1954.

2차 자료

김승태 편역. 『일제강점기 종교정책사 자료집: 기독교편, 1910-1945』. 서울: 한국기독교역사연구소, 1996.

______. 『한국기독교의 역사적 반성』. 서울: 다산글방, 1994.

김경미. "일제하 사립중등학교의 위계적 배치." 「한국교육사학」 26권 2호 (2004년 10월), 31-48.

류대영. "윌리엄 베어드의 교육사업." 「한국기독교와 역사」 제32호 (2010년 3월), 127-57.

박용권. 『국가주의에 굴복한 1930년대 조선예수교장로회의 역사』. 서울: 그리심, 2008.

안종철. "아더 베커(Arthur L. Becker)의 교육선교활동과 '연합기독교대학' 설립." 「한국기독교와 역사」 제34호 (2011년 3월), 249-75.

오승재 · 김조년 · 채진홍. 『인돈평전: 윌리엄 린턴의 삶과 선교 사역』. 서울: 지식산업사, 2003.

오승재. 『인돈: 지지 않은 태양』. 서울: 바울, 2012.

전주신흥중고등학교. 『신흥 90년사』. 전주: 전주신흥중고등학교, 1988.

최재건. 『언더우드의 대학 설립: 그 이상과 실현』. 서울: 연세대학교 출판문화원, 2012.

최영근. "미국 남장로교 여선교사 엘리자베스 쉐핑(Elizabeth J. Shepping, R. N.)의 통전적 선교 연구." 「한국기독교신학논총」 82집 (2012년 7월), 231-61.

[Baird, Richard H.]. "William M. Baird of Korea: A Profile." California: Oakland, 1968.

Brown, G. Thompson./ 천사무엘 · 김균태 · 오승재 역. 『한국선교 이야기: 미국 남장로교 한국선교역사, 1892-1962』. 서울: 동연, 2010.

Lee, Sang Yoon and Won Sul Lee. *An American's Vision for Korea in Action: Dr. William Alderman Linton, Founder of Hannam University*. Daejeon: Hannam University Press, 2006.

Rhodes, Harry A./ 최재건 역. 『미국 북장로교 한국선교회사 (1884~1934)』. 서울: 연세대학교출판부, 2009.

Stokes, Charles D./ 장지철 · 김흥수 역. 『미국감리교회의 한국선교 역사, 1885~1930』. 서울: 한국기독교역사연구소, 2010.

미국 남장로회 선교사 김기수의 한국선교
— 대전 스테이션 활동(1954~1965)을 중심으로*

최영근(한남대학교 인돈학술원장/기독교학과 교수)

Ⅰ. 들어가며

김기수(Keith R. Crim, 1924~2000)는 미국 남장로회 한국 선교사로 1953년 9월 16일에 내한하여 1966년 12월 31일에 사임할 때까지 순천(1953~1954)과 대전(1954~1965)과 서울(1966)에서 활동하였다. 그는 한국전쟁 중에 한국 선교사로 지원하여 1952년 4월 15일에 선교사 임명을 받았으나 휴전협정 체결 이후 1953년 9월에 내한하여 미국 남장로회 순천 스테이션에서 복음전도자로 활동하였다.[1] 그러나 곧

---

* 이 연구는 2019년 12월에 개최된 제11회 한남대학교 인돈학술세미나에서 발표된 원고이며, 이 글을 일부 수정하여 「신학논단」 100집(2020년 6월 30일), 183-222에 게재하였음을 밝혀둔다.

1 "Biographical Information: Crim, Keith Renn," in *Personal Reports of Southern Presbyterian Missionaries in Korea*; Keith R. Crim to friends, October 13, 1953. 미국 남장로회 세계선교부(The Board of World Missions)의 선교사 신상기록(Biographical Information)에 따르면, 그는 1952년 4월 15일에 한국 선교사로 자원하였고, 그해 9월 5일에 배편으로 일본으로 향한 것으로 나타나 있다. 그는 한국전쟁 기간 중에 1년간 일본에 머물면서 언어를 배우며 선교를 준비하다가 휴전협정이 체

바로 대전 스테이션으로 이임되어 선교회가 대전에 설립한 대전대학("Taejon Presbyterian College," 한남대학교 전신)의 설립과 발전에 커다란 기여를 하였다. 그는 대전대학 2대 학장 타요한(John E. Talmage)의 안식년 휴가인 1964년에 학장 대리(acting president)의 역할을 수행하기도 했다.[2]

유능한 구약학자였던 그는 1966년에 서울의 장로회신학대학의 구약학 교수로 청빙을 받으며 대전대학을 떠나게 되었지만, 장신대 교수 생활은 1년을 넘기지 못했고, 교수직과 선교사직을 사임하고 미국으로 떠나며 한국선교가 마무리되었다. 그의 갑작스러운 사임 배경에는 장신대에서 요나서가 역사적인 기록이 아니라 "이스라엘의 편협한 민족주의를 깨뜨리기 위해" 바벨론 포로기 이후에 쓰인 비유적 성격의 책이라고 강의했던 내용이 일으킨 파문이 있었다. 김기수는 자신의 입장을 해명하면서 "요나서가 성령의 영감을 받은 책"이며 "명백한 역사적 상황에서 명확한 역사적 문제를 다루고 있는 책"이지만, "문자 그대로의 역사가 아니며" 역사 속의 인물인 요나를 중심인물로 삼아 하나님은 "가장 포악한 백성으로 여기던 앗수르 백성들까지도 사랑하신다는 사실을 보여 주는" 비유적 장르의 예언서라고 주장하였다. 그는 자신으로 인한 논쟁이 "한국교회가 성서를 보다 정확하게 이해하는 데 도움이 된다면 고마운 일이라고 여긴다"라는 소회를 밝혔다.[3] 1966년 장로회 제51회 총회에서 그의

결된 직후 1953년 9월에 내한하였다.

2 Korea Mission of Presbyterian Church in the United States, *Minutes of Annual Meeting, May 9-16, 1964, Chunju*, 15-6. 이후 남장로회 한국선교회 연례회의록은 연도표시와 함께 간략히 *Minutes*으로 표기.

3 김기수, "한국을 떠나면서: 요나서 해석에 대한 나의 견해,"「기독교사상」11-2 (1967년 2월), 53, 63-4.

요나서 강의가 문제가 되어 김기수를 "즉각 파면하자는 입장과 총회 앞에 사과하고 1년간 정직시키자는 입장과 김기수가 이사회에 이 문제에 대하여 해명하였으니 보고서만 받고 넘어가자는 입장"으로 갈렸다. 그러나 그에게 동정적이었던 여론이 다수였던 제51회 총회는 이 문제를 확대하지 않았고 장신대 학장이 모든 교수들을 철저히 감독하도록 지시하는 것으로 마무리하였지만, 김기수는 미국에서 요청을 받은 새로운 일을 맡는다는 이유로 선교사를 사임하고 한국을 떠났다.[4]

열정적인 전도자로, 유능한 구약학자로, 뛰어난 행정가로, 따뜻한 교육자로서 다방면에서 선교활동을 하였던 김기수의 14년간의 한국선교 가운데 시기적으로나 선교사역의 집중도를 볼 때 대전 스테이션의 활동(1954~1965)이 핵심이므로, 이 논문은 이 부분에 초점을 맞춰 그의 선교를 고찰하고자 한다. 다만 시편 연구로 저명한 구약학자로서 김기수의 학문적, 신학적 연구내용에 대한 분석은 이 논문의 주제가 아니므로 자세히 다루지 않고, 그의 선교와 신학과 관련된 내용만을 부분적으로 다룬다.[5]

---

4 김정준, "한국교회와 성서해석 문제: 성서비평학을 중심으로," 「기독교사상」 11-2 (1967년 2월), 53. 그는 한국을 떠나 미국 남장로회 산하의 존낙스출판사(John Knox Press)의 선임편집자(1967~1969)로 일하였고, 미국성서공회(American Bible Society)의 번역자로 일하였으며(1969~1973), 버지니아컴먼웰스대학(Virginia Commonwealth University)에서 종교철학과 교수를 역임하다가(1973~1983), 이후 미국 북장로회 산하의 웨스트민스터출판사(The Westminster Press)의 편집장으로 일하였다(1983~1989). 그의 이력에 대하여, Edward M. Crim, "Personal Sheet: Dr. Keith Renn Crim," http://www.crimfamily.org/PS01/PS01_002.HTM 참조.

5 김기수의 시편연구 저서로는 Keith R. Crim, *The Royal Psalms* (Richmond: John Knox Press, 1962)가 있다. 그가 한국을 떠나 미국에서 편집자로 일하며 펴낸 책으로는 *The Interpreter's Dictionary of the Bible: an Illustrated Encyclopedia* (Nashville: Abingdon, 1976)과 *Abingdon Dictionary of Living Religions* (Nashville: Abingdon, 1981) 등이 있다. 또한 독일어로 된 신학저술을 영어로 번역하여 여러 권을 냈고, 미

지금까지 김기수는 구약학계에서 구약성서해석의 연구사 차원에서 부분적으로 다루어져 왔으나 그의 학문연구와 신학사상은 물론 그의 선교활동을 다룬 선행연구는 전무하다.[6] 이 연구는 김기수의 선교 편지와 남장로회 한국선교회의 연례회의록 등의 일차 사료를 분석하며 대전 스테이션을 중심으로 한 그의 한국선교를 살펴보고자 한다. 특히 남장로회 대전 스테이션의 개척과 대전대학의 설립과 운영에 관여한 역할을 조명하며 김기수의 교육선교활동과 특징을 살펴보고, 이와 함께 대전 지역을 중심으로 한 복음전도활동을 분석하며 그의 선교신학을 규명하고자 한다. 특히 신학적으로 보수적이라고 평가받는 미국 남장로회에서 근본주의적 성서해석을 피하고 성서비평학을 수용하면서, 세계교회의 에큐메니칼운동에 참여할 것을 주장하는 김기수의 견해를 살펴보면서 1950년대 60년대 미국 남장로회 한국선교의 일면을 교회사적으로 조명하고자 한다. 이로써 한국전쟁 이후 급격한 사회변동기와 한국 장로교단의 대분열 시기에 대전 지역에서 교육 및 전도활동을 전개한 선교사의 모습을 통해 1950년대와 60년대 미국 남장로회 선교활동이 한국교회와 사회에서 갖는 함의를 해석하고자 한다.

국성서공회에서 굿뉴스바이블(Good News Bible)의 구약 부분을 번역하였다.

6 구약성서해석사에서 김기수를 부분적으로 다룬 연구로는 김정우, "역사비평학의 관점에서 본 구약연구사 1 (1900~1989)," *Canon&Culture* 9-1 (2015년 4월), 191-228; 문희석, "한국교회의 구약성서 해석사,"「신학사상」20 (1978년), 141-93; 변조은, "한국교회의 성서 해석사,"「교회와신학」5 (1972년), 87-108; 김정준, "한국교회와 성서해석 문제: 성서비평학을 중심으로,"「기독교사상」11-2 (1967년 2월), 45-53 등을 참조할 것. 이러한 연구들에서 김기수는 근본주의적 문자적 해석전통이 강한 한국교회에 성서비평학을 소개하며 구약성서를 새롭게 해석하려고 시도한 학자로 조명되었다.

II. 선교사 준비와 순천 스테이션 선교활동(1947~1954): 복음전도자

김기수의 선교사 이전의 행적에 대해서는 사료가 많지 않다. 미국 남장로회 세계선교부의 선교사 신상 자료로 그 일부를 확인할 수 있을 따름이다. 그는 1924년 9월 30일에 버지니아 윈체스터(Winchester, Virginia)에서 장로교 목사였던 아버지 아브람 해리 마샬 크림(Rev. Abram Harry Marshall Crim)과 어머니 매이블 그레이스 렌(Mable Grace Renn) 여사 사이에서 태어났다. 그는 1941년에 집 근처의 브리지워터대학(Bridgewater College)에 입학하였고, 제2차 세계대전 당시 미 육군에서 하사로 복무(1943~1946)한 후 다시 복학하여 1947년에 졸업하였다. 이후 1947년 8월 26일에 같은 대학 1년 후배인 리치(Evelyn Arley Ritchie, 김애리)와 결혼하였다. 당시 김기수는 23살이었고, 에블린은 20살이 채 되지 않은 어린 신랑 신부였다.[7]

대학을 졸업한 해에 김기수는 버지니아 유니온신학교(UTS)에 입학하여 1950년에 신학사(B.D.) 학위를 취득하였고, 같은 해 4월 19일에 버지니아 윈체스터노회에서 목사안수를 받았다. 1951년에 같은 학교에서 신학석사(Th.M.)를 취득하였고, 곧바로 스위스 바젤대학교로 유학 가서 수학(1951~1952)하였다. 구약학에 관심을 가지고 스위스에 유학 갔던 그가 중도에 공부를 접고, 갑자기 한국 선교사로 자원한 계기는 알려져 있지 않지만, 선교사 안식년 기간을 활용하여, 1959년에 유니온신학교에서 브라이트(John Bright)의 지도를 받아 시편에 관한 연구로 신학박사 학위를 취득하였다.[8]

---

7 "Biographical Information: Crim, Keith Renn"; "Biographical Information: Crim, Evelyn Arley Ritchie."

김기수는 1952년 4월 15일에 한국 선교사로 자원하였고, 5월 28일 미국 남장로회 한국선교회 연례회의에서 그를 한국선교회로 받아들여, 순천 스테이션에 배치하기로 결의하였다.[9] 김기수는 그해 9월 5일에 미국을 떠나 일본에 도착하였으나, 한국전쟁으로 인해 입국하지 못하였고, 그의 아내와 어린 딸(Deborah)과 함께 도쿄에서 머물면서 선교사역을 위한 언어훈련을 받았다. 1953년 5월 27일~6월 1일에 열린 선교사 연례회의는 김기수가 먼저 한국에 들어와 순천 스테이션에서 언어를 익히며 전도활동을 하고, 그의 가족은 당분간 일본에 체류하도록 결의하였다.[10] 이에 따라 김기수는 1953년 9월 16일에 먼저 내한하게 되었다. 그가 부산과 여수를 거쳐 순천에 도착한 것은 9월 17일이었고, 이로써 그의 한국선교가 시작되었다.[11]

순천에 있는 동안 김기수는 주로 언어 공부를 하며 전도활동을 하였다. 한국어 실력이 부족하였기 때문에 미리 설교문 몇 개를 만들어 놓고, 활용하는 방식을 택하였다. 그러나 미숙한 한국어 실력으로 인해 실수가 잦았고, 설교와 강의에 부담을 느꼈다. 순천에서 그의 전도활동의 일면은 작은 교회에 방문하여 설교했던 경험을 묘사한 편지에서 드러난다. 목재 뼈대에 짚과 진흙으로 된 벽을 세워 유리와 창호지 창문을 단 한옥식 예배당에서 설교할 때 갈라진 틈으로 차가운 바람이 계속 새여 들어와, 옷을 여러 겹 껴입고, 양말을

---

8 위의 자료; 장로회신학대학교, 『장로회신학대학교 100년사』(서울: 장로회신학대학교, 2002), 408.

9 "Korea Mission Minutes: May 28, 1952," *Minutes* (1952~1953), 12.

10 "The Minutes of Seventh Annual Post War Meeting of Korea Mission," *Minutes* (1952~1953), 38.

11 Keith R. Crim to friends, October 13, 1953, 1.

세족이나 겹쳐 신어도 추위를 참기 힘든 열악한 교회의 상황을 소개하였다. 그러면서도 45명의 교인이 출석하는 이 작은 교회에 이북 출신 실향민 목회자가 먹을 것과 입을 것조차 부족한 가운데서도 성실하게 사역을 감당하고 있다고 소개하며, 가난하지만 자생력 있는 한국교회를 높게 평가하였다. 예배 후에 닭과 죽을 함께 끓인 탕(삼계탕)과 콩나물과 시금치와 달걀프라이와 김치로 저녁 식사를 대접받으며 교인들과 교제한 이야기를 통해 그가 한국에 적응하며 지역 사람들과 친밀한 관계를 맺고 있는 모습을 나타냈다. 그는 교인들과 교제하며 "마치 고향에 있는 것 같은 느낌을 받았다"라고 말하면서 "우리가 이곳에 누리는 그리스도인의 교제는 다른 사람들이 수고하여 맺은 열매들 가운데 하나"라고 감사하였다. 그러면서 그는 "미래에 대한 희망"을 표하며 선교지 한국에 대한 긍정적인 인식을 드러냈다.[12]

1954년 5월 6일~14일에 전주에서 열린 제8회 전후 선교사 연례회의에서 그는 언어 공부와 전도활동 외에도 선교회의 여러 위원회에 소속되어 다양한 일을 맡게 되었다. 순천 대표로 재정위원회(Finance)에 소속되었고, 미국 유학 한국인 학생 관련 위원회(Korean Students Study in U.S.), 선교회 통계담당자, 출판위원회(Publication)에 소속되었다.[13] 특히 제8회 전후 선교사 연례회의에서는 남장로회가 한국에 설립하게 될 대학의 위치를 정하는 문제가 열띤 논쟁이 오간 핵심 이슈였다. 김기수의 예배 인도로 시작된 5월 10일 회의에서 대학부지 선정을 위한 논의가 이루어졌고, 이 문제를 논의하기 직전에 김기수가 대학의 위치를 정하는 중요한 일에 하나님의 인도하심을 간

12 Keith R. Crim to Friends, February 4, 1954.

13 "The Minutes of the Eighth Annual Post War Meeting of the Korea Mission," *Minutes* (1953-1954), 35-38.

구하는 대표기도를 하였다. 이어서 대학 설립 후보지인 대전, 광주, 전주, 순천을 놓고 진지한 논의를 한 후 비밀 투표를 하여, 먼저 두 곳을 탈락시켰는데, 순천과 전주가 탈락하였다. 열띤 공방으로 최종 결정은 다음 날로 미루어졌고, 5월 11일에 속개된 회의에서 비밀 투표로 대전이 대학 설립의 최종 후보지로 선정되었다.[14] 5월 12일 회의에서는 인돈(William A. Linton)이 대학 설립의 문제를 다룰 위원회(College Committee)의 위원장으로 추대되어, 그가 위원들을 구성하게 하자는 특별위원회(College Personnel Committee)의 제안이 채택되었다. 5월 14일 회의에서는 대학위원회(College Committee)가 구성되어 그 명단이 발표되었는데, 위원장 인돈, 의료선교 대표 구바울(Paul Crane), 전주 대표 조요섭(Joe B. Hopper), 광주 대표 유화례(Florence Root), 목포 대표 서의필(John Somerville), 순천 대표 김기수(Keith R. Crim)가 선정되었다.[15]

선교회에 가입한 지 2년도 안 된, 순천 스테이션에 자리 잡은 지 1년도 되지 않은 신임선교사가 선교회가 가장 많은 재원을 투자하는 역점 사업을 추진할 위원회의 한 사람으로 지목을 받았다는 사실은 선교회가 그에게 거는 기대와 선교회에서 그가 감당할 역할을 반증하는 것이었다. 물론 위원으로서의 역할은 순천 대표 보이열이 안식년 복귀할 때까지 임시로 맡는다는 것을 전제로 두었지만, 파격적인 인사임은 분명하였다. 그러나 보이열 복귀 이후에도 그는 정식 위원으로 계속 활동하였다. 선교회 안에서 그는 인돈을 뒷받침하여 대학을 이끌어 나갈 젊은 인재로 부각되고 있었다.

김기수는 1954년 연례회의 직후 대학 설립의 중책을 감당하기

14 위의 책, 21-23.

15 위의 책, 28-29.

위해 순천에서 대전으로 옮기라는 선교회의 결의에 따라야 했다.[16] 그는 이 결정이 "굉장히 놀랍고, 도전적이고, 실망스러운 것"이라고 말하였다. 그가 실망한 이유는 이제 막 자리를 잡은 순천집에 가구를 들여놓고, 새 커튼을 단지 2주도 채 지나지 않았기 때문이었다. 순천의 집은 편안하고 쾌적하고 넓었지만, 대전은 아무런 기반이 닦여지지 않은, 심지어 선교사 사택조차 없어서 열악하고 비좁은 옛 일본식 집에 당분간 살아야 하는 불편을 감수해야 했다.[17] 잘 정비된 순천의 선교지를 떠나 아내와 어린 두 자녀와 함께 낯설고 황량한 개척지로 가야 하는 일이 막막하게 느껴졌기 때문이다. 그러나 그는 대전에 설립될 대학에 대한 기대와 포부가 있었다. 대전은 "한국의 서남부(전라도)와 서울을 잇고 부산에서 서울을 잇는 철도가 만나는 교통의 요지"라는 지리적 중요성을 인식하고 있었다. 그는 대학 설립과 시작을 소망하면서, "한국에 많은 대학이 설립되고 있지만, 무엇보다 높은 학문적 수준을 갖춘 기독교대학이 절실히 필요하다"는 확신을 가지고 있었다. 또한 남장로회 신설 대학의 초대 학장으로서 한국에서 교육선교의 오랜 경험을 가지고 있는 인돈 박사와 함께 일하게 될 기회에 대한 기대감이 있었다.[18]

대전으로 이임하기 전까지 순천에서 지역교회 방문과 설교 그리고 부흥회를 인도하며 전도활동을 하였다. 그는 1954년 6월 25일 자 선교 편지에서 곡성지역에서 일주일간 인도한 부흥회를 소개하였다. 이곳은 인구가 밀집된 지역이지만 기독교의 교세가 매우 약해서 유교 중심의 지역사회에 아무런 영향을 끼치지 못하고 있었다. 이와

16 위의 책, 43.

17 Keith R. Crim to Friends, June 25, 1954, 2.

18 위의 글.

함께 이 지역에서 신흥종교인 단군 숭배가 세력을 넓혀가고 있었다. 당시 이승만 정권의 초대 국무총리 이범석과 문교부 장관 안호상이 대변한 일민주의는 정권이 추구한 단일민족주의와 반공주의가 결합한 국가주의의 토대가 되었고, 일민주의의 정신적 뿌리는 단군민족주의에 입각한 대종교였기 때문에 단군 신앙이 신흥종교로 성장하고 있었다.[19] 곡성 지역에도 단군전이 들어서 있었고, 김기수는 단군 신앙이 "정부 안의 유력한 인사들의 지지를 받고 있다는 점에서 제국주의 일본의 신도(神道) 종교가 그랬던 것처럼 앞으로 한국의 파시즘이 될 수도 있다"는 우려를 가지고 있었다.[20] 그는 민족주의를 종교화하여 권위적인 국가주의를 강화하고 국민을 그 아래 통합시키려는 일민주의의 파시즘적 속성을 간파하고 있었다.

그가 이 지역에 기독교의 복음을 전파하려는 의도로 부흥회를 계획하고, 한글로 설교문을 준비하여 말씀을 전하였는데, 어설픈 한국어와 설교 간의 내용적 연결성이 부족하였음에도 불구하고, 많은 사람이 작은 예배당에 몰려들어 다 수용하지 못하는 성황을 이루었다. 그는 교인 50명 규모의 교회에 200명이 몰린 것은 숫자적으로는 대단한 것은 아니지만 "하나의 시작이 되었다"라고 의미를 부여하였다.[21]

김기수는 곡성 지역 교인들과 함께 지리산 자락의 외진 지역(곡성군 고달마을)에 찾아가 전도활동을 벌이는 강행군을 하였다. 그들

---

19 이승만 정권에서 일민주의의 성격과 대종교 및 단군신앙과의 관계에 대하여, 서중석, "이승만 정부 초기의 일민주의,"「진단학보」83 (1997년 6월), 155-83; 정영훈, "안호상과 일민주의의 단군민족주의,"「단군학연구」39 (2018년 12월), 223-72.

20 Keith R. Crim to Friends, June 25, 1954, 1.

21 위의 글.

일행이 지역의 초등학교 앞에서 노방전도 집회를 열었을 때 많은 사람이 호응하였다. 김기수는 미리 준비한 설교문을 활용하여 메시지를 전하였고 함께 간 곡성교회 목사가 설교하며 보충하였다. 동행한 교인들은 찬양하고 전도지를 나누어주며 전도하였다. 그는 전도 예산의 부족으로 이 지역에 전도자를 따로 파송할 수 없었지만, 곡성교회 집사에게 지속적인 전도활동을 부탁하였고, 그는 열정적으로 전도하며 이곳에 주일학교와 주일예배를 시작하였다. 마을 사람들의 복음에 대한 뜨거운 반응을 보며 김기수는 이 지역에서 기독교의 성장에 대한 확신을 갖게 되었다.[22]

이로 보건대 김기수의 전도활동은 지역교회의 전도열과 헌신적인 수고에 힘입은 바가 컸다. 그는 지역교회와 긴밀한 유대 관계 속에서, 지시하고 주도하는 입장보다는 지원하고 협력하는 자리에서 역할을 수행하며 도시로부터 떨어진 시골 마을에서도 원활하게 전도활동을 전개하였다.

그의 전도활동이 원만하게 진행될 수 있었던 또 다른 요인으로는 미국 선교사들에 대한 한국사회의 우호적인 인식을 들 수 있다. 한국전쟁 직후 폐허가 된 남한사회에서 미국과 미국 선교사들에 대한 기대와 의존도는 낮지 않았고, 그의 선교활동도 이러한 우호적인 분위기의 도움을 받았다.

일례로, 그의 전도활동에 대한 지역 경찰의 호의와 협조를 들 수 있다. 그는 곡성 지역에서 부흥회를 인도하면서 사전에 경찰과 접촉하였는데, 그들은 원래 예정된 부흥회 일정이 제3대 국회의원 선거일(1954년 5월 20일)과 맞물려 있기 때문에 한 주 연기해 줄 것을 요청한 바 있었다. 김기수가 부흥회가 끝나고 경찰서장을 만나러 갔을

22 위의 글, 1-2.

때, 경찰 관계자는 예정대로 부흥회를 열지 못한 것에 대한 미안함을 표하였다. 이승만 정권과 기독교의 유착관계로 인하여 지역사회에서 기독교, 특히 미국 선교사들에 대한 협조적인 분위기가 컸다는 점이 여기서 드러난다. 김기수는 자신이 만난 경찰들 대부분은 업무의 성격상 기독교인이 되는 것이 어렵다고 말했다는 점을 밝히면서도, 오히려 한국 경찰이 교회가 힘을 발휘해 전도해야 할 영역이며, 이로써 한국을 더 튼튼하게 할 수 있다는 생각을 표하였다.[23]

이러한 점에서 김기수는 정권과 기독교의 긴밀한 협력의 분위기를 긍정적으로 이해하고 있으며, 오히려 교회가 국가기관에 종교적 영향력을 행사하면서 국가발전에 기여할 수 있다는 생각을 가지고 있었던 것으로 보인다. 이는 정교유착이 한국교회에 미칠 수 있는 부작용과 역효과에 대한 감수성이 부족했던 모습으로 이해된다. 이승만 정권 내 실세들의 비호 아래 단군 신앙에 기초하여 민족주의를 종교화하는 일민주의의 파시즘적 성격을 날카롭게 지적하면서도 기독교와 정권의 유착에 대한 경계심이 그에게 상대적으로 느슨했던 까닭은 그가 한국 사회에서 기독교 신앙이 지배적 종교로 영향력을 행사하는 것을 당연시하며 "기독교 국가론"(정교유착)과 "한국의 기독교화"(복음전도)를 엄밀하게 구분하지 못하였기 때문이라고 보인다. 이후에도 이러한 생각은 한국교회의 과제가 "한국으로 하여금 기독교적인 나라로 만드는 데 있다"라고 역설한 데에서 여전히 나타나고 있다.[24]

23 위의 글, 2.

24 K. R. 크림, "한국교회의 전망," 『기독교사상』 5-7 (1961년 7월), 73.

III. 대전대학과 대전 스테이션 선교활동(1954~1965): 교육선교와 전도활동

1. 대전대학 설립과 교육선교활동

1) 대전 스테이션 초기 정착과 대전대학(대전기독학관) 설립을 위한 노력

1954년 당시 대전에 선교 스테이션은 아직 설립되지 않았다. 따라서 대학위원회는 스테이션의 권한을 행사할 수 있게 해달라고 선교회에 청원하였다. 또한 대학위원회는 대학에서 교수로 가르칠 선교사를 충원해 달라고 선교회에 요청하였다.[25] 선교회는 대전에 거주하는 투표권을 가진 선교사 4명이 될 때 곧바로 대전 스테이션을 개설하기로 결정하였다. 그때까지 인돈이 대전 대표로 선교사 회의에 참석하고, 김기수를 대체 요원으로 지정하였다.[26] 따라서 1955년 선교사 연례회의록을 보면, 인돈과 김기수는 각각 전주와 순천 스테이션에 소속되어 있으면서, 대전에 파견된 형식을 취하고 있다. 인돈은 대전대학의 설립위원장이자 학장으로, 김기수는 대전대학 교수로 일하도록 하였다.[27] 이로 보건대, 대전 스테이션은 대전대학으로부터 시작되었고, 인돈과 김기수는 대전대학은 물론 대전 스테이션의 창립 멤버였다.

---

25 "Report of the Taejeon Committee(College Committee)," in "The Minutes of the Eighth Annual Post War Meeting of the Korea Mission," *Minutes* (1953-1954), 51.

26 "Taejeon College Committee Recommendations," in "The Minutes of 1955 Annual Meeting of the Korea Mission of the Presbyterian Church U.S.," *Minutes* (1955), 33.

27 *Minutes* (1955), 43-45.

1954년 11월 19일 자 김기수의 선교 편지에는 순천에서 대전으로 이주한 초기 정착의 모습이 기록되어 있다.

선교사 사택이 아직 준비되어 있지 않아 대학에서 도보로 25분 거리에 있는 대전시 삼성동 387번지 옛 일본 가옥에 자리를 잡았다. 그는 학교에서 연구와 행정일을 하며 대학업무에 전념하였고, 특히 선교회 재산 관리에 집중하였다. 그는 선교회가 이미 대전 지역에 125에이커(약 15만 평)의 농지와 야산을 확보하고 있어서 대학을 위한 부지로 가장 적합하여 대전이 선정되었다고 설명하였다.[28] 그는 대전대학(Taejon Presbyterian College)이 한국의 기독교 지도자를 길러내기 위한 4년제 인문대학으로 디자인되었으며 재학생 500명의 규모로 계획되어 먼저 150명의 신입생을 받아 1955년 4월에 개교하는 것을 목표로 하고 있다고 설명하였다. 대학의 개교를 준비하며 커리큘럼을 만들고, 교수 요원을 임용하고, 도서관을 조직해야 하는 여러 일들 가운데서 김기수는 도서관의 자료를 모으는 일의 책임을 맡았다.[29] 그러나 산적한 대학 설립을 위한 준비작업의 어려움으로 인하여 실제 개교는 1956년 4월에 이루어졌고, 신입생 숫자도 82명으로 애초 계획했던 것에 훨씬 미치지 못하였다.[30] 그만큼 대학의 설립과 운영은 예상한 것보다 훨씬 험난하고 어려운 과업이었다.

1956년 6월 13일~20일에 순천에서 열린 선교회 연례회의에서 대전 스테이션은 인원이 보강되어 인돈(대전대학 학장) 부부, 김기수(대전대학 성경 및 철학 교수) 부부, 선미령(Miriam Dunson, 선교회 회계 비서 및 대전대학 학장 비서), 타요한(John E. Talmage, 전도활동) 부부, 미

---

28 Keith R. Crim to Friends, November 19, 1954, 1.

29 위의 글.

30 "Report of Taejeon Presbyterian College," *Minutes* (1957), report #19.

철(Petrie Mitchell, 안식년 후 대전대학에서 강의) 부부, 구로범(Robert Gould, 대전대학 보조 및 전도활동)으로 구성되었다.[31] 특히 타요한 목사는 대전노회장 이자익 목사가 대전 지역 전도활동을 위해 특별히 요청한 선교사로서 대전 스테이션의 청원에 따라 당시 일본에서 한국인들을 대상으로 선교하던 그를 선교회가 대전으로 불러들였다.[32] 또한 전주에서 언어훈련을 하던 모요한(John V. Moore) 선교사 부부 역시 대학위원회의 요청에 따라 선교사 사택이 마련되는 대로 대전대학에서 일하도록 하였다.[33]

선교회는 대학위원회 규정과 관련하여, 대학위원회가 학장을 당연직 위원으로 하고, 각 스테이션의 대표와 의료선교 대표 한 사람을 위원으로 위촉하되, 이 중 적어도 두 사람은 선교회 법인 이사로 하고, 각 위원의 임기는 3년으로 하며, 3년 임기의 한국인 자문위원을 두어 대학이사회의 기능을 수행하도록 결의하였다.[34] 이에 따라 1956년 대학위원회는 인돈이 당연직 위원장으로, 1년 임기 위원은 김기수와 부명광(G. Thompson Brown), 2년 위원은 조요섭과 서의필, 3년 위원은 보이열과 켈러(F. G. Keller)가 위촉되어 구성되었다.[35]

김기수의 1955년 4월 6일 선교 편지는 원래 대전대학의 개교가 1955년 4월로 예정되었으나 시설과 건물을 갖추어야 할 준비기간이 더 필요하여 1년 연기된 내용을 설명하였다. 대전대학 설립의 역할 분담에 대하여 인돈은 대학건물을 위한 자재 구입과 전체 건축 계획을 맡았고, 김기수는 커리큘럼을 만들고 도서관을 구성하는 일을 하면서

---

31 "Mission Meeting, Soonchun," *Minutes* (1956), 44-45.

32 위의 책, 19, 41.

33 위의 책, 41.

34 "Report of the Committee on Rules and By-Laws," *Minutes* (1956), 52.

35 "Report of the Nominating Committee," *Minutes* (1956), 표지 안쪽 면.

한국 정부에 제출할 대학 설립 인가신청서 작성의 책임을 맡았다.

김기수에 따르면, 초반에 대전대학은 성경 및 철학, 영문, 교육, 화학, 수학 및 물리의 다섯 개의 학과를 두는 것으로 계획하였다. 김기수는 이 다섯 개 학과는 선교회 사역에 중요한 분야에 집중하기 위해 선택된 것으로 선교회 안에서 동의가 있었다고 한다. 영어는 당시에 요구가 가장 컸던 분야였고, 유학 가서 대학원 과정을 공부할 학생들에게 특별히 중요하다고 보았다. 성경 및 철학은 예비 신학생들을 위해 디자인되었고, 교육학은 선교회가 운영하는 미션스쿨의 교사를 양성하는 데 필요하며, 수학은 한국에서 특별히 약한 분야이기에 기여해야 하고, 화학은 한국에서 약한 분야이면서 예비 의과대학생들을 위해 필요하다고 보았다.[36] 선교회가 운영하는 병원이 있었던 만큼 의학을 전공할 학생을 길러내는 일도 중요했던 것으로 보인다.

대전대학은 4년제 대학으로 설립을 추진하였으나 대학건물 등의 제반 시설의 미비로 인하여 문교부는 4년제 대학에 준하는 "학관"으로 설립할 것을 종용하였고, 대학 측은 이를 받아들여 1956년 2월 5일에 성문과, 영문과, 화학과에 각 120명씩 총 360명의 정원으로 설립신청서를 제출하여 3월 13일에 설립 허가를 받았다. 그리하여 1956년 4월 10일에 대전기독학관이 개교하였다.[37] 1957년 연례회의에서 선교회는 대학의 설립과 관련하여 특별히 인돈과 김기수를 "시작부터 일의 책임을 맡은 사람들"이라고 공로를 치하하면서 "대학 설립 계획이 하나님의 뜻이라는 흔들리지 않는 믿음이 이들을 붙들어서 그 누구도 감히 생각하지 못했던 일을 맡아 성공적으로 이루었

---

36 Keith R. Crim to friends, April 6, 1955.

37 한남대학교40년사편찬위원회 편,『한남대학교 40년사』(대전: 한남대학교출판부, 1996), 58-61.

다"라고 감사를 전하였다. 그리고 대학 본관 건물이 계획대로 완공된다면 성문과, 영문과, 화학과, 수물과의 네 개 학과로 된 4년제 정규대학의 설립이 정부의 승인을 받아 무난하게 이루어질 것이라고 낙관하였다.[38]

1956년 당시 대전기독학관의 교수진은 학장 인돈, 구약, 불어, 독어를 가르치는 조교수 김기수 외에, 인사례(Charlotte B. Linton)와 김애리(Evelyn Crim)가 영어를 가르치는 강사였고, 국어를 가르치는 황의영과 체육을 가르치는 구로범(Robert Gould)이 전부였다. 이후에 모요한, 박인성(Clarence E. Prince) 그리고 남장로회 장학금으로 유니온신학교에서 박사학위를 마치고 돌아온 김홍전이 교수진에 합류하였다. 시간강사로는 타요한, 미철, 선미령과 같은 대전 스테이션 선교사들과 그 밖에 한국인 강사들이 있었다.[39]

1957년 1월 26일 선교 편지에서 김기수는 대학의 설립에 관여하고 대학 강의를 한국어로 처음 가르치면서 대학교수로 일할 수 있는 것은 무엇보다 하나님의 은혜이며, 젊을 때 학문을 할 수 있는 건강한 체력과 담대함을 길러왔기 때문이라고 말하였다. 그러면서 지금까지 당연시 여겨왔던 미국의 기독교대학들을 다시 생각하는 계기가 되었으며, 문교부로부터 정규대학으로 승인을 받는 것을 대학의 당면과제로 인식하였다. 그는 학교 운영의 가장 어려운 부분으로 학생들을 수급하고 유지하는 것이라고 지적하였는데, 학생들이 입학해서 징병과 재정 문제로 인하여 학교를 그만두는 경우가 잦다고 보았다.[40] 1957년의 대학 보고서에 따르면 첫해에 82명이 입학하여

---

38 "Report of Taejon Presbyterian College," *Minutes* (1957), report #19.

39 『한남대학교 40년사』, 70-71.

40 Keith R. Crim to Friends, January 26, 1957, 1.

징병과 재정 문제로 자퇴하여 39명의 학생만이 남았다. 학생들의 어려운 재정 문제를 해결하기 위하여 근로장학생 제도를 두어 도서관, 학교 사무실, 기숙사, 학교 농장, 과수원에서 일하며 학비를 충당하게 하고, 여학생과 선교회 유관 교역자 및 전도자들의 자녀에게 학비의 30%를 면제해 주는 방안을 시행하였다.[41] 김기수는 대학 1학년 학생들에게 성경 3시간과 철학 2시간을 각각 두 분반 가르쳐서 일주일에 10시간을 강의하였다. 당시 성경 과목은 교양필수로 구약성서 개관과 신약성서 개관이 개설되었고, 성문과 전공으로 구약선지자론, 바울서신, 시편, 모세오경이 있었다. 철학 과목은 성문과에 철학사와 종교철학이 있었다. 성문과에는 특히 어학 과목이 많았는데, 희랍어, 히브리어는 물론, 불어와 독일어의 경우 초급, 중급, 고급과정이 개설되어 있었다.[42] 김기수는 이 가운데서 구약개관, 신약개관, 서양철학사를 가르쳤다.[43]

김기수는 1957년 6월 1일부로 안식년을 시작하였다. 김기수의 아내 김애리는 선교 편지에서 안식년 동안 버지니아 리치몬드에서 지내면서 김기수가 유니온신학교에서 구약학 연구를 하여 학위를 받게 될 것이라 말하였다.[44] 김기수는 안식년 동안 유니온신학교에서 신학박사 과정을 하였고, 1959년에 존 브라이트의 지도 아래 시편 연구로 구약학 박사학위(Th.D.)를 취득하고 돌아왔다. 그는 선교회의 배려로 안식년을 활용하여 학위 공부를 마칠 수 있었지만, 비교적 짧은 기간 안에 박사학위를 마칠 수 있었던 것은 이전에 유니온신학교에서 신학석사 과정을 마치고 스위스 바젤대학교에서 공

41 "Report of Taejon Presbyterian College," *Minutes* (1957), report #19.

42 『한남대학교 40년사』, 63-64.

43 Keith R. Crim to Friends, January 26, 1957, 2.

44 Evelyn R. Crim to friends, May 14, 1957.

부했던 연구성과가 있었기 때문에 가능했다.

2) 대전대학 설립 인가를 위한 노력

대전기독학관이 1956년 12월 23일에 문교부에 제출한 4년제 정규대학 설립 인가 신청서는 1957년 1월 23일에 시설 미비로 불허되었다. 이에 선교회는 정규대학으로 인가를 받기 위한 노력을 다각도로 기울이며 교수진 확보와 대학 본관 건물을 비롯한 시설추가에 박차를 가하는 동시에 한국 정부에도 협조를 구하는 외교적 노력을 기울였다. 특히 미국 남장로회 장로이며 조지아 주지사를 역임하였고 한국전쟁에도 공군 부사령관으로 참전하였던 리크로우(Roy LeCraw)가 1958년 10월에 미국 남장로회 특사로 내한하여 문교부 장관(최재유)과 교섭하며 협조를 구하였고, 대학위원회는 지속적으로 문교부에 대학인가에 필요한 준비작업의 진행 상황과 재정확보 현황, 교수진 확충에 대한 실적을 보고하며 신뢰를 쌓아나갔다.[45] 리크로우는 한국에서 교섭 활동을 성공적으로 수행하면서 그간의 활동 내역을 미국 남장로회 세계선교부 총무 브래들리(S. Hugh Bradley)에게 보고하는 편지에서 대학인가를 위한 실무작업에 특히 김기수의 수고가 컸다는 점을 특기하였다.[46] 김기수는 같은 날 브래들리에게 보낸 편지에서 정규대학으로 인가를 받는 것은 학교가 존속하기 위해서 반드시 필요한 사항이며, 그 조건이 충족되지 않으면, 신입생을 확보할 수도, 재학생을 유지할 수도, 현재 확보한 교수진을 유지할 수도 없을 것이라는 점을 지적하였다. 첫해에 비하여 입학생 수가 현저히 떨어지는 이유로 대학이 인가를 받지 못한 점을 지적하였

---

45 『한남대학교 40년사』, 77-83.

46 Roy LeClaw to S. Hugh Bradley, October 25, 1958.

다. 그는 문교부가 정규대학의 필수조건으로 요구하는 학생 정원에 부합하는 추가적인 건물과 교육시설과 교원 수를 확충하기 위해서 추가적인 재정지원이 절대적으로 필요하다는 점을 역설하였다.[47]

이러한 노력에 힘입어 문교부는 1959년 2월 26일 자로 4년제 정규대학으로 대전대학의 설립을 승인하였다. 그러나 설립 인가 공문에서 "종래에 유지 경영하던 대전기독학관은 현존 재학생 졸업과 동시에 폐지한다"라는 조항이 들어 있었으며 별도 조항으로 "대전기독학관은 현 재학생 졸업 시까지 존치하는 것이므로 새로 설치되는 대학에 편입 · 졸업하게 하는 일이 없도록 특히 주의하라"고 지시하였다.[48] 이러한 조치는 기존에 운영되었던 대전기독학관과 새로 설립되는 대전대학을 분리시킴으로써 학교 당국은 물론 기존의 재학생들에게 충격과 혼란을 주었다. 비슷한 예의 계명대학은 1954년 계명기독학관으로 개관하여 1955년에 계명기독학교가 되었고, 1956년에 계명기독대학으로 대학 인가를 받으면서 이전의 학생들이 대학에 편입되었다. 그러나 대전대학은 학력 인정 각종학교와 정규대학을 엄격히 구분하는 새로운 "대학설치기준령"의 적용을 받아 이전의 학생들을 받아들일 수 없었다. 기존의 학생들은 다른 대학으로 편입하거나, 대전대학의 해당 학년이 시작될 때 편입생으로 받아주는 것으로 하고, 기존의 대전기독학관은 폐지되었다.[49]

1959년은 대전대학의 새로운 시작이었다. 김기수는 이와 관련하여 "대전대학이 마침내 공식적으로 대학이 되었다"라고 말하며, "대학의 인가는 새로 시작하는 학년부터 적용되는 것이며 이전 3년간

---

47 Keith R. Crim to S. Hugh Bradley, October 25, 1958.

48 『한남대학교 40년사』, 88-89에서 재인용.

49 『한남대학교 40년사』, 90-91.

의 활동은 사라지고 말았다"고 아쉬워했다. 그는 대부분의 학생들은 다른 대학으로 편입하였고, 25%의 학생들은 신입생으로 재입학하였다고 전하였다. 그는 대학을 든든히 세워나가는 일에 본격적으로 나서야 한다고 강조하면서 정부의 요구기준에 맞춰나가기 위해 대학 건물을 짓고, 시설을 확충하고, 교수진을 확보해야 한다고 강조하였다. 그는 "선교회와 미국 남장로회 세계선교부가 대학건립을 위해 많은 자금을 지원하였지만, 미국대학의 수백만 달러의 모금활동에 비교하면 대전대학의 모금예산은 19세기 수준에 지나지 않는다"라고 말하면서 모국교회의 지속적인 도움을 요청하였다.[50]

그는 영문학 교수가 없었기 때문에 영문학을 가르치다가 신입생들에게 성경을 가르치는 자리로 돌아왔다. 대전대학은 기독교 가정의 학생들이 대다수이고, 미션스쿨을 졸업한 학생들이 많아서 학생들에게 성경을 가르치는 일은 어렵지 않다고 말하였다. 그는 시간을 활용하여 대전에 있는 충남대학교에서 영어회화와 철학을 각각 2시간씩 가르치며 학생들에게 그리스도를 전하는 기회로 삼고 있다고 보고하였다.[51]

3) 1960년대 대전대학 발전을 위한 노력

김기수는 1960년 9월 6일 자 선교 편지에서 건강 문제로 6월에 학장직을 사임하고 미국으로 돌아간 인돈 박사의 사망 소식을 전하며, 그는 기독교인과 비기독교인 모두에게 존경을 받았다고 그의 삶을 평가하였다. 인돈의 후임으로는 타요한이 2대 학장으로 선임되었고, 전도활동에서 보여준 비전과 행정 능력을 대학 운영에서도 발

---

50 Keith R. Crim to friends, May 9, 1959.

51 위의 글.

휘할 베테랑 선교사라고 기대하였다.[52] 인돈이 학장직을 사임하자 대전대학 이사회는 그를 명예 학장으로 추대하였고, 그의 후임으로 타요한을 학장으로 선임하였다.[53]

대전대학은 인돈이 이끌던 초기 단계를 지나 타요한과 그 이후 선교사들이 이끄는 제2기로 접어들었다. 그 전환과정에서도 김기수는 대학 운영의 중심에서 대학의 시작과 발전의 연결고리가 되었다. 대전대학 성문과 학과장을 맡고 있는 모요한 선교사가 안식년 중인 관계로 그의 아내인 모가연(Katherine Moore)을 대신하여 김기수가 임시 도서관장으로 일하였다. 또한 여름방학 동안 중고등학교 영어 교사를 위한 영어훈련학교를 운영하면서 18개 학교의 44명의 교사가 등록하여 수업을 진행하였고, 비기독교인도 많이 참여하여 복음 전도와 학교 소개의 기회로 삼았다고 보고하였다. 여름방학 영어 캠프는 뜨거운 반응을 일으켰고 매해 유사한 영어 캠프를 계속 개설해 줄 것을 요구받았다고 전하였다.[54] 선교사들이 운영하는 대전대학이 당시 대전지역에서 영어교육의 중심 역할을 수행하였다.

김기수는 1962년 3월 20일 자 편지에서 대전대학이 이제 이정표를 지나 완연한 정착의 단계에 접어들었다고 표현하였다. 전 학년에 학생들이 공부하고 있고, 그해 12월에 정부로부터 대학을 인가를 받은 후 첫 졸업생들이 배출되었다. 그는 한국 정부가 새로운 교육정책을 펴면서 대학생 수를 급격하게 제한하고 있기 때문에 신입생 수가 많지 않다는 점을 우려하였고, 서울보다 지방에 있는 대학들이 이 정책의 영향을 더욱 심하게 받아 신입생 수급의 어려움을 겪고

52 Keith R. Crim to friends, September 6, 1960.

53 "Report of the Board of Trustees of Taejon Presbyterian College (report #18)," *Minutes* (1960), 60.

54 Keith R. Crim to friends, September 6, 1960.

있다고 토로하였다. 그러면서도 대학이 꾸준히 교수 충원을 하여 교수진이 보강되었다고 말하면서, 대전대학이 기독교인 교수들만 임용하고 있기 때문에 향후 대학의 필요를 채울 수 있는 헌신된 기독교인 교수를 계속 찾을 수 있을지에 대한 우려를 나타내었다. 이는 기독교대학의 정체성의 근간이 되는 헌신된 기독교인 교수의 지속적인 수급에 대한 현실적인 고민을 드러낸 것이다.[55]

김기수는 원래 예정보다 빠른 1962년 12월 15일부터 안식년을 시작하도록 선교회로부터 허락을 받았다. 왜냐하면 그의 안식년 기간을 활용하여 텍사스의 오스틴장로회신학교에서 방문 교수로 강의해 줄 것을 부탁받았기 때문이다.[56]

그는 1963년 봄에 오스틴신학교에서 선교학을 강의하도록 초청을 받았는데, 선교학은 그의 전공 분야도 아니고 가르쳐 본 일도 없었기 때문에 강의를 위해 많은 준비를 해야 했다. 선교학을 가르치기 위하여 그는 오스틴신학교의 후원으로 한국 외의 선교지를 탐방할 기회를 얻었고, 대만과 홍콩의 선교지를 돌아보았다. 그는 특히 대만의 산족들을 선교하기 위해 중국어와 산족어를 배우는 미국 남장로회 선교사들에게 커다란 감명을 받았고, 대만교회에 속하지 않으면서도 그들과 밀접하게 협력하는 미국 남장로회 대만선교회에 깊은 인상을 받았다. 그는 1950년대에 교단 분열로 어려움을 겪고 있었던 한국의 장로교회와는 달리 거의 100년의 역사를 지닌 대만 장로교회가 이단이나 분열의 고통에 시달리지 않는 모습 속에서 더 잘 정착되고 안정적인 교회라고 보았다.[57]

---

55 Keith R. Crim to friends, March 20, 1962.

56 "Early furlough for Dr. and Mrs. Keith R. Crim and family," *Minutes* (1962), 23.

57 Keith R. Crim to friends, October 12, 1962.

1963년 봄학기에 오스틴신학교에서 선교학 강의를 마친 후 버지니아 리치몬드로 돌아와 지내는 동안 유니온신학교 총장 제임스 존스(James A. Jones) 박사의 초청으로 가을학기에 유니온신학교에서도 선교학 강의를 하였다. 그는 안식년 동안 모국교회를 위해 봉사할 기회를 가진 것을 큰 기쁨과 특권으로 여겼다.

그는 유니온신학교에 머무는 동안 미국으로 신학을 공부하러 나온 한국 유학생들과 만나며 이들이 한국교회의 미래를 위해 큰 희망을 보증한다고 여겼다. 그들이 미국에서 공부하고 돌아가 한국에서 가르치고 봉사할 때 한국교회가 그로 인해 큰 유익을 얻을 것이라 확신했기 때문이다. 그는 미국 교회를 향해 한국 유학생들을 만날 기회가 있다면 최대한의 예의를 갖춰 대하고, 그들이 미국에서 고향과 같이 편안하게 지낼 수 있도록 도우라고 권면하였다. 또한 그들을 집에 초대하고 교제하면서 미국과 미국 교회가 가진 최고 수준의 기독교 이상을 경험할 수 있도록 배려하고, 그들이 한국에 돌아가 일하게 될 때 새로운 비전을 가질 수 있도록 도우라고 부탁하였다.[58]

그의 이러한 생각은 한국교회의 발전을 위해서는 학문적으로 성서를 연구해야 한다는 확신이 깔려 있었다. "유능하고 잘 훈련받은 학자들이 성서에 관한 좋은 책과 논문들을 출판하여 모든 교회가 학문적인 저서들을 읽을 수 있게 되어 생활에 좋은 영향을 주도록 해야 한다"라고 믿었다. 따라서 한국교회가 미신적이거나 열광적인 상태에서 벗어나 "교인들에게 성서 연구를 부단히 장려하여 성서를 읽고 연구하여 성서의 말씀을 존중히 여기는 교회"가 될 때 더욱 강하고 활동적인 교회가 될 수 있다고 믿었다.[59] 그런 측면에서 그는

---

58 Keith R. Crim to friends, September 13, 1963.

59 K. R. 크림, "한국교회의 전망," 72.

한국교회 지도자들의 미국 유학을 긍정적으로 인식하였고 적극 장려하였다.

김기수가 1년 6개월의 안식년을 마치고 1964년 6월 19일에 한국으로 복귀하였을 때 한국은 한일회담에 저항하는 학생들의 시위로 어수선한 상황이었다. 박정희 정권이 일본의 식민 지배에 대한 일체의 반성 없이 일본으로부터 3억 달러의 무상원조를 받는 것으로 식민 지배의 피해에 대한 배상을 포기하기로 했다는 굴욕적인 한일회담 소식이 전해지자 3월 24일부터 학생들의 시위가 전국적으로 확대되었다. 이에 따라 박정희 정권은 6월 3일에 비상계엄령을 발동하여 학생들의 시위를 원천봉쇄하고자 하였고, 각급 학교에 휴교령이 내려졌다.[60]

김기수는 비상계엄으로 인해 모든 수업이 중단되고 대학이 한 달 일찍 여름방학을 시작하여 학교가 조용하다고 당시 분위기를 전하였다. 그는 학생들의 시위를 이승만이 하야했던 4·19혁명과 비교하면서 사태가 심각하기는 하지만 그때만큼은 아니고, 대중들의 지지도 크지 않아 보인다고 평했다.[61] 그러나 이는 한국의 민심과 시대적 상황을 정확히 읽지 못하고, 군사정권의 강력한 탄압으로 학생들의 시위 확산이 저지된 측면을 충분히 이해하지 못한 피상적인 분석이었다.

김기수는 안식년으로 자리를 비운 사이에도 학교가 꾸준히 발전하였다고 보고하였다. 계의돈(Robert L. Goette) 교수의 주도 아래 화학 실험실이 새로 만들어지고, 영문과를 위한 어학 실습실이 생기고, 도서관에 새 책과 시설이 확충되고, 학생회관과 강당 건축이 진

60 "서울에 비상계엄선포,"「동아일보」 1964년 6월 4일, 1.

61 Keith R. Crim to friends, June 26, 1964.

행되고 있는데, 이 모든 것이 미국 남장로회의 장로교 개발자금(the Presbyterian Development Fund)의 지원에 따른 것이라고 감사했다.

안식년 복귀 후에 그의 업무는 과중되었는데, 안식년 중인 타요한 학장을 대리하여 학장 대리를 맡았고, 공석 중인 영문과 학과장을 맡았다.[62] 김기수가 대전대학에서 차지하는 비중과 그의 업무의 범위와 능력을 가늠할 수 있는 내용이었다. 그러면서도 그는 안식년으로 자리를 비우는 동안 새로 입학한 1, 2학년 학생들의 얼굴과 이름을 익혀야 한다고 말할 만큼 학생들을 사랑하고 아끼는 마음이 컸다.

1965년 7월 12일 선교 편지에서 김기수는 1965년 6월 22일에 한일 간에 조인된 한일협정 문제로 전국 대학가의 시위가 더 격렬해지고 사회가 불안정해진 상황에서 정상적인 수업이 불가능하여 학교 폐쇄를 단행한 내용을 전하였다. 시위와 금식이 도처에 일어나는 상황 속에서 대전대학 학생들은 처음에 조용히 관망하다가 애국주의의 발로로 시위에 참여하였다고 전하였다. 대전대학은 학생회 지도부가 아니라 4학년 학생들이 시위를 주도하면서 금식 투쟁을 이끌었고 이 과정에서 학생회 지도부가 지도력을 상실하였다. 하루로 예정되었던 금식 투쟁 결의가 연장되면서 학생들이 수업 참여를 거부하고 시위를 이어가는 상황이 이어졌다. 금식 투쟁을 막기 위한 교수들의 노력이 수포로 돌아가자, 교수회의는 대학을 일시 폐쇄하기로 결정하였다. 김기수는 사태를 분석하면서 야당 지도자들이 이 협정은 일본이 다시 한국을 경제적으로, 더 나아가 정치적으로 지배하는 문을 열어 놓게 되는 것이라고 학생들의 감정을 자극하면서 상황이 악화되었다고 보았다.

여기서도 그는 한일협정 자체의 불공정과 문제점을 파악하지 못

---

62 위의 글; "Taejon Presbyterian College (Report No. 14)," *Minutes* (1964), 40-41.

하고, 야당의 선동에 의해 학생들이 자극된 것으로 사태를 바라보는 피상적인 시각을 드러냈다. 그러면서도 그는 한일협정이 1905년 을사늑약이 체결된 60주년으로서 오래된 쓰라린 기억을 다시 깨웠다는 점을 지적하였다. 그는 서울에서 일어난 학생들의 시위가 "거의 폭동"에 가까웠다고 보았고, 경찰은 질서를 유지하기보다는 선의를 상실하였다고 비판하면서 시위의 격렬함과 함께 경찰의 과잉진압도 지적하였다. 그는 또한 미국의 외교정책을 신랄하게 비판하였다. 일본이 한국을 강제로 병합하고 동아시아에서 제국주의를 시작할 수 있었던 것은 미국이 한국의 독립에 무관심했기 때문이며, 미국 정부가 한국의 번영과 독립을 희생시키면서까지 일본의 이익을 도모하지 않기를 바란다는 점을 지적하였다.[63] 이런 점에서 그는 미국 정부의 일본 우위의 한국 정책을 강도 높게 비판하고 한국을 미국·일본 주도의 동아시아 국제질서의 하위구조로 편입시키려는 외교 정책을 냉철하게 꼬집었다.

이후에 김기수는 1965년 12월까지 대전에서 11년간의 사역을 마치고 장로회신학대학의 구약학 교수로 초빙되어 서울로 전임되었다.[64] 김기수는 그와 자신의 아내가 대전대학의 첫 계획의 단계부터 관계를 맺었고 첫 10년간 중단없는 발전을 이루는 모습을 지켜보았다고 말하였다. 대전대학의 교수와 학생들이 그리울 것이지만 자신의 사역은 마무리되었고, 떠나는 것이 옳다고 보았다.[65] 그러나 인돈

63 Keith R. Crim to friends, July 12, 1965.

64 "Housing in Seoul for Dr. Crim family," *Minutes* (1966), 8; "Assignments of Workers," *Minutes* (1966), 14. 김기수는 1966년 6월 이후에 선교회 연락담당자(Liaison Officer of the Mission)를 맡는 것은 이미 1966년 2월 선교사 연례회의에서 지명되었다. 따라서 『장로회신학대학교 100년사』, 408에 언급한 것처럼 그가 장신대에서 요나서 강의로 물의를 빚어 선교회 연락담당자로 자리를 옮긴 것이라는 설명은 사실과 부합하지 않다. *Minutes* (1966), 17 참조

못지않게 대전대학 발전에 기여한 그가 대학을 떠나는 마당에서 대학 차원에서 공식적으로 그에 대한 감사의 표현이 표명되지 않았다는 점에서 그의 서울로의 전임은 석연치 않은 점이 있어 보인다.

2. 대전 스테이션에서 전도활동

김기수는 대전에서 교육선교와 더불어 개척 전도활동의 책임도 맡았다. 이 시기의 미국 남장로회 한국 선교사들의 업무분장을 보면 모든 선교사들은 지역 전도활동을 해야 했다.[66] 1954년 11월 19일자 선교 편지에 따르면, 그는 일곱 곳의 전도활동을 감독하는 일을 하면서 전도자들의 보수를 전액 혹은 부분적으로 지원하였다. 그는 개척활동을 시작한 지 몇 달 안 된 지역을 방문하여 수요 저녁예배 설교를 하였는데, 창문도 없는 허물어진 집회 장소에 어린이들 70~80명이 참석하였고, 예배 후 아이들을 돌려보낸 후, 젊은이들과 장년들을 위한 예배를 드렸다고 보고하였다. 그는 대전 지역의 전도자들을 위한 월례 모임을 시작하여 성경공부와 기도회를 하면서, 전도활동에 관해 의견을 나누는 회의를 정례화하였다. 김기수는 대전 지역은 교회가 부족한 지역이어서 전도의 기회가 많기 때문에, 자동차를 이용하여 먼 지역까지 다니며 전도할 수 있기를 희망하였다.[67]

1961년 8월 25일의 선교 편지에서 김기수는 대전 지역 공단에서

65 Keith R. Crim to friends, February 24, 1966.

66 이러한 선교회 규정의 실례로, "Action No. 63-6-4: Assignments of Workers," *Minutes* (1963), 13 참조. 이 원칙에 따르면, "All missionaries are engaged in local evangelistic work"라고 되어 있다. 사실상 이러한 사역 배정의 원칙은 그 이전부터 지켜지고 있었다.

67 Keith R. Crim to friends, November 19, 1954, 1.

여공들을 대상으로 전도활동을 벌인 내용을 기술하였다. 그가 목격한 바에 따르면 10대 후반에서 20대 초반의 어린 여성들이 쉴 새 없이 돌아가는 기계들과 씨름하며 계절과 상관없이 밤낮으로 일하고 있었다. 그들은 고향을 떠나 가족과 친지들로부터 떨어져 기숙사나 공장 숙소의 비좁고 열악한 환경에서 저임금 노동자로 외롭게 살아가고 있었다. 김기수와 그의 아내 김애리는 대전 공단 지역의 한 공장을 방문하여 점심시간을 이용하여 예배를 드렸다. 공장에서 전도활동을 하는 여성 전도자가 이들 부부를 맞아주었고 공장관계자들이 마련해 준 천막 아래서 여공들이 교대로 참여하며 두 번에 걸쳐 예배를 드렸다. 여공들 가운데서 신앙이 깊은 여성들은 기독교적 생활과 모범적인 언사로 다른 여성들에게 귀감이 되고 있었고, 이들로 인해 많은 여성들이 기독교 신앙을 받아들였다. 특히 김기수가 미스 정이라고 소개한 당시 25세의 여성은 이 공장에서 처음부터 전도활동을 도왔던 여성으로서 낮에만 허용되는 명목적인 노동조합에서 여공들을 대표하는 사람으로 선택되어 여공들의 권리를 찾는 일을 하였고, 개인적인 문제들을 도우면서 그들을 전도하는 역할을 하였다. 또한 김기수가 공장에서 전도하면서 만난 18세의 미스 방은 친부모와 친지들이 전쟁 중에 모두 죽고 난 후 자신을 거두어 길러주셨던 양어머니가 돌아가시자 우울증에 시달리며 극단적인 선택을 하였지만, 일찍 발견되어 가까스로 생명을 건졌는데, 김기수는 그녀를 찾아가 위로하고 기도하며 하나님의 도우심과 축복을 빌어주었다. 그러면서 그는 강한 자와 약한 자, 믿음 있는 자와 믿음이 흔들리는 자, 그리스도를 찾은 자와 아직 그리스도를 위해 살지 못한 자가 공장과 일터에 있다고 강조하며, 한국의 산업이 발전할수록 미스 방과 같은 여성들이 많이 나타날 것이므로 교회가 이들을 돌보

고 섬겨야 한다고 강조하였다.[68]

그는 1960년대 초에 산업화되고 있는 한국 사회에서 산업선교의 필요성과 중요성을 일찍 깨닫고 교회의 필수적인 전도 사업으로 강조하였다. 그는 노동의 문제를 구조적으로 해결하며 노동자의 인권과 사회정의를 추구하는 진보적인 입장보다는 노동자들의 고통과 어려움을 영적으로 위로하고 그들을 교회가 품어주는 개인적, 내면적 신앙의 관점에서 접근하였다는 점에서 보수적인 입장을 드러냈다. 이러한 차원에서 그는 "미국에서는 산업선교가 근본주의와 자유주의 사이에 끼어 있는 논란거리이지만, 한국교회는 이 문제를 복음의 사회적 차원을 요구하는 근대주의의 문제로 인식하지 않아서 다행"이라고 생각하였다.[69] 그는 교회가 "직장전도(산업선교)를 중요한 부문으로 관심을 기울여야 한다"고 주장하면서, "노동계급의 신자"를 교회가 많이 받아들여야 "유산계급의 성격을 띠면서 사회의 전체 구성원들에게 증언하지 못하는 미국 교회의 운명을 피할 수 있다"라고 강조하였다.[70]

1961년 12월의 선교 편지에서 김기수는 한국의 농촌 지역에 대한 이중적 감상을 표현하였다. 그는 무엇보다도 한국 농민들이 보여주는 "단순한 삶의 존엄과 고상한 삶의 모습에 깊은 감명"을 받았다. 미국 선교사로서 한국인들을 경시하거나 한국의 문화와 생활을 죄악과 낙후함의 관점에서 보려 하는 제국주의적 시각은 그에게서 나타나지 않는다. 무엇보다도 한국의 농민들이 "자연과 더불어 친밀하게 살아가며 사랑스러운 나라의 아름다움을 누리며 살아가고 있다"

68 Keith R. Crim to friends, August 25, 1961.

69 Keith R. Crim, "The Strong and Weak Points of the Korean Church,"『기독교사상』 9-5 (1965년 5월), 87.

70 K. R. 크림, "한국교회의 전망," 73.

고 보았다. 농민의 삶을 고결하고 존엄하고 아름답게 바라본 그의 시선에서 한국과 한국인을 존중하고 사랑하는 자세를 발견한다.

그럼에도 불구하고 기독교적 시각에서 그는 농민들의 삶에 장애를 초래하는 세 가지 문제를 지적하였다. 첫째는 구세주의 위로를 알지 못하고 신음하는 많은 사람들이 있고, 그들이 희망 없이 살아가고 있음을 안타까워했다. 둘째는 가난한 한국 농촌에 의사의 돌봄을 받지 못하고 간단한 질병도 치료받지 못하고 뒤늦게 의사를 찾는 사람들이 많음을 안타까워했다. 그들은 대개 돈이 없거나, 위생 지식이 없거나, 예방약을 갖지 못해 건강한 삶을 살지 못한다고 보았다. 셋째는 겉으로는 평화로우나 가장 친한 관계 속에서도 악행과 죄악을 노출시키는 죄의 문제를 지적하였다. 특히 겉으로는 복음을 전하는 자신을 환영하지만, 마음으로는 복음을 완고하게 거부하는 마을 사람들을 안타까워했고, 삶의 무게로 힘겨워하는 사람들에게, 무거운 발걸음으로 고생하는 사람들에게 그리스도의 이름으로 기쁨과 안식의 메시지를 전하기를 소망하였다.[71]

김기수는 한국교회가 비록 가난하지만, 교인들의 자발적 헌신으로 인해 성장하는 점을 매우 높게 평가하였다. 특히 그가 담당하고 있는 시골교회들 가운데 한 곳의 예를 들면서, 이 교회는 60세의 평신도 전도사의 목회 아래 꾸준히 성장해 왔는데, 60명가량의 교인들은 대부분 정규적인 수입이 없는 젊은이들이고, 매우 가난하지만, 연간 예산을 책정하고 성실하게 노회에 상회비도 내고, 늘어나는 회중을 위해 새로운 예배당을 계획하면서 건축헌금을 작정하고 있다고 말했다. 그는 이 교회가 매우 미약하였지만, 하나님의 은혜와 축복 속에, 교인들의 헌신적인 노력 가운데 지속적으로 성장하고 있다

71 Keith R. Crim to friends, December 1961. 이 편지에는 날짜가 명시되어 있지 않다.

고 높이 평가하였다.[72]

3. 1950년대와 60년대 한국교회에 대한 인식과 장로교 분열에 대한 입장

김기수가 선교활동을 하던 1950년대 중반과 1960년대는 한국교회가 열광주의적, 종말론적, 신비주의적 이단 · 분파 운동이 일어나고, 신학적 갈등과 교권 투쟁으로 교회의 분열상이 증폭되는 혼돈과 무질서의 시기였다. 그는 1955년 9월 12일 선교 편지에서 한국교회의 가장 심각한 두 가지 문제로 예장과 기장의 분열과 은사주의적 경향을 꼽았다. 전자가 성서해석과 신학적 갈등에 따른 교회의 분열과 대립이라면, 후자는 교회 안에서 확산되고 있는 열광적인 감정주의의 문제였다. 김기수는 이러한 상황을 한국교회가 신학적 자유주의를 벗어난 후에 열광적인 감정주의의 광풍에 사로잡혀 있는 것으로 진단하였다.[73]

한국교회는 신사참배 문제의 여파로 1952년 4월에 고려파가 분리되어 있는 상황에서 1953년 6월 10일에 기장이 법통 총회를 선언하였고 결국 1954년 6월 10일에 별도의 총회를 구성하며 예장과 분리되었다. 미국 남장로회도 이 분열의 영향을 받았는데 선교회의 관할 지역 가운데 전주와 목포에서 분열이 심했다. 미국 남장로회는 분열의 상황에서 기존의 예장 총회를 지지하는 선택을 하였고, 반면 기장은 캐나다 연합교회의 지지를 받았으며, 남장로회 관할 지역 교회 가운데 1/4이 기장으로 옮겨 갔다.[74]

---

72 Keith R. Crim to friends, March 20, 1962.

73 Keith R. Crim to friends, September 12, 1955.

김기수는 미국 남장로회 대전 스테이션 관할 지역 내 충남노회와 대전노회 역시 양측의 분열로 인한 대립이 심각하였는데 충남노회는 대립이 더욱 심하여 거의 양분되다시피 갈라졌고, 대전노회의 대립은 그보다는 덜 하였지만 강경 지역의 교회에서는 기장파가 동원한 상이용사 집단에 의해 한 집사가 폭행당해 그로 인해 사망하는 사고까지 일어났다고 지적하였다. 그는 교단 분열에 대하여 신학적 문제를 넘어서 기독교의 사랑의 가치와 형제에 대한 사랑의 중요성을 강조하였다.[75] 분열에 대한 거부감과 교회 일치에 대한 강조가 그의 주장의 핵심이었고, 이는 남장로회의 전반적인 분위기와 다르지 않았다. 김기수는 1950년대 한국 장로교회의 분열의 과정에서 교파주의, 분파주의적 분열을 안타까워하며 에큐메니칼 협력과 교회의 일치를 강조하였다. "그리스도인들이 서로 용서하고 사랑으로 하나 되는 일"이 무엇보다 중요하다고 믿었고, "에큐메니칼운동은 교회 간의 반목과 암투를 벗어나 그리스도 안에서 통일을 실현하는 방편"이라고 줄곧 확신하였다.[76]

1955년에 김기수가 우려했던 한국교회의 또 다른 문제는 기도원 부흥회로 대변되는 열광적 은사주의였다. 그는 그 배경에 대하여 다양한 토착종교운동의 영향 아래 미국 순회 부흥사들의 과잉과 부흥운동 및 유사 수도원운동의 혼합이 빚어낸 현상이라고 분석하였다.[77]

그는 한국교회가 보다 건강하고 활동적인 교회가 되려면 성서연구에 집중해야 하고, 그 말씀을 실천하도록 가르치는 것이 신앙의

74 조지 톰슨 브라운/천사무엘, 김균태, 오승재 역, 『한국선교 이야기』 (서울: 동연, 2010), 299.

75 Keith R. Crim to friends, September 12, 1955, 1.

76 K. R. 크림, "한국교회의 전망," 73.

77 Keith R. Crim to friends, September 12, 1955, 2.

중심이 되어야 한다고 보았다.[78] 그러면서 열광적 감정주의는 교회사의 관점에서 마음의 갈망을 표출하는 통로가 되기도 하지만 피상적이고 광신적이고 율법주의적인 형태로 급속하게 변하는 경향이 있음을 지적하였다. 그는 자신이 섬기는 교회 가운데 한 곳도 이러한 감정주의에 영향을 받아 교인들이 몸을 흔들고, 경련을 일으키고, 울부짖는 것을 성령 감동의 증거라고 여긴다고 지적하였다. 김기수는 이러한 종교적 감정주의에 이끌리는 사람들은 대개 새신자나 교육을 받지 못한 사람이나 전쟁으로 무너지고 방황하는 사람들인데, 이들에게 성경을 가르치고 그리스도의 주권을 그들의 마음속에 세워나가는 것이 자신을 포함한 교회 지도자들의 사명이라고 강조하였다.[79]

김기수는 이후 한국교회의 강점과 약점에 대하여 논하면서 예배와 찬양이 뜨겁고, 교인들이 따뜻하고 허물이 없으며, 뜨거운 전도열을 가지고 전도를 강조하는 것을 한국교회의 장점이라고 평가한 바가 있다.[80] 이로 보건대, 그는 열정적 신앙을 경계한 것이라기보다 그리스도의 중심적 진리와 성경의 가르침에서 이탈하여 개인의 감정주의에 치우치는 문제를 지적한 것이다.

1959년에 장로교회(예장)는 또 한 번의 심각한 분열을 겪었다. 통합과 합동의 분열은 한편으로는 장로회 직영 총회신학교 부지 매입을 위해 이사회 허락 없이 박형룡 학장이 3천만 환을 불법 지출하여 사기를 당한 사건의 책임을 물어 이사회(이사장은 인돈)의 권고로 박형룡이 사임한 데 따른 논란과 또 다른 한편으로는 WCC 가입 문제

---

78 K. R. 크림, "한국교회의 전망," 72.

79 Keith R. Crim to friends, September 12, 1955, 2.

80 Keith R. Crim, "The Strong and Weak Points of the Korean Church," 86.

를 놓고 이를 찬성하는 측과 반대하는 측 사이에서 벌어진 대립과 갈등이 주원인이 되었다. 통합 측은 전자를, 합동 측은 후자를 분열의 주된 원인으로 강조하고 있지만, 두 사건은 서로 맞물려 있었다. 박형룡의 사임이 그를 중심으로 한 에큐메니칼운동 반대파의 위기의식을 불러일으켰고, 또한 박형룡을 반대하는 에큐메니칼운동 찬성파의 명분과 비판의 논리로 작용하였기 때문이다.[81] 이 두 사건은 WCC 가입을 찬성하는 에큐메니칼 측과 이를 반대하는 NAE 측(보수적인 복음주의자들로서 에큐메니칼운동 반대파)의 대립을 격화시켰고, 양측 간의 반목과 갈등이 총회 분열로 이어진 것이다. 양측의 대립과 충돌이 절정에 달해 1959년 9월에 대전중앙교회에서 열린 제44회 총회가 분열 총회가 되었지만, 이미 그 이전에 최대 총대 수를 가진 경기노회의 총대 선거 과정에서 선거관리의 문제점이 드러나며 에큐메니칼 측과 NAE 측이 서로 다른 총대 명부를 총회에 보냄으로써 분열은 예견되었다.[82]

특히 대전 스테이션이 위치한 대전에서 개최된 제44회 총회가 파행됨으로써 이로 인해 연동 측(통합)과 승동 측(합동)으로 교회가 분열되고, 남장로회 선교회를 중심으로 세 선교회(북장, 남장, 호주장로교)의 지속적인 중재 노력에도 불구하고 분열 상태가 치유되지 못하고 각각 통합과 합동으로 교회가 분열되었으므로, 남장로회 선교회는 물론 김기수의 아픔은 남달랐다. 남장로회는 한국선교회의 요

81 박용규, "장로교 합동과 통합 분열의 역사적 배경," 「신학지남」 70-2 (2003년 6월), 143-6. 박용규는 당시 신학교 이사장이 노진현이라고 하였으나 인돈이 이사장이었고, 이사회는 대전제일교회와 인돈사택에서 개최되었다. 이에 대하여, 조지 톰슨 브라운, 『한국선교 이야기』, 299; "박형룡 박사 사표 이사회에서 수리," 『기독공보』 1958년 3월 17일 참조.

82 대한예수교장로회 총회역사위원회 편, 『대한예수교장로회사, 하편』 (서울: 한국장로교출판사, 2003), 139-45.

청으로 세계선교부 총무 브래들리와 벨(Nelson Bell)을 대표로 파송하여 화해와 일치를 위한 노력에 적극적으로 나섰다. 특히 남장로회의 관할 지역이었던 호남 지역은 보수적인 성향이 강했고, NAE 측이 많았기 때문에, 분열에 의한 고통과 피해가 직접적으로 다가왔다. 호남 지역 10개 노회 중에 9개가 분열하였다.

한국교회의 분열의 문제를 다루는 1960년 6월 9일~16일의 전주에서 개최된 선교회 연례회의 자리에 승동 측을 지지하는 학생들이 몰려와 연례회의에 참관인으로 참석하게 해달라고 요구하며 과격한 시위를 벌임으로써 선교사들을 위협하기는 사태가 벌어지기도 하였다. 무장 경관이 출동하여 사태를 수습하고자 하였지만, 일부 학생들이 저지선을 뚫고 회의장에 난입하여 회의에서 발언할 수 있는 권리를 달라고 요구하였다.[83] 과격한 시위대는 그들의 출입을 막으려고 하는 선교사들을 곤봉과 벽돌로 공격하기도 했다.[84]

이 무렵 1959년 2월 7일에 김기수가 남장로회 세계선교부 총무 브래들리에게 보낸 서신은 한국선교회의 입장과 요청이 담겨 있었다. 그는 한국교회 분열을 막기 위해 1959년 1월 31일에서 2월 3일까지 전주에서 모인 전도위원회 회의에서 선교사들의 입장을 정리하여 만장일치로 성명서를 채택하였고, 이를 선교회 임시회의에 회부하여 선교회의 공식 입장으로 결의하였다고 설명하였다. 그는 현재의 교회 분열이 이전의 분열보다 훨씬 더 좋지 않은 상황이라고 덧붙이면서 이러한 분열을 막기 위해서 선교회가 "강력하면서도 중도적인 입장을 취하는 것이 도움이 될 것"이라는 견해를 피력하였다. 그러면서 선교회에서 채택한 성명서에 대한 자세한 설명을 덧붙였다.[85]

---

83 "Minutes of the 1960 Annual Meeting of the Korea Mission," *Minutes* (1960), 14-15.
84 조지 톰슨 브라운, 『한국선교 이야기』, 302.

1959년 2월 3일 선교회 임시회의에서 채택된 성명서는 서두에 미국 남장로회 세계선교부로부터 공식적인 승인을 받은 것임을 천명하면서 이렇게 밝히고 있다.

> 우리 미국 남장로회 한국선교회(일명 미국 남장로회 선교회)는 우리의 바람을 이렇게 밝힌다:
>
> 1. 우리는 그리스도의 몸인 교회의 순결과 평화를 간절히 바라며 대한예수교장로회총회의 일치가 유지되기를 바란다.
> 2. 우리의 접근과 일하는 방법이 대한예수교장로회총회와 연합하는 다른 선교회와 때때로 다를지라도, 우리는 그들의 신앙의 진실성을 확신하는 바이며, 과거에도 그랬듯이 앞으로도 복음의 선포에 있어서 그들과 계속 협력할 것이다.
> 3. 우리의 모교회인 미국 남장로회는 미국 NCCC와 WCC에 속해 있으며, 우리 교회의 일부 회중과 개인들은 NAE에 속해 있으나, 우리는 종종 이들 그룹의 정책과 주장에 동의하지 않는다.
> 4. 우리는 대한예수교장로회총회의 어떤 그룹을 지지하기 위한 분열적 선동을 선호하지도 않고 이에 관여하지도 않을 것이다.
> 5. 우리는 총회신학교가 교회의 삶에 중심적 역할을 한다는 것을 인정하며 이를 지속적으로 지지할 것이며 다른 사람들에게도 그렇게 하기를 요구할 것이다.[86]

김기수는 성명서의 두 번째 조항은 에큐메니칼 측이 미국 북장로회 선교회가 자신들을 지지한다고 주장하였고, NAE 측은 남장로

---

85 Keith R. Crim to S. Hugh Bradley, February 7, 1959.

86 "Statement of the Southern Presbyterian Mission," *Minutes*(1959), 23-24. 번역은 필자의 것이다.

회 선교회 지역인 전남과 전북에서 강력하기 때문에 남장로회가 자신들의 편이라고 주장하기 때문에 이러한 오해를 바로잡기 위한 것이라고 설명하였다. 즉 남장로회와 북장로회가 대립하는 어느 한 편에 서서 서로 반목하지는 않을 것이라는 입장을 밝힌 것이다. 선교회에 따른 선교 지역 분할이 1950년대 한국교회 분열과 관련이 있다는 일부 학자들의 주장은 이러한 점에서 설득력이 떨어진다.

또한 김기수는 에큐메니칼 반대 측이 NCCK가 중공의 UN 가입을 지지하는 입장을 취하고 있다고 공격하는 점 때문에 세 번째 조항이 삽입된 것이며, 선교회의 총체적인 관점을 표명하는 데 도움이 될 것이라고 설명하였다. 즉 WCC에 대한 비난이나 NAE의 지지는 선교회가 속한 미국 남장로회의 입장이 아니라는 점을 밝힌 것이다. 그는 첫 번째와 네 번째 조항은 교회의 일치와 화해가 선교회가 취할 최선의 방식이라는 점을 밝힌 부분이라 설명하였다. 다섯 번째 조항과 관련하여서는 뚜렷한 설명을 덧붙이지는 않았고, 양측 간에 자신들이 선호하는 인사를 신학교 이사장에 세워 주도권을 확보하려고 혈안이 되어 있다는 점만을 언급하였다. 그러면서 그는 남장로회나 북장로회 선교사들이 신학교의 주도권을 놓고 다투는 양측의 싸움에 휘말리지는 않을 것이라고 강조하였다.[87]

이로 보건대, 김기수와 남장로회 선교회는 한국교회의 분열을 끝까지 중재하여 타협을 이끌어 내려고 노력하였다는 점을 확인할 수 있다. 분열의 핵심 논점인 WCC 문제와 박형룡의 사임에 따른 신학교 주도권 투쟁은 지협적이고 당파적인 논쟁에 불과하고, 교회가 다툼을 멈추고 그리스도의 몸으로서 순결과 평화를 회복하라고 촉구하였다.

---

87 Keith R. Crim to S. Hugh Bradley, February 7, 1959.

김기수는 1959년 12월 30일의 선교 편지에서 당시 장로교단의 분열 사태는 자신들의 입장을 정당화하기 위해 신학적 주장을 내세우고 있지만, 실상은 교권을 장악하기 위한 투쟁에 불과하다는 사실을 모든 선교사들이 느끼고 있다는 점을 강조하였다. 그리고 양측 모두 현재의 곤경에 대하여 어떤 식으로건 책임을 져야 한다는 생각은 중립을 유지하는 교회의 다수가 공감하는 바라고 말하였다. 그는 분열 총회가 된 1959년 9월에 대전에서 개최된 제44회 총회에 대하여 임원진 대부분을 NAE 측이 장악하여 그들의 통제 가운데 의사진행이 이루어졌고, 민주적 절차나 적법한 회의 과정에 대한 멸시가 NAE 측에 의해 자행되었다는 점을 비판하였다. 총회의 파행은 양측이 서울에서 별도의 총회를 개최함으로써 분열의 길로 이어졌으며, 그는 분열의 핵심 이슈가 WCC 문제로 집약되었다고 보았다. 그는 교회가 다시 연합할 수 있다면 결국 WCC를 탈퇴해야 한다는 생각은 모든 사람들이 동의하는 바라고 말하였다. 그러면서도 남장로회 세계선교부가 한국교회의 화해를 위해서 브래들리와 벨을 파송하여 미국의 모교회가 왜 WCC와 에큐메니칼운동에 참여하고 있는지를 설명함으로써 양측과 교섭하는 노력을 기울였다는 점도 설명하였다. 그는 이들의 활동으로 분위기가 개선될 수 있기를 희망하였다.[88]

남장로회 선교회는 1959년 10월 2일에 한국교회 분열에 대한 선교회의 성명서를 다시 정리하였는데, 그 핵심 내용은 에큐메니칼 측의 경기노회 총대가 합법적이고 정당한 총대이므로, 제44회 대전총회는 이 문제를 다시 논의할 필요 없이 진행되어야 했고, 따라서 정회를 선언하여 연기되어서는 안 되었으며, 교회의 분열은 인정할 수

88 Keith R. Crim to friends, December 30, 1959, 1.

없고 화해를 위한 모든 가능성을 찾아나갈 것이며, 총회신학교는 새로 구성된 이사회와 그에 의해 세워진 계일승 학장을 지지하며, 논란이 되는 WCC와 NAE를 동시에 탈퇴하여 화해를 촉구한다는 것이었다.[89] 이러한 입장은 제44회 총회의 파행과 관련하여서 형식적 민주적 절차에 있어서 NAE 측의 불법성을 지적한 것이고, 박형룡의 사임 이후 새롭게 조직된 총회신학교의 체제와 주도권을 다시 차지하려는 NAE 측의 요구를 일축한 것으로 상당 부분 에큐메니칼 측의 입장에 가까웠다. 다만 WCC를 탈퇴하면서 동시에 NAE의 탈퇴를 요구하며 중재하고자 했다.

김기수는 한국교회 분열의 곤경에 대하여 선교회들의 책임도 크다는 점을 지적하였다. 미국 북장로회는 에큐메니칼선교를 지나치게 강력하게 밀어붙이면서 많은 교회들을 소외시켰고, 남장로회는 적극적인 지도력을 행사하여 미국의 모교회가 에큐메니칼운동에 적극적인 역할을 하고 있는 점을 명확히 설명하는 데 실패함으로써 마치 남장로회 선교회가 호전적인 반-에큐메니칼 지도자들과 함께할 것이라고 많은 사람들이 잘못 인식하도록 하였다고 비판하였다. 따라서 선교회들의 연합노력이 한국교회의 화합과 일치에 도움이 될 것이라 소망하였다.[90] 그러나 이러한 노력에도 불구하고 교회의 화해와 일치는 이루어질 수 없었다. 갈등과 반목의 골이 너무 깊었고, 중재를 위한 선교회들의 시도가 갈라진 틈을 메울 만큼 결정적인 영향을 끼치지 못하였다. 김기수는 그 원인의 일부를 장로회 선교회들이 추구하였던 "완전히 자율적인 교회"의 원칙 때문이라고 해석하였다. 외국 선교회들이 양측과 교섭하면서 설득하고 인내하

89 "Minutes of Ad Interim Committee of the Korea Mission (October 1-2, 1959)," *Minutes: Ad Interim Committee Meetings* (October 1958~December 1959), 29-31.

90 위의 글, 2.

려고 노력하였지만, 지시하거나 명령할 수 있는 입장은 되지 못하였기 때문이었다.[91] 또한 양측으로 갈라지지 않았던 65~70%의 교회는 통합 측에 속해 있고, 선교회들과 유대 관계가 지속되었지만, 합동 측은 점차로 매킨타이어(Carl McIntyre)를 중심으로 하는 국제기독교협의회(ICCC)로부터 자금지원을 받으면서 이들과 점점 밀착되며 선교회와 멀어지게 된 문제를 지적하였다. 그러면서 반에큐메니칼 측이 WCC와 선교사들에 대한 극한 혐오를 계속 일으키고 있어서 커다란 장애를 초래하고 있다고 지적하였다.[92]

결국 모든 중재의 노력에도 불구하고, 통합 측과 합동 측이 분열하게 되었을 때, 남장로회 선교회는 통합 측 총회를 "75년의 전통을 잇는 주류"이며 "분열되지 않은 교회의 합법적인 계승자"라고 인정하며 지지한다는 성명서를 발표하였고, 남장로회의 전도 사업과 기관 활동은 통합 측 총회와 협력하며 지속할 것이라고 선언하였다. 그러나 합동 측 총회에 대하여 "그리스도의 몸 안에 있는 크리스천 형제들"로 인정하며, "대전총회에서 모인 모든 사람들이 다시 한번 손을 잡고 십자가에 달리신 그리스도를 선포할 날을 기다린다"라고 천명하였다.[93]

김기수는 한국교회의 분열을 목도하고 가까이에서 그 상처를 경험하면서 무엇보다 "서로 용서하고 사랑으로 하나가 되어 성령의 인도에 복종하면 한국의 희망이 밝아올 것"이라고 확신하였다. 한국교회를 분열시켰던 에큐메니칼운동은 다시 교회의 화해와 일치를 위한 방편이 되어야 한다고 역설하였다. 그는 이렇게 말하였다.

---

91 위의 글.

92 Keith R. Crim to friends, September 6, 1960.

93 "Evangelistic Committee Report: Statement Concerning the United General Assembly," *Minutes* (1960), 33.

> 무엇보다도 교회는 사랑의 법을 나타내야 한다. 과거에는 그리스도인들끼리 서로 반목케 하는 일이 많이 발생하였다. 앞으로는 이러한 그리스도인들이 서로 용서하고 사랑으로 하나가 될 수 있는 일이 많이 일어나기를 빌어마지 않는다. 한국에 있어서의 **에큐메니칼운동은** 각 회원 교파 간의 반목과 암투의 반복에 지나지 않은 때가 많았으나 반드시 **하나님께서 우리에게 주신 그리스도 안의 통일을 실현하는 방편이 되어야 한다.**[94]

IV. 결론

김기수의 한국선교는 대전 스테이션과 대전대학을 중심으로 이루어졌다. 대전대학은 대전 스테이션의 핵심이었고, 대전 스테이션은 대전대학으로부터 시작되었다. 김기수는 인돈과 함께 대전대학과 대전 스테이션을 개척하고 발전시킨 창립 멤버였다. 김기수는 대전이 대학 부지로 선정된 직후 순천에서 대전으로 이주하여, 대학위원회 위원장이며 대전대학 초대 학장 인돈을 도와 대학의 개척과 설립과 발전을 주도하였다. 인돈이 대학 설립의 전체 기획과 외형과 인프라를 담당하였다면, 김기수는 대학의 내실과 디테일을 만들어 나갔다. 인돈이 앞에서 이끌어 나가는 탁월한 지도자였다면, 김기수는 뒤에서 밀어주는 유능한 실무자였다. 대학 설립 계획 2년 만에 대전기독학관을 설립하고, 자금을 모으고 건물과 시설과 교수진을 확충함으로써 다시 3년 만에 대전대학으로 설립 인가를 받는 데 헌신한 책임자는 인돈이고, 실무자는 김기수였다. 김기수는 성경과 철학을 가르치며, 때로는 영어와 독어를 가르쳤다. 때로는 도서관을

94 K. R. 크림, "한국교회의 전망," 73. 강조는 필자의 것이다.

조직하고 관리하고, 대학의 행정과 사무를 관장하며 대학의 모든 영역에서 역량을 발휘하였다. 초대 학장 인돈의 시대가 가고, 타요한 학장이 뒤를 이어 새로운 세대로 넘어갈 때도 김기수는 대학이 초창기 생존의 위기를 넘어 완연한 발전의 도상에 이를 수 있도록 대학의 중심에 서서 자신의 역할을 다하였다.

대전 스테이션에서 김기수는 전도활동의 책무도 감당했다. 우월한 미국인의 입장에서 지시하고 주도하기보다는 지원하고 협력하는 자리에서 전도자들과 함께 대학에서, 도시에서, 공단에서, 농촌에서 전도하였다. 미국보다 불편한 한국의 삶에 만족하고, 행복과 평안을 느끼고, 농촌의 소박한 삶과 아름다운 자연에 감동하고, 한국의 음식과 문화를 존중하고, 한국인들의 친구가 되기 위해 노력하며, 어려운 환경에서 힘겹게 살아가는 학생들과 여공들과 농민들의 아픔에 공감하며 그리스도의 복음을 나누고자 노력했다. 산업사회로 빠르게 재편되는 한국 사회에서 산업선교의 중요성을 느끼고 교회가 노동자들의 어려움과 고통을 영적으로 위로하고 그들을 돌보는 사명을 강조하였다. 그가 강조한 산업선교는 노동의 문제를 구조적으로 해결하며 노동자의 인권과 사회정의를 추구하는 진보적 사회선교의 차원은 아니었고, 개인의 내면적, 영적인 구원을 추구하는 복음전도의 사회적 차원이었다.

그는 전도를 강조하면서 한국의 기독교화를 주장하였는데, 더 나아가 한국을 기독교적인 나라로 만드는 것이 교회의 과제라고 인식하였다. 그러나 이러한 인식의 이면에는 국가와 기독교의 긴밀한 협력과 유착관계를 긍정적으로 보는 의식이 있었고, 정교유착이 교회에 미칠 수 있는 부작용에 대한 예민한 감수성이 상대적으로 부족했다는 것을 드러낸다. 미국 보수기독교의 기독교 국가론과 기독교

문명론이 그의 선교신학 안에서 엿보인다고 지적할 수 있다.

김기수는 신학적으로는 근본주의를 지양하며 성서의 학문적 해석을 강조하였고, 자유주의를 지양하며 성서의 영감을 강조하였다. 그는 한국교회가 성서를 학문적으로 해석하여 성서의 바른 뜻을 해석하고 하나님의 말씀에 진심으로 순종하게 될 때 더욱 활발하고 강력한 교회가 될 것이라고 보았다. 한국교회가 성서의 바른 해석에서 이탈할 때 열광적 은사주의와 감정주의에 휩싸이게 되고, 극단적으로는 미신이나 광신이나 이단으로 흐를 수 있다는 점을 경계하였다.

그는 1950년대 한국교회의 교단 분열을 목도하면서 신학적 명분을 앞세우지만, 실상은 교권을 장악하기 위한 투쟁에 불과하다는 점을 냉철하게 지적하였다. 그는 한국교회가 성령의 인도하심에 복종하여 그리스도 안에서 서로 용서하고 사랑하는 것을 최우선의 가치로 여겨야 한다고 역설하였고, 이러한 차원에서 에큐메니칼운동을 지향하였다. 그의 에큐메니칼운동은 건전한 신앙과 바른 교리를 견지하면서 교회의 연합과 일치를 추구하는 차원이었으며, 복음주의적인 교파연합주의와 유사하였다. 또한 세계교회와 교류하며 상호 이해를 추구하는 것을 강조하였다.

김기수는 한국 사회 변동기와 한국교회 분열기에 선교활동을 하였다. 그의 신학은 미신(迷信) 및 광신(狂信)과 불신(不信) 및 무신(無信)의 양극단에 처한 한국 사회에서 건전하고 참된 신앙의 가치를 보여주었고, 국가와 사회에 기여하는 학문적 신앙은 대전대학에서 추구한 그의 교육선교와 학문적 성서해석에서 잘 드러났다. 그리스도 안의 사랑과 교회의 하나됨을 추구하는 그의 에큐메니칼신학은 고대교회로부터 이어진 교회의 연합과 일치에 대한 그의 일관된 신념에서 비롯되었으며 당시 교권 투쟁으로 분열하는 한국교회에 대한 올바른 처방이었다. 여기에 1950년대와 60년대 김기수의 한국선교가 갖는 의의가 있다고 본다.

참고문헌

1차 자료

〈Missionary Letters〉

Crim, Evelyn R. May 14, 1957.

Crim, Keith R. October 13, 1953.

______. February 4, 1954.

______. June 25, 1954, 2.

______. November 19, 1954.

______. April 6, 1955.

______. September 12, 1955.

______. January 26, 1957.

______. to S. Hugh Bradley, October 25, 1958.

______. to S. Hugh Bradley, February 7, 1959.

______. May 9, 1959.

______. December 30, 1959.

______. September 6, 1960.

______. August 25, 1961.

______. December 1961. (No date indicated)

______. March 20, 1962.

______. October 12, 1962.

______. September 13, 1963.

______. June 26, 1964.

______. July 12, 1965.

______. February 24, 1966.

LeClaw, Roy to S. Hugh Bradley, October 25, 1958.

〈Reports and Minutes〉

"Biographical Information: Crim, Keith Renn." In *Personal Reports of Southern Presbyterian Missionaries in Korea.*

The Minutes of the Southern Presbyterian Mission in Korea, 1952-1965.
김기수(K. R. 크림). "한국교회의 전망." 『기독교사상』 5-7 (1961년 7월), 72-8.
______. "성경번역에 대하여." 「기독교사상」 5-10 (1961년 10월), 66-7.
______. "예레미야의 친구와 원수." 「신학연구」 8 (1962년 3월), 118-25.
______. "The Strong and Weak Points of the Korean Church." 「기독교사상」 9-5 (1965년 5월), 86-7.
______. "한국을 떠나면서: 요나서 해석에 대한 나의 견해." 「기독교사상」 11-2 (1967년 2월), 53, 62-6.

2차 자료

김정우. "역사비평학의 관점에서 본 구약연구사 1 (1900~1989)." *Canon&Culture* 9-1 (2015년 4월), 191-228.
김정준. "한국교회와 성서해석 문제: 성서비평학을 중심으로," 「기독교사상」 11-2 (1967년 2월), 45-53.
대한예수교장로회 총회역사위원회 편. 『대한예수교장로회사, 하편』. 서울: 한국장로교출판사, 2003.
브라운, 조지 톰슨/천사무엘, 김균태, 오승재 역. 『한국선교 이야기』. 서울: 동연, 2010.
문희석. "한국교회의 구약성서 해석사." 「신학사상」 20 (1978년), 141-93.
박용규. "장로교 합동과 통합 분열의 역사적 배경." 「신학지남」 70-2 (2003년 6월), 140-62.
변조은. "한국교회의 성서 해석사." 「교회와신학」 5 (1972년), 87-108.
서중석. "이승만 정부 초기의 일민주의." 「진단학보」 83 (1997년 6월), 155-83.
장로회신학대학교. 『장로회신학대학교 100년사』. 서울: 장로회신학대학교, 2002.
정영훈. "안호상과 일민주의의 단군민족주의." 「단군학연구」 39 (2018년 12월), 223-72.
한남대학교40년사편찬위원회 편. 『한남대학교 40년사』. 대전: 한남대학교출판부, 1996.
"박형룡 박사 사표 이사회에서 수리." 『기독공보』 1958년 3월 17일.
"서울에 비상계엄선포." 「동아일보」 1964년 6월 4일.

〈온라인자료〉

Crim, Edward M. "Personal Sheet: Dr. Keith Renn Crim."
http://www.crimfamily.org/PS01/PS01_002.HTM [2019년 12월 4일 접속].
/PS01/PS01_002.HTM [2019년 12월 4일 접속].